LA QUINTA ALEMANIA

Rafael Poch-de-Feliu, Àngel Ferrero,
Carmela Negrete

LA QUINTA ALEMANIA

UN MODELO HACIA EL FRACASO EUROPEO

Icaria ♣ Antrazyt
ANÁLISIS CONTEMPORÁNEO

Este libro ha sido impreso en papel 100% Amigo de los bosques, proveniente de bosques sostenibles y con un proceso de producción de TCF (Total Chlorine Free), para colaborar en una gestión de los bosques respetuosa con el medio ambiente y económicamente sostenible.

Diseño de la cubierta: Adriana Fàbregas
Fotografía de la cubierta: Equipo Icaria

Primera edición: mayo de 2013

ISBN: 978-84-9888-520-0
Depósito legal: B. 12.766-2013

Fotocomposición: Text Gràfic

Impreso en Romanyà/Valls, s. a.
Verdaguer, 1, Capellades (Barcelona)

A Alejandro Hager Negrete,
nacido en la gestación de este libro,
que será un cincuentón en el 2070.

ÍNDICE

SOBRE LA QUINTA ALEMANIA

Rafael Poch-de-Feliu

En la historia de la Europa contemporánea ha habido cinco Alemanias. La primera es la fragmentada y preindustrial Alemania anterior al siglo XIX, un mosaico multinacional que sobrevivió hasta Napoleón reivindicando una legitimidad imperial romana sin llegar nunca a ser verdadero Estado. La segunda aparece con la unificación bismarckiana posterior a la guerra franco-prusiana y se extiende bajo batuta prusiana hasta más allá de la Primera Guerra Mundial, con su crítico apéndice republicano de Weimar. La tercera Alemania fue la de Hitler y Auschwitz, un régimen de doce años particularmente trágico y nefasto que concluye con el fin de la Segunda Guerra Mundial. La cuarta es la Alemania doble de posguerra, tutelada por las potencias de la guerra fría; una mezcla de capitalismo y democracia en el Oeste, la RFA, y una mezcla de socialismo y dictadura en el Este, la RDA.

Todas estas Alemanias tuvieron algunos breves y fallidos contrapuntos emancipadores, desde las revoluciones de 1848 y 1918, hasta los movimientos de 1968 en la RFA y de 1989 en la RDA, pero, en general, el papel de este país en la historia europea se ha caracterizado por su condición de vanguardia continental de la contrarrevolución restauradora, la reacción absolutista y un agresivo belicismo.

Desde ese pasado, la quinta Alemania arranca de la reunificación nacional de 1990, a partir de la anexión de la RDA por la RFA —proceso que merece la pena repasar para situarse en el presente— pero apenas ahora comienza a manifestarse, haciendo un uso pleno y normalizado de su recuperada soberanía y potencia. La principal novedad que esta quinta Alemania aporta respecto a la anterior tiene dos componentes.

El primero es el de su regreso, paulatino pero decidido, a un intervencionismo militar en el mundo que comenzó en los mismos años noventa en los Balcanes y que hoy ya abarca desde Afganistán a África. En ese ámbito Berlín aún está por detrás de otras grandes naciones europeas, pero ya ha invalidado definitivamente el *Nie wieder Krieg (Guerra, nunca más)* del canciller Willy Brandt, la posibilidad de ser una *gran Suiza* europea y el antiimperialismo, al que tanto apego tuvieron los alemanes de la RFA y de la RDA, respectivamente, desde la posguerra hasta los años ochenta del siglo XX. Hoy, con el pasivo desagrado de sus ciudadanos, el *establishment* alemán justifica sumarse militarmente al dominio imperial de Occidente en el mundo apelando abiertamente a la necesidad y legitimidad de acceder a recursos energéticos y materias primas globales. Esta es una novedad muy significativa.

El otro es un liderazgo europeo, dogmático y arrogante, para imponer el programa de involución neoliberal impulsado desde los años setenta desde el mundo anglosajón y que la crisis financiera de 2008 ha convertido en rodillo. Al día de hoy este liderazgo apunta a profundizar la desigualdad, social y entre países, y a una ruptura desintegradora del proyecto europeo. Dicho proyecto, del que la Unión Europea es resultado, fue formulado a partir de los años cincuenta del siglo XX como alternativa a la desastrosa y agresiva Europa guerrera que en los últimos siglos enfrentó crónicamente a unas naciones contra otras y solo por eso ya debe ser considerado útil y valioso.

El rechazo a estas dos grandes novedades de esta quinta Alemania es lo que marca en el país la diferencia entre izquierda y derecha. Las fuerzas y corrientes políticas minoritarias que en la Alemania de hoy rechazan el regreso al intervencionismo militar y el neoliberalismo que profundiza la desigualdad, encoge la democracia y amplía el privilegio de una minoría, son inmediatamente expulsadas del sentido común por el *establishment* alemán y declaradas «irresponsables» e «incapacitadas para gobernar» (*regierungsunfähig*).

Más que un sistema de partidos de izquierdas y derechas, conservadores o liberales, el sistema político alemán es un conglomerado que engloba a toda esa variedad en una disciplina superior y común de defensa del capitalismo. Esa esfera compacta, condena y expulsa a la marginalidad a quienes la ponen en cuestión, y es ejemplo de la degeneración absolutista y oligárquica a la que conduce la mezcla de democracia y capitalismo en los países más ricos del mundo a principios del siglo XXI.

Ninguna fuerza política llegará al poder en Alemania sin haber previamente sintonizado con el programa general del *establishment.* La evolución de las fuerzas políticas con intenciones de cambio, desde los socialdemócratas en su día hasta los verdes hace mucho menos, y quién sabe si *Die Linke* en el futuro, es una trayectoria de adaptación al sentido común del *establishment.* Lejos de ser un rasgo exclusivo del sistema alemán, lo que destaca en Alemania de ese fenómeno general es su estabilidad: ese conglomerado de poderes fácticos de grandes consorcios empresariales y financieros, lobbys industriales, con sus sólidos anclajes políticos y mediáticos, está particularmente organizado y bien articulado en el país.

Elemento central de esa estabilidad es la cultura nacional de la obediencia debida a la autoridad, un particular culto al Estado, concebido como una institución neutral, superior y abstracta, y una predisposición al acatamiento automático de las jerarquías. A ello se suma una tradición de consenso e integración, enemiga del conflicto y del desorden como vías legítimas de resolución del choque de intereses. El contraste de esta cultura política, la tradición del *Untertan*, del súbdito razonable del orden absolutista descrito en la célebre novela de Heinrich Mann, con la tradición francesa y republicana del rebelde *citoyen*, ha inspirado todo tipo de reflexiones que hoy continúan siendo actuales para todo el continente.

Este libro presenta unos brochazos de esta quinta Alemania en un momento en el que Europa mira hacia Berlín con cada vez más prevención y desconfianza. «Un país que vuelve a dar miedo», como señalaba el titular de un semanario germano. La involución neoliberal que Alemania encabeza y los delirios de hegemonía europea que proyecta el *subidón* nacional de la quinta Alemania está incrementando la germanofobia y el antieuropeísmo, particularmente en la Europa del Sur, cuya población era hasta hace poco muy favorable al europeismo —y no solo por la lluvia de millones recibidos de los fondos de cohesión.

Si dos Alemanias anteriores desembocaron en grandes guerras, la quinta Alemania apunta claramente hacia la desintegración europea.

Los autores no quieren contribuir a ninguna fobia nacional ni tampoco a una reacción antieuropeísta que no proponga refundación ciudadana del proyecto. Lo que pretenden es informar sobre el lamentable papel que el *establishment* alemán, que forma parte de un orden mundial multinacional, está desempeñando en la actual crisis europea, en el bien entendido de que ese orden también vulnera los intereses de la mayoría social en Alemania.

Las primeras víctimas de la involución llevada a cabo por la elite empresarial y política alemana fueron los propios alemanes. En los últimos veinticinco años, la actual República Federal ha sufrido una transformación radical. Más desigualdad en un país que era relativamente nivelado para criterios europeos, estancamiento salarial, generalización de la precariedad socio-laboral en un país en el que la seguridad del puesto de trabajo era considerable, avance de la pobreza y de la desolidarización, recorte de un sistema de garantías sociales que en su día fue sólido y ancho, rebaja de impuestos a los ricos y mayor apertura al negocio privado en el ámbito de la sanidad y las pensiones. Según las últimas encuestas del conservador Instituto Allensbach de demoscopia, los alemanes son perfectamente conscientes de ello: un 70% constata una inflexión en justicia social, particularmente en la distribución de la riqueza, y considera que las cosas han empeorado en los últimos años. Ese cambio brutal se ha inducido gradualmente en las dos últimas décadas, y es presentado mediáticamente como un éxito e incluso como una especie de segundo milagro económico al lado del de la posguerra, en contradicción con la experiencia de la mayoría de los ciudadanos. Eso es en gran parte posible porque, observada en el contexto de crisis europeo, especialmente comparada con los países del sur que han sufrido la misma medicina en dosis mayores y en plazos mucho más breves con consecuencias aún más brutales, la situación socio-laboral alemana es mucho mejor. Esa circunstancia atrae hacia Alemania a no pocos jóvenes, y no tan jóvenes, españoles sin futuro laboral en su país. Frecuentemente llegan al país muy mal informados sobre lo que les espera allí.

Toda propaganda debe incluir algún anclaje con la realidad para ser eficaz y ese es el caso de la relativa e incierta salud de Alemania en la crisis. Relativa porque siendo cierta para los beneficios empresariales, no lo es para la mayoría de asalariados que, sin embargo pueden consolarse comparando su situación con la mucho peor que rige en otros países. Incierta porque se basa en una estrategia exportadora que en los últimos veinte años ha acentuado su dependencia de la coyuntura global hasta hacerla extrema. Esa dependencia es inquietante porque en caso de enfriamiento o colapso puede hundir todo el edificio alemán con gran facilidad. A diferencia de China, que dispone de un gran mercado interno y es consciente de los problemas de esa excesiva dependencia, Alemania no parece preocupada por ello.

Este libro presenta un panorama muy general de todo lo que aquí se ha señalado. Es una visión apresurada y provisional que utiliza focos de diverso tamaño, desde el más amplio, con una perspectiva de varias décadas, hasta el más concreto que describe realidades de la semana pasada, pasando por el proceso político de los últimos años. Si tras su lectura la realidad alemana ha quedado algo más clara para el lector español, habrá cumplido su objetivo.

Berlín, abril, 2013

I. ALEMANIA EN LA GRAN DESIGUALDAD

Rafael Poch-de-Feliu

1. La eurocrisis es una nota a pie de página

Cuando hablamos de crisis nos referimos a una realidad con tres niveles. Uno es el financiero, el desmoronamiento del piramidal castillo de naipes especulativo/ladrón. El segundo es la consecuencia que ese desmoronamiento tiene en la *economía real*, con empresas que cierran, sectores inflados que se desinflan, gente que pierde su trabajo y una generación de jóvenes sin futuro. El tercer nivel es el principal: se trata de la crisis asociada al *cambio global antropogénico*, el cambio planetario que es resultado de actividades humanas y en el que el calentamiento global es el escenario más conocido y popular.

Parece que a mediados de siglo seremos más de 9.000 millones alcanzando el pico demográfico —a partir de entonces podríamos comenzar a menguar— y acercándonos al límite de carga del planeta. Por la combinación del calentamiento global, la transición energética, la escasez de recursos crematísticos y alimentarios, la desigualdad y la abundancia de recursos de destrucción masiva, el siglo se augura complicado. El imperialismo y el desarrollo desigual se hacen particularmente peligrosos. Sin nuevos planteamientos y mentalidades, sin una nueva economía, una nueva relación con el entorno y unas relaciones internacionales menos dictatoriales, no parece haber salida. Así que ese tercer nivel superior de crisis es *la crisis*, porque contiene todos los demás niveles y mucho más. A su lado la crisis del neoliberalismo es algo anecdótico.

Si un marciano observara la situación de nuestro planeta a principios del siglo XXI, la «eurocrisis» le parecería una especie de nota a pie de página: una civilización se está yendo al garete y amenaza en su hundimiento con desencadenar un colapso general al alterar las funciones vitales y biológicas que han regido el mundo desde antes de la aparición del hombre. Al lado de eso, que la estafa financiera de finales de siglo sumada a los particulares desbarajustes de la «construcción europea» en clave neoliberal esté desintegrando un intento de nueva Europa, esa pequeña península de Eurasia con apenas 500 millones de habitantes, es sin duda una nota a pie de página.

La misma enfermedad del crecimiento a toda costa para lograr beneficios que alimenta el calentamiento global es la que ha ocasionado la *crisis financiera*, sus burbujas y desfalcos. Por eso, el gran reto al sentido común de la crisis neoliberal cuando apareció en 2008 era aprovecharla para atajar toda la crisis en su conjunto, potenciando una transición energética, un cambio de modelo, de contabilidad, de racionalidad económica, de relación con el medio y, naturalmente, un cambio de valores. No me refiero a una especie de súbita revolución mágica, sino a programas que avanzaran en esa dirección. Lo que se denominó *New Green Deal* apuntaba en esa línea.

De momento ni siquiera se ha reconocido la crisis del neoliberalismo. En Europa la crisis financiera se afronta con recetas neoliberales y leyendas nacionales que nos llevan de regreso al siglo XIX. Respecto a la *verdadera crisis*, la última cumbre de la ONU sobre cambio climático en Durban (diciembre de 2011) dejó bien claro el desfase entre la urgencia del cambio que se precisa y la ceguera de la respuesta. Todo sumado: resulta difícil imaginar una situación más necia y miserable, diría nuestro observador marciano.

Cuando las instituciones internacionales como la ONU ya llevan años dedicando grandes eventos, esfuerzos y acuerdos al calentamiento global, las políticas económicas nacionales deberían poner el cambio de modelo en el centro de su estrategia a medio y largo plazo. La transición energética exige estrategias a quince, veinte, treinta años vista, pero la mirada de nuestros gobernantes no alcanza mucho más allá de las próximas elecciones. Al mismo tiempo, la estructura económica-empresarial regida por el beneficio que domina el sector energético determina mucho cualquier proyecto de cambio: los mismos monopolios e intereses que alimentan el calentamiento suelen ser los nuevos líderes eólicos y solares. Las nuevas energías en manos de las viejas estructuras sin duda no son lo mismo, pero tampoco son la solución. La defensa del planeta sin planteamientos de justicia social está condenada a la esterilidad. No se saldrá de esta crisis sin profundas reformas sociales, estructurales e institucionales. Y tales reformas precisan de un fuerte movimiento social internacional.

Otro aspecto que conviene recordar es que la crisis sociolaboral que ahora se vive en Europa ha sido el medio ambiente «natural» en el que han vivido centenares de millones de seres humanos en el mundo. Los pobres del mundo nunca tuvieron vida sin crisis. Los elevados índices de desempleo juvenil que ahora se registran en el sur de Europa son familiares para la juventud árabe. Basta cruzar a la orilla meridional del Mediterráneo, más aún si se desciende hacia el Sahel o si se muestra un poco de interés por las biografías de tantos emigrantes llegados a Europa, para comprender que la mayoría de la gente tuvo siempre problemas de alimentación, de escolarización, de sanidad, de trabajo y que también son los que más sufren el deterioro ambiental. Lo nuevo de la actual crisis económica es que ahora algo de eso se nota también en los países centrales, que evidentemente son sociedades de clases en los que la mayoría pierde, pero una minoría de tipo oligárquico dirige las cosas para seguir beneficiándose de la situación e imponer un gran retroceso.

El gran reto al hablar del papel de Alemania en la eurocrisis consiste, precisamente, en insertar apropiadamente el país y su momento en ese entramado histórico mundial.

2. La división de Alemania fue resultado de Hitler

La división de Alemania fue resultado de Hitler. Esa doble Alemania del período 1945-1990 sarcásticamente loada en una cita, atribuida al dramaturgo suizo Friedrich Dürrenmatt que muchos ponen en boca de François Mitterrand, que decía, «nos gusta tanto Alemania que nos encanta que haya dos», fue el resultado de la guerra de Hitler. Alemania fue responsable de su división. La ocupación militar de su territorio, con los aliados occidentales en el Oeste, los soviéticos en el Este, y la capital dividida en cuatro sectores, también se había producido en Austria, pero allí los soviéticos accedieron a retirarse a cambio de la neutralidad del país. Ese trato no se aceptó en Alemania y la consecuencia fue la creación de dos estados alemanes. En el Oeste se instauró una mezcla de capitalismo y democracia. En el Este se afirmó una mezcla de socialismo y dictadura. Dos fórmulas políticas igualmente contradictorias de la misma civilización industrial.

Entre las dos Alemanias había otras diferencias fundamentales. La sociedad alemana habría abrazado o tolerado el nazismo de forma muy generalizada. Se estima que solo unos 100.000 alemanes tomaron parte en algún tipo de resistencia antifascista. La desnazificación acordada en la Conferencia de Potsdam se aplicó de forma mucho más suave en el Oeste.

El anticomunismo podía pervivir allí como único vestigio de respetabilidad de los ex nazis, muchos de los cuales hicieron carrera ocupando cargos importantes en el gobierno, la judicatura, la policía y el ejército. En el Este, por el contrario, los soviéticos aplicaron una desnazificación mucho más estricta, que incluyó no pocas injusticias pero mucho más raramente impunidad. Los nuevos dirigentes del Estado comunista alemán habían sido en muchos casos antifascistas perseguidos o víctimas de los nazis, la mayor parte de ellos comunistas o socialdemócratas, e hicieron del antifascismo una seña de identidad del nuevo régimen. Así, si en el Oeste la sociedad ex nazi alemana encontró cierta continuidad psicológica, en el Este la generación ex fascista de la guerra vivió bajo un régimen antifascista y estalinista que le era biográficamente hostil y adverso. Fueron raros los casos de ex nazis que hicieron carrera en la RDA.

Con 30 millones de muertos y la parte europea de su territorio devastada por la guerra, los soviéticos no estaban bien predispuestos hacia Alemania al fin de la guerra. Mientras en Estados Unidos el «Plan Marshall» se concebía como un incentivo a la propia economía, que brindó una asistencia masiva de 4.000 millones de dólares y un ejército de técnicos al sector occidental de Alemania, en el sector oriental la URSS practicaba el ejercicio inverso: extraía medios, desmontando fábricas y llevándose recursos para paliar su propia ruina.

La vida en los cincuenta fue de una dureza extrema en las dos Alemanias, y no solo ahí, pero atendiendo a ese contexto, el verdadero «milagro económico alemán» se produjo en la RDA.

Aquel Estado estalinoide impuesto a una sociedad ex nazi logró organizar el trabajo, los servicios y la cultura entre las ruinas y sin ayudas. El nivel de vida, la oferta de consumo y alimentación, los salarios y el pulso de la vida en general eran más altos, más ricos y más atractivos en el Oeste. En ese contexto comenzó un gran flujo de emigración desde el Este al Oeste.

«La RDA experimentaba una fuga de cerebros, de técnicos y de mano de obra, la mayor parte de los que se iban era gente que buscaba una vida mejor. La propaganda occidental los presentaba como huidos de la represión roja, pero no más del 5% podían considerarse refugiados políticos», explica en sus memorias el periodista de la agencia Reuters John Peet, corresponsal en Berlín. Era la época en la que el secretario de Estado norteamericano John Foster Dulles hablaba de «desalojar» al socialismo de Europa del Este, el Bundeswehr se reconstituía en la RFA bajo el mando de generales de Hitler y cuando los principales partidos políticos en Bonn reclamaban para Alemania el tercio occidental del territorio polaco y un trozo de la URSS, recuerda Peet.[1] Una época en la que la guerra fría del Oeste hacia el Este incluía aspectos bastante calientes hoy olvidados, como el sabotaje industrial, con explosivos, descarrilamientos, incendios provocados, etc., contra todo tipo de infraestructuras de la RDA a cargo de grupos como el de los «Combatientes contra la inhumanidad» o el «Comité Nacional para una Europa Libre», sostenidos por la CIA y la Fundación Ford, bajo la propaganda de «Radio Free Europe», incomparable, por su eficacia, dotación presupuestaria y efectos, respecto a sus homólogos del Este.

Para mediados de 1961, 300.000 ciudadanos de la RDA emigraban anualmente a la RFA. En Berlín se acumulaban aritméticamente los problemas económicos para el gobierno de la RDA. Mucha gente del Este cruzaba a los sectores occidentales para trabajar y luego regresaba al sector oriental y cambiaba el dinero en el mercado negro al precio de un marco occidental por cuatro del Este, lo que disparaba la inflación. La frontera interalemana estaba más o menos cerrada desde 1952, pero Berlín, sometida a un acuerdo especial, era un desagüe por el que la RDA se desangraba. La decisión de levantar el infame Muro de Berlín se tomó en ese contexto, pensando en que la RDA se podía ir al traste. Para el régimen estalinista de Walter Ulbricht, la única manera de impedirlo fue algo tan kafkiano como encerrar con llave a su población.

El politólogo y pastor protestante Paul Oestreicher, que entonces era corresponsal de la BBC en Berlín, explica su entrevista de septiembre de 1961, un mes después de que se erigiera el Muro, con el jefe militar del sector británico de Berlín Oeste. «Oficialmente, su declaración condenó el levantamiento del Muro como violación del acuerdo de las cuatro potencias sobre Berlín, violación de los derechos humanos, etc., etc.». A continuación, «*off the record*» y con la condición de no escribir ni radiar una sola palabra sobre el asunto, el militar le explicó la realidad:

> Las potencias occidentales hemos recibido el Muro como alivio. A medio plazo, Berlín Oeste se ha estabilizado. La corriente de emigrantes se estaba haciendo insoportable y desestabilizadora. Una quiebra económica de Alemania del Este habría desencadenado una reacción soviética incalculable. Por fin se ha despejado de una vez el peligro de una guerra. Claro que nos ha sorprendido el momento de su construcción, pero no el Muro como tal. Los soviéticos sabían que no habría ninguna contramedida occidental. [Y, finalmente] con el Muro nos han dado una nueva arma de propaganda.

Walter Ulbricht, el dirigente oriental que había declarado públicamente poco antes, «*nadie tiene intención de construir un muro*», acuñó para su nefasta obra el término «muralla de protección antifascista» («Antifaschistischer Schutzwall»). Poco después, Ulbricht recibió a Oestreicher en su despacho de Berlín Este. También en condiciones de «*off the record*», sus declaraciones fueron igual de sinceras y reveladoras de la mentalidad de la época:

> Mi Estado estaba en peligro. Nuestra población, educada en el mundo burgués que aún no ha desarrollado ninguna comprensión del socialismo, estaba huyendo en estampida. Los hospitales se vaciaban de médicos, toda nuestra economía estaba amenazada. En aras de la salvación del campo socialista y de la paz mundial, el Muro se ha hecho una trágica necesidad.

A Ulbricht se le preguntó si no se podría haber conseguido lo mismo con una política de paz como la que el deshielo de Jrushov apuntaba desde la URSS, explica Oestreicher. Su respuesta fue:

> Claro, los que están ahí detrás pueden permitírselo todo. Yo estoy en primera línea y el soldado que está en la trinchera ni siquiera puede encender un cigarrillo. Solo así podemos salvar el socialismo, cuyos resultados disfrutarán las futuras generaciones. Yo no viviré para verlo y tengo que acarrear con el odio de mis ciudadanos.

Preguntado por los tiros contra la gente que intentaba cruzar el Muro, añadió:

> Tampoco en eso tengo elección. Como la estadística muestra, no se dispara siempre, pero sin la orden de disparar (contra los tránsfugas) el Muro no habría tenido sentido. Cada disparo en el Muro es un disparo contra mí. Con ello damos al enemigo de clase el mejor recurso propagandístico, pero poner en juego el socialismo y la paz costaría infinitamente muchas más muertes.[2]

La historia la escriben los vencedores y estos hechos, naturalmente, se olvidan hoy, pero la realidad es que el Muro, construido por uno, fue un asunto de dos. Que la guerra fría concluyera por la retirada incondicional y derrumbe de uno de esos dos matones no altera la historia, más que en la manera en que la narra el otro, que todavía vive.

Un asunto de dos, pero que sufrieron sobre todo unos, los alemanes orientales. Para los 16 millones de ciudadanos de la RDA, la posibilidad de salir del país era un sueño sin parangón con los de sus semejantes de otros países del Este. Desde 1972 se podía viajar a Polonia y Checoslovaquia con el DNI, pero a partir de 1980 la aparición de *Solidarnosc* eliminó a Polonia. Para ir a Hungría, Rumanía y Bulgaria se precisaba de un permiso de la policía que salvo sospecha de disidencia casi siempre se otorgaba al solicitante. Con la excepción de la corona checa, el cambio de moneda se limitaba a una pequeña cantidad, lo que convertía el turismo en ejercicio de precariedad y lo condenaba a prácticas de intercambio. Los viajes a otros países del bloque, desde La URSS a Vietnam pasando por Cuba, eran complicados, casi siempre organizados y oficiales. El viaje a la Alemania Occidental (RFA) era capítulo aparte.

Desde 1964, los jubilados con parientes en el otro lado podían visitar la RFA una vez al año, posibilidad a la que se acogían 1,3 millones de jubilados al año. A partir de 1972 varios miles de jóvenes podían también viajar por «razones familiares especiales» como, bautismos, bodas, enfermedades o fallecimientos de parientes del otro lado. En 1986, por ejemplo, Angela Merkel, que entonces trabajaba en un Instituto científico de Berlín Este, viajó a Hamburgo para asistir a la boda de su prima, lo que aprovechó para recorrer la RFA de punta a punta. El año anterior, 185.000 ciudadanos de la RDA habían utilizado esa posibilidad, que, como la de los jubilados, era consecuencia de iniciativas negociadas por los políticos de la RFA. En la misma época se registraban entre tres y ocho millones de visitas a la RDA desde la RFA y Berlín Oeste.

La media de ciudadanos de la RDA huidos ilegalmente a través de la frontera era de unos 3.000 anuales entre 1980 y 1985. Antes, la menor sofisticación del muro interalemán había permitido huir a más gente. Hasta la construcción del Muro de Berlín, de 155 kilómetros, en 1961, y de la frontera interalemana, de 1.390 kilómetros, tres millones de ciudadanos del Este pasaron al Oeste, la inmensa mayoría porque se vivía mejor y había más oportunidades económicas. Desde 1962 hasta la caída del Muro, en 1989, 600.000 personas de la RDA pudieron emigrar, oficial o ilegalmente, a la RFA, incluidas 33.000 de ellas encarceladas que el gobierno de la RDA compró, a un precio que en 1988 alcanzó los 100.000 euros por cabeza.

La frontera interalemana se cobró más de 1.200 vidas de gente que intentó cruzarla por los medios más diversos, desde túneles hasta globos, a nado o metidas en paquetes y maletas. Entre ellos, varios centenares, el número exacto se desconoce, murieron tiroteados por guardias fronterizos o instalaciones de disparo automático del Este.

* * *

En el frío invierno de 1981, ocho antes de su caída en el basurero de la historia, el Muro de Berlín no existía. Había existido en los años sesenta, cuando la propaganda occidental nos martilleaba con sus imágenes, las dramáticas historias reales y las embellecidas leyendas de los tránsfugas del «telón de acero», pero en los setenta había desaparecido. De Berlín nadie se acordaba. Se sabía que existía una ciudad de tal nombre, antigua capital de Alemania, pero se había olvidado que para llegar a ella había que atravesar la RDA por una autopista especial, pasar unos controles rutinarios pero estrictos, y que la misma ciudad estaba dividida por un muro absolutamente extraordinario. El «Muro de Berlín...», había que hacer memoria para acordarse de aquel concepto, oxidado en el recuerdo.

Eso ocurría en parte porque el comercio Este/Oeste, dinámico y creciente pese a la segunda guerra fría, había convertido el Muro en un arcaísmo, pero en parte también por una especie de amnesia. Las realidades de la guerra fría se habían congelado en un sueño eterno. Todo eso hacía que al llegar a Berlín Oeste el Muro te sorprendiera con su mineral y brutal presencia, dividiendo barrios y parentescos, cortando calles y separando familias. Nadie te había avisado de que aquello era tan bestia. La propaganda de los sesenta se había borrado, y, de todas formas, en España, la dictadura se había encargado de hacernos completamente inmunes a ella: todo lo que se decía del «comunismo», era falso, por definición.

En Alemania la situación era diferente, y aun más extraña: la RFA vivía totalmente de espaldas al hecho de la división de la nación. La «*Ostpolitik*» inaugurada años atrás por los socialdemócratas de Willy Brandt era asunto de los políticos. Imbuida en el consumismo, la rechoncha sociedad germano-occidental fundamentalmente la ignoraba. En enero de 1981, en Berlín Oeste, entonces una ciudad vibrante e inquieta que vivía del subsidio, la gente política y socialmente más activa ignoraba por completo al Este. La progresía berlinesa estaba mucho más pendiente de la enésima «ofensiva final» de la guerrilla en El Salvador, o de la situación en Nicaragua, que de lo que ocurría en el Este de Europa.

En la redacción de *die tageszeitung*, el diario «alternativo» de Berlín, Centroamérica era la estrella. Había en marcha una campaña, «Armas para El Salvador», que recaudaba dinero para la guerrilla, y el diario informaba de todo aquello con gran lujo de detalles. Legiones de jóvenes alemanes estudiaban lo que los latinos denominábamos con sorna «Nikaraguistik», y se iban a la exótica América Central con el dinero de sus becas estudiantiles y sus mochilas, en las que se llevaban hasta el papel higiénico. Muchos de aquellos personajes vivían en Kreuzberg, el barrio de la «escena del cuero», unos tipos de aspecto y actitud hostil que resultaban ser de izquierdas, eran mantenidos por las subvenciones sociales de la república burguesa de Bonn, y vivían sin mezclarse en guetos con sus bares, sus comercios, sus agencias de viajes y su mundillo estrictamente separado de los otros mundos, el del emigrante turco o el de la clase media alemana local. Era la época en la que los gobiernos carniceros de Centroamérica, apoyados por la administración Reagan, alimentaban la matanza de 200.000 personas en América Central, el 1% de la población de los siete países. Aquel interés y compromiso estaba más que justificado, pero chocaba con la ignorancia hacia aquel otro mundo del Este. Y en una ciudad que era una isla occidental inserta en el Este, aquel mundo comenzaba, literalmente, al otro lado de la calle. Al salir de su casa en Kreuzberg, aquel sujeto de la chaqueta de cuero se topaba de narices con el Muro, pero lo ignoraba, porque no existía.

Del Este, de Berlín Este, se desconocía todo en Berlín Oeste. Había un «*Sozialistisches Osteuropakomitee*», pero estaba formado, por ex ciudadanos de la RDA, checos, rumanos, húngaros... nunca por alemanes del Oeste. La general ignorancia del Este, naturalmente con algunas excepciones como la de políticos como la luego diputada verde Petra Kelly, que venía de Estados Unidos, retrataba a aquella «escena alternativa» tan teutona; dogmática hasta en su presunto antidogmatismo, capaz de discutir durante horas si en una WG, un piso comunal, los usuarios masculinos del retrete debían sentarse para hacer pipí, o dejar siempre bajada la taza del retrete. Aquella gente a veces tan dura y bruta como la clase media alemana que despreciaba, era la misma que ignoraba las realidades sociales y políticas de su entorno más inmediato, en beneficio de la exótica «Nikaraguistik». Su participación en la caída del Muro, ocho años después, fue nula. Y lo mismo puede decirse del resto de la sociedad alemana occidental.

En pocos lugares el Muro de Berlín era más apabullante que en los alrededores de la Moritzplatz de Kreuzberg. Aquello era el «*finis Africae*» de Berlín Occidental, un límite urbano marginal en el que los cacos abandonaban los coches desvalijados. En las calles Waldemar y Sebastianstrasse, el Muro tenía un recorrido particularmente anguloso y caprichoso, sin parangón en el resto de la ciudad. En algunos lugares, durante varios centenares de metros, el Muro apenas dejaba tres o cuatro metros entre los portales de las casas habitadas y su gris y teutona presencia. Aquel frío enero de 1981, ese fue uno de los primeros escenarios que fotografié. Veintiocho años después regresé al lugar.

No fue fácil reconocer los escenarios exactos. El cauce seco de un canal, que después de la guerra fue rellenado con escombros y en los noventa fue recuperado y ajardinado, atraviesa la Waldemarstrasse, el límite del Muro, y toda la zona de seguridad desemboca en un gran estanque. Se habían trazado nuevas calles y levantado edificios. Busqué testimonios. En la Sebastianstrasse, en el mismo lugar en el que te topabas con el Muro al salir de casa, encontré a una pareja tomando el sol. Eran nuevos vecinos. No sabían. Otros eran demasiado jóvenes para acordarse de nada. Finalmente encontré a una señora, jubilada de setenta años de edad y vecina «desde siempre» de la Waldemarstrasse. Su lengua se desató a la vista de las fotos de su calle veintiocho años atrás que le mostré.

«Esta es la Iglesia de San Miguel», dijo indicando la cúpula que aparecía en el ángulo superior izquierdo de la foto. Fue levantada en 1861 para los 20.000 católicos del barrio. Por deseo del káiser Federico Guillermo IV, el templo debía parecerse a la Iglesia de San Salvador de Venecia, pero el resultado, del habitual ladrillo rojo, fue modesto. En abril de 1945 la iglesia fue destruida por las bombas, y aún lo está, pero un trozo se rehabilitó y se abrió ya en los cincuenta. «Era nuestra parroquia, la de los católicos del barrio». «Cuando levantaron el Muro en 1961 nos quedamos sin ella. Pensamos que sería provisional, pero pasaban los años, el Muro seguía ahí, así que en 1965 convertimos un local que había quedado de este lado en segunda parroquia de San Miguel», explicó la Señora.

«Han pasado más de veinte años desde la caída del Muro, pero las dos comunidades católicas de lo que antes era un mismo barrio se han mantenido divididas», explicó. «Los del antiguo Este siguen yendo a la parroquia original y nosotros a la nueva». «Tenemos más relación con los protestantes del Oeste que con los católicos del Este», dijo.

Si en el Oeste el Muro se ignoraba, en la RDA su presencia estaba en el centro de la vida. Lo dominaba todo. La gente de la RDA vivía pendiente del pulso de la otra Alemania, más próspera y libre, a través de la radio y la tele. Todo el mundo veía la tele del Oeste. El Oeste estaba tan presente en los hogares de la RDA como esta era inexistente en los de la RFA. Un mundo muy cercano, que se metía en casa, que se podía desear, pero al que no se podía ir. Un sueño telegénico, mítico, inaprensible y obsesivo. «La gente valoraba la vida en el capitalismo por lo que veía en la televisión del Oeste y por la televisión el capitalismo se veía muy pero que muy bonito», recuerda Eugen Ruge, un escritor de la RDA que tenía 34 años cuando escapó a Alemania occidental en 1988.

Casi todo el territorio de la RDA estaba cubierto por las ondas occidentales, excepto una zona del noreste, entre Dresde y la frontera polaca, que el *vox populi* de la RDA denominaba con humor, «el Valle de los ignorantes». Los orientales dedicaban el 80% de su tiempo televisivo a seguir programas del Oeste. Los jóvenes seguían el último rock a través de la radio berlinesa occidental, y hasta en las ciudades de provincia se estaba al corriente de la clasificación de la Bundesliga de fútbol, situación insólita que dibujaba un panorama no exento de esquizofrenia. La ineficacia de los sistemas de interferencia, que en la URSS complicaban mucho la recepción de las emisoras de la CIA, llevó a las autoridades comunistas alemanas a intentar contrarrestar ese panorama, incorporando en su programación mucho de lo que la población buscaba en los medios occidentales.

El Este tuvo, por ejemplo, su propio James Bond, que no era parecido a nuestro Jaime Bonet, el superagente celtíbero encarnado por Casen que tenía un seiscientos en lugar del Aston Martin, sino un tipo duro de verdad. El superagente Bredebusch, del Ministerio de Seguridad, estuvo encarnado por el actor Armin Mueller-Stahl, que acabó emigrando al Oeste tras protestar en 1976 por la expulsión del cantante contestatario Wolf Biermann. Todo un presagio.

En el Berlín de principios de los ochenta Frank Sinatra, Humprey Bogart, el neorrealismo italiano, las películas del oeste y hasta el serial español «Curro Jimenez» eran ofertas familiares de la televisión germano oriental, precisamente por ese intento de contrarrestar una batalla que estaba perdida de antemano. Un sábado por la noche de 1983, la tele del «mundo libre» ofrecía el western *La mano en el Colt*, con un Ronald Reagan, entonces presidente de EE UU, de protagonista, mientras que el «socialismo» presentaba *Los siete magníficos*, con Yul Bryner, Steve McQueen y Charles Bronson. Al día siguiente el Este pasaba una película de Luis de Funes contra *El amor del Capitán Brando*, con Ana Belén y Fernando Fernán Gómez en el Oeste. Aquella misma semana volvieron a competir *Corazón de Cristal* de Werner Herzog en el Oeste, contra *En la sierra mando yo*, en la que Sancho Gracia repartía leña al ocupante francés. Las películas españolas de Alfredo Landa y Lina Morgan de los años setenta, con aquella represión sexual vaporizada en humor paleto, eran también frecuentes en la tele de la RDA.

Los medios de comunicación de la RDA publicaban con gran frecuencia materiales que eran respuesta o reacción directa a noticias de sus rivales del Oeste, porque, aunque no se nombraba, se daba por supuesto que habían llegado a ojos y oídos de sus compatriotas. Había un programa semanal de televisión de 25 minutos que se emitía los lunes a las ocho de la tarde, la hora de máxima audiencia, dedicado precisamente a eso. Se llamaba *Der Schwarze Kanal* (El canal negro) y lo dirigía un personaje singular llamado Karl-Eduard von Schnitzler, un periodista antinazi descendiente de un hijo ilegítimo del káiser Federico III. Durante la guerra von Schnitzler había trabajado en Londres para la BBC y en los años ochenta, ya mayor, estaba al frente de aquella complicada trinchera informativa de la guerra fría.

Su programa se presentaba con el feo aguilucho del escudo de la RFA posado sobre las antenas del idílico y asediado socialismo patrio. Luego aparecía él, con su perilla y sus gafas de concha, y arremetía contra la propaganda occidental, utilizando cortes de los telediarios de la RFA. Desempleo, problemas de vivienda, de pobreza y desigualdad, de delincuencia y drogas en el Oeste, buscaban resaltar los propios logros sociales de la política interior del Este. Y en el frente exterior, lo mismo: imperialismo, racismo y belicismo, con frecuentes referencias a las dictaduras latinoamericanas y al *apartheid* sudafricano. Lo más interesante era que el *Canal Negro* tenía sus rivales y contrapuntos en la televisión de la RFA, en programas como *Kennzeichen D* (Matrícula D) o el *ZDF Magazin*, dirigido por el alter ego de von Schnitzler, un periodista llamado Gerhard Löwenthal, que era una especie de comisario político del «mundo libre». Löwenthal gastaba las mismas gafas de concha que su rival y se le parecía físicamente. En lugar de imperialismo y desempleo, hablaba de «totalitarismo», «censura», «disidentes» y falta de libertad, entrevistando en su estudio a tránsfugas del otro lado del Muro que venían de aquel país al que el *Bild Zeitung* se refirió siempre como, «la autodenominada República Democrática Alemana». Con los años y el creciente descrédito del régimen, la popularidad del *Canal negro* menguó, pero mucha gente del Este que se reía de él lo seguía. Von Schnitzler se despidió del público el 30 de octubre de 1989, por derribo del régimen, y falleció en 2001 con las botas puestas.

En los primeros años ochenta, la Rykestrasse de Berlín Este no tenía nada que ver con la Waldemarstrasse, su homóloga del Oeste. Hoy la Rykestrasse es uno de los centros del Berlín sofisticado, en Prezlauer Berg, un barrio de profesionales jóvenes con ingresos superiores a la media que votan verde y consumen «bio». Para mí siempre será la calle cutre en la que vivía Gerd Poppe, uno de los disidentes más prominentes del Berlín Este de la primera mitad de los ochenta.

Una calle gris y oscura, de casas desconchadas, que en invierno olía a carbón, como toda la ciudad, con los Trabant, Wartburg y Lada monopolizando el escaso tráfico rodado y la tristeza dominándolo todo. Hoy, desde la terraza del Bar Gagarin, a la vista de todos esos restaurantes y bares *chics* con olor a sándalo, y tiendas que ofrecen *wellnes* y yoga con estatuillas de Buda, objetos escandinavos de diseño y viajes a Namibia, uno se diría en otro planeta, pero aquel penetrante olor a desinfectante que comenzaba en la frontera de Friedrichstrasse, permanece en la memoria del reportero.

Siguiendo su rastro, el recuerdo te lleva al número 28, el domicilio de Gerd y Ulrike Poppe, hoy divorciados. Ella animaba el primer parvulario no estatal de la RDA, con Katia Havemann, la hija del mítico Robert Havemann, y más tarde el grupo «Frauen für den Frieden» (Mujeres por la paz), él la «Initiative Frieden und Menschenrechte», paz y derechos humanos. Eran visitas sin avisar, por el teléfono controlado, con merodeos previos por la ciudad para despistar, sin notas ni grabadoras para pasar «limpio» la frontera de la estación de Friedrichstrasse. Todo absolutamente inútil, porque lo sabían todo de aquel joven periodista español con documentos de estudiante residente en Berlín Oeste.

Gerd Poppe, entonces un físico de cuarenta y pocos años, con bigote y pelo largo, tenía un micrófono puesto por la

Stasi, la policía de Estado, en la lámpara que había sobre la mesa de comedor de su modesto apartamento, alrededor de la cual conversábamos. Lo encontró él mismo un día tirando de un cable mientras hacía bricolaje. La situación invitaba al desequilibrio mental.

En el grupo de Poppe había confidentes de la Stasi. Una de ellas era Mónica Häger que acabó haciéndose sospechosa para sus compañeros. Luego se supo que en la reunión del grupo que intentó aclarar ese punto con Häger, en casa de Poppe, alrededor de aquella mesa y bajo aquella lámpara, la mitad de los presentes eran confidentes. En otro grupo disidente, el «Demokratische Aufbruch» (Salida Democrática) liderado por el pastor protestante, Reiner Eppelmann, de los nueve miembros que participaron en una reunión en la parroquia Samaritana de Friedrichshain, la parroquia de Eppelmann, siete eran confidentes de la Stasi. Aquella gente, humanamente mucho más caliente que los «alternativos» del Oeste, sobrevivía con gran cordura en medio de esas situaciones.

De los tres estados policiales que había en el bloque del Este, la URSS, Rumanía y la RDA, el de Alemania del Este era el más eficaz. Sobre eso se ha hecho una enorme propaganda en la Alemania reunificada donde se ha insistido mucho, y se sigue invirtiendo mucho dinero, en reducir la memoria de la RDA a la memoria de la policía de Estado, la Stasi, inmortalizada en la película *La vida de los otros* del director alemán occidental Florian Henkel von Donnersmark. Muy bien hecha, la película es engañosa porque confirma esa reducción propagandística. La RDA era un Estado policial, además de otras cosas. El escritor alemán oriental Ingo Schulze estima que quizá un 2% de la población de 17 millones de la RDA había trabajado o colaborado con la Stasi. Su colega Daniela Dahn menciona entre un 0,25% y un 0,5% de la población en el papel de informantes de la policía en los años setenta, pero entre la delación y la marginación social y profesional, la alternativa que sugiere aquella película, había un amplio espacio en el que vivía el grueso de la sociedad. El protagonismo que en la Alemania de hoy tiene la BStU, la organización encargada de ventilar las hazañas de la Stasi mediante un uso selectivo de la información de sus archivos, contrasta vivamente con la oscuridad e ignorancia que rodea a la información sobre el control policial en la RFA. El historiador Josef Foschepoth, que descubrió poco menos que por casualidad que todas las comunicaciones con la RDA fueron sistemáticamente controladas por la RFA por una amplia red que incluía a policías, jueces, fiscales y funcionarios de correos, recuerda que «la historia de la República Federal Alemana» en esa y muchas otras materias, «aún no se ha escrito», y que en los sótanos de los ministerios y de los servicios secretos hay kilómetros de estanterías con millones de fichas de archivo cerradas al público. Respecto a la sofisticación técnica del control, suena convincente lo que dejó escrito el fallecido jefe del espionaje exterior de la RDA, Markus Wolf, en sus memorias, «con 80.000 empleados en su Ministerio de Seguridad del Estado, la RDA tenía una reputación absolutamente justificada de vigilancia y escuchas clandestinas, pero nuestras limitaciones técnicas se encargaban de impedir que pudiéramos igualar a los norteamericanos en ese terreno».

Más allá de la común ansia por unas libertades básicas y esenciales, las ideas de los disidentes de la RDA eran mucho más «socialistas» y «ecológicas» que la de sus colegas polacos o soviéticos, que tendían a ser admiradores de Reagan y Thatcher. Cuando cayó el Muro y comenzó la vertiginosa espiral que llevó a la reunificación alemana, con un guión de disolución de la RDA y absorción por la RFA que había sido el sueño histórico de la derecha alemana, los disidentes de la RDA, que en su mayoría soñaban con una «tercera vía» entre ambos sistemas, quedaron fuera de juego. Apenas ninguno de ellos, dignos y sufridos activistas, desempeñaron un papel político en la

Alemania reunificada. Poppe fue una excepción, por algunos meses fue ministro sin cartera del primer gobierno electo de la RDA y encargado para los derechos humanos. Los que hicieron carrera política en la Alemania reunificada fueron gente sin gloria que no se había movido bajo el régimen y carecía de ese título de nobleza, como la propia Angela Merkel.

3. La reunificación fue resultado de Gorbachov

Si el Muro y la cuarta Alemania fueron resultado de Hitler, la caída del Muro y el nacimiento de la quinta Alemania fueron resultado de Gorbachov. Cuántas cosas se han dicho sobre el hundimiento del socialismo real, olvidando lo más obvio. La autoría de aquel derrumbe ha sido atribuida a todo tipo de personajes, desde aquel presidente de pocas luces que era Ronald Reagan hasta un Papa polaco, pero si se trata de personas fue Gorbachov.

Entre agosto y diciembre de 1989, en cuatro meses, cayeron o abdicaron los regímenes de Polonia, Hungría, Checoslovaquia, Alemania del Este, Rumanía y Bulgaria. En verano se produjo la victoria de «Solidarnosc» en las elecciones polacas. En Hungría el partido de Estado se disolvió y dio lugar a un sistema pluralista. En octubre comenzaba la «revolución de terciopelo» en Checoslovaquía. En noviembre caían Teodor Zhivkov en Bulgaria y el Muro de Berlín. En diciembre comenzaban las violencias en Rumanía, que acaban con la caída de Ceaucescu.

Los movimientos sociales jugaron un gran papel en aquel cambio. Desde la revuelta de 1953 en Berlín Este, hasta la Polonia de 1980, pasando por el 68 checo y el 56 húngaro, la Europa del Este había conocido, durante más de treinta años, revueltas, movimientos y revoluciones, algunas armadas, otras pacíficas, mucho más poderosas que lo de 1989, sin alcanzar resultados. Todo se estrellaba contra Moscú. ¿Por qué no ocurrió eso en 1989? La respuesta estándar es: la «sociedad civil». En realidad lo determinante fue la actitud de Moscú y, en concreto, su «Doctrina Sinatra».

En los cinco años anteriores a 1989, fui, seguramente, el único *free lance* español en ocuparse intensivamente de la sociedad civil del Este, viajando por toda la región con documentos de identidad de camuflaje y alojándome en casa de la oposición. Me interesaba más la gente corriente, los estudiantes y los intelectuales que las «personalidades», pero conocí a muchas de ellas, y a otras desconocidas que luego lo fueron.

Repasar las notas y recuerdos de aquella época matiza bastante la lírica sobre las «revoluciones del Este». Cuando se produjeron, ya me encontraba en Moscú, de donde partían los impulsos determinantes del gran cambio europeo. Mis impresiones, atrapadas en la vorágine de los propios hundimientos soviéticos, fueron muy particulares, pero seguramente más realistas que las de quienes, por así decirlo, no descubrieron la existencia de Europa Oriental hasta 1989, cuando la región se convirtió en un volcán en erupción social.

Mientras en Occidente se afirmaba que el «mundo libre» había vencido la guerra fría, en Moscú se constataba un matiz importante: que Occidente vencía por retirada voluntaria del contrincante. Algo extraordinario que nadie tenía previsto, y de lo que la historia apenas ofrece precedentes: una retirada imperial pacífica y prácticamente incondicional. Eso fue la «Doctrina Sinatra».

El término lo acuñó el portavoz de exteriores soviético Gennadi Gerásimov, un liberal al que le encantaba el whisky y que había estado destinado en Washington muchos años. En contraste con el derecho a intervenir con los tanques cuando el gallinero del Este se le revolucionaba, lo que se conocía como «Doctrina Brezhnev», Moscú anunció con Gerásimov el derecho de cada país a gobernarse como quisiera, así de simple, y lo llamó «Doctrina Sinatra», por la canción *My Way* (A mi manera) de aquel autor. A los antiguos vasallos se les decía que hicieran lo que quisieran. «A su manera».

El mensaje dio alas a los regímenes potencialmente reformistas (Hungría, Polonia), tumbó a los que no querían reformas y cuyo principal apoyo era el tradicional inmovilismo moscovita (Checoslovaquía, Alemania del Este), y derribó mediante un golpe con la complicidad de Moscú a los que eran autónomos y dictatoriales, como Ceaucescu. La «Doctrina Sinatra» dio también alas a la sociedad civil del bloque. Sin ella el bloque del Este habría seguido languideciendo, como era el caso en los cinco años anteriores al cambio cuando yo lo conocí y recorrí de punta a punta.

«El escepticismo, la pasividad y el cinismo político se han instalado en esta sociedad», escribía en mi primer informe sobre la sociedad civil checa de diciembre de 1984. «Cruzar la frontera es siempre posible», me decía irónicamente Petr Uhl, 43 años, entonces el ex preso político más conocido del país, recién salido de su segundo encarcelamiento de cinco años, sumados a los cuatro anteriores, «lo malo es que sería para la eternidad».

Doscientos de los mil signatarios de la «Carta 77» habían emigrado a Occidente. Uhl, que era ingeniero, se ganaba la vida revisando calderas de calefacción en empleos precarios. Aleksandr Dubckek, el secretario general comunista de la Primavera de Praga era jardinero, otros ex ministros y académicos trabajaban de fontaneros o taxistas por motivos políticos.

En Praga el equipo dirigente estaba compuesto por la gente que había desmontado la «primavera» de 1968 por orden de Moscú, y con Gorbachov estaban descolocados, me explicó Jiri Hajek, el ex ministro de Exteriores de la época de Dubcek. En su piso modernista del centro de Praga, otro interlocutor,

Vaclav Havel, que ya entonces era un liberal de derechas admirador de Thatcher y Reagan, consideraba lo de Gorbachov «un cuento». El brillante ex ministro Hajek, fallecido en 1993, fue el único interlocutor que expresó esperanzas concretas en la conferencia que el Partido Comunista de la URSS debía celebrar en junio de 1988, la XIX Conferencia del PCUS, el gran evento que abrió la puerta al pluralismo en Moscú y al gran cambio en el Este. Cuando Hajek me lo dijo, para eso faltaban solo seis meses, pero su opinión era minoritaria.

«No creo que Gorbachov nos arregle las cosas», me dijo en diciembre de 1988 Ana Marvánova, ex periodista y metida a limpiadora de letrinas por haber firmado la «Carta 77», en una entrevista en la que tuvo todo el rato el televisor a todo volumen por si había micrófonos en su propia casa. «Todo eso de Moscú es un show, un Gorbashow», dijo su compañero el cartista Jiri Gruntorad.

En Berlín Este, donde los dirigentes estaban aun más contrariados con Gorbachov que sus colegas checos, el escritor Stephan Heym me decía en julio de 1986 que pese a que la mayoría de la población era «crítica» hacia el régimen, «No creo que en los próximos tiempos estallen conflictos en la RDA, sino que espero más bien que con el desarrollo de la técnica y los imperativos exigidos por una sociedad moderna, se produzcan también cambios en el espectro social del país». Su perspectiva era la siguiente: «si se iniciara una fase de distensión entre las dos superpotencias, habría también más distensión entre los dos estados alemanes. Si el asedio se levantara, eso daría más libertades aquí, y se podría cancelar la mentalidad de país asediado que tiene la RDA».

Tres años antes de 1989 ni se soñaba en la reunificación alemana. En Berlín Este era uno de los temas sobre los que daba apuro preguntar porque te tomaban por excéntrico. La escritora Christa Wolf, autora de un célebre libro llamado *Der Geteilte Himmel* (El Cielo dividido, 1963) me dijo en 1986:

«La reunificación es absolutamente irreal, porque ninguno de los vecinos de ambos estados alemanes la desea, ni ningún poderoso quiere que vuelva a haber una gran Alemania». Wolf tampoco la deseaba, defendía la especifica tradición cultural de la RDA de Bertold Brecht y Anna Seghers, que daba «acentos diferentes» a la literatura germano oriental respecto a su hermana del Oeste. «No quiero renunciar a eso, ni que esa tradición sucumba a cambio de una gran ampliación del mercado», decía.

En la reformista y abierta Hungría de 1983 a 1986, mis interlocutores, escritores, estudiantes y activistas expresaban un enorme bostezo. En la filosofía nacional no había rastro de György Luckács, el gran autor de *Historia y conciencia de clase* del que se acaba de celebrar el centenario. Sus discípulos György Markus, Mihaly Vadjda, Agnes Heller y otros habían emigrado a Occidente en los setenta. Heller calificaba a Gorbachov de «maquiavélico» y no esperaba nada de él. Recuerdo haber interrogado a un filósofo local sobre la vigencia de Luckács. No mostró el menor interés, y me hizo un apasionado elogio de la obra de... Ortega y Gasset.

Janos Kis, uno de los animadores de la revista clandestina/tolerada *Beszélő* (Locutorio), que luego sería líder de los liberales húngaros, no veía grandes posibilidades de evolución en el régimen y se confesaba «pesimista» en lo que Gorbachov podía aportar a la situación de estancamiento del Este, igual que su compañero Miklós Haraszti, entonces un melenudo inconformista. El más optimista de todos resultó ser el escritor György Konrad, que hablaba de una «finlandización de Europa del Este». «Si se restableciera la soberanía en Europa Central y se retirasen las tropas extranjeras, se produciría una democratización en el interior de los países con relaciones de buena vecindad hacia la URSS», decía.

La afirmación más esperanzadora la encontré en Viena, donde Zdenek Mlynar me dijo, en octubre de 1985, que la llegada de Gorbachov al poder en Moscú podía dar lugar a «un desarrollo dinámico de la situación» en el Este, que abriera «nuevas posibilidades». Mlynar, había sido uno de los dirigentes de la «Primavera de Praga» en 1968 y antes había sido compañero de estudios de Gorbachov en la Facultad de derecho del Moscú de los cincuenta. Fallecido en 1997, Mlynar era un «animal político». Su diagnóstico fue el más certero, pero llevaba diez años viviendo en el exilio vienés. Era un observador agudo, pero exterior.

En junio y julio de 1986 había recorrido Rumanía en un viaje de 1.000 kilómetros en bicicleta que concluyó con una insólita radiografía de aquel país, pobre, triste, desgraciado, pero bellísimo en su naturaleza, que luego se publicó con seudónimo en *Letra Internacional* y por entregas en *La Vanguardia*. Aquel periplo acabó un mes después con mi detención, a cargo de la célebre *Securitate* —que me llevó amablemente en coche de vuelta a la frontera húngara— y con la interpelación de casi todos mis interlocutores, afortunadamente, después de que hubiera enviado el cuaderno con las notas de viaje a Berlín, a través de la embajada alemana en Bucarest. Era el año de Chernobyl, la gente estaba bastante asustada por las consecuencias del accidente. El pronóstico más interesante que recibí fue el de un intelectual que me hablaba en susurros en su propia casa, iluminada por una bombilla de 40 vatios, y que se refería temerosamente a Ceaucescu como «Él». «La libertad llegará cuando el imperio soviético se derrumbe», dijo. Dos años después, aquel imperio se autodesmontaba y un año y medio después los rumanos se liaban a tiros en la calle.

¿Y Polonia? Seguía siendo aquella inconfundible gran nación inquieta, la Italia del Este, simpática, clerical y conservadora, pero el tópico romanticismo suicida polaco se había replegado. Liberada desde 1983 del estado de sitio impuesto por el general Jaruzelski y con apenas una veintena de presos políticos, nada se movía allá. Un realismo frío y paralizador parecía haberse apoderado de sus gentes, refugiadas en la solución de los problemas prácticos de la vida cotidiana. Jóvenes estudiantes veinteañeros me decían que Solidarnosc había tenido razón, pero que su proyecto era «geopolíticamente inviable».

El gran movimiento de Solidarnosc pertenecía al pasado. Jacek Kuron, seguramente una de las mentes más preclaras de la disidencia del Este, luego ministro, fallecido en 2004, me explicaba así el estancamiento polaco en su casa de Varsovia, donde estaba recluido con una violenta bronquitis que no le impedía seguir fumando: «tenemos un poder que no reconoce a la sociedad porque no reconoce su voluntad, su organización y su pluralismo interno. Por otro lado tenemos una sociedad que no reconoce el poder, pero ni el gobierno puede procurarse otra sociedad, ni la sociedad puede elegir otro gobierno».

«La solución a nuestros problemas está fuera de nuestras fronteras», era la conclusión que mencionaban varios de mis interlocutores, en Varsovia, Gdansk y Cracovia, aquel invierno de 1986, entre ellos el simpático y brillante Adam Michnik y el campechano Lech Walesa. La clave era la URSS, pero nadie se hacía ilusiones. Al hablar de las perspectivas que podía abrir Gorbachov, Michnik me dijo que sus reformas eran «una estrategia preventiva contra la crisis del estancamiento». Kuron, que admitía ciertos cambios, concluyó diciendo: «pero, naturalmente, no esperamos lo imposible, como por ejemplo que la URSS nos entregue a Occidente». Pero eso fue precisamente lo que pasó.

Nadie contaba con la «Doctrina Sinatra». Fue Moscú quien despertó a las sociedades para el histórico cambio del 89 en el Este de Europa. Ha pasado un cuarto de siglo, una generación, pero este simple y claro hecho histórico ya parece borroso.

4. Una revolución fallida

La quinta Alemania nació como resultado de un movimiento civil relativamente fallido que tuvo lugar en Alemania del Este, entre verano de 1989 y otoño de 1990, como consecuencia de la reforma de Gorbachov en la URSS. Momento fundamental de aquel suceso fue el cambio de lema popular, desde la rebeldía civil inicial sugerida por el «*Wir sind das Volk*» (Somos el pueblo) del otoño de 1989, que ponía el acento en una transformación al servicio de la mayoría, al mucho más moldeable, «*Wir sind ein Volk*» (Somos un pueblo), que subrayaba la unidad nacional sobre todo como medio para acceder a una mayor e inmediata prosperidad al precio de renunciar a toda veleidad social y de ajustarse a la disciplina del *establishment* económico-político de Alemania Occidental. Ese «*cambio de Wir*» fue lo decisivo para definir como «fallido» al movimiento civil de Alemania del Este, que hoy se describe como «pacífica revolución» o simplemente «cambio» (*Wende*).

Con el régimen paralizado y la calle revuelta, en Berlín Este el poder estaba aquel verano en el suelo. Dependía más de la calle que de los despachos, pero aún no se sabía. Desde principios de junio de 1989 la apertura húngara propiciaba un multitudinario éxodo de ciudadanos hacia Austria, con embajadas de la RFA llenas de refugiados y un flujo creciente de manifestaciones y desafíos.

En agosto el gobierno de la RFA compró a las autoridades húngaras, a cambio de un crédito de 1.000 millones de marcos y de la promesa de apoyo político futuro, para que abrieran su frontera con Austria a los alemanes orientales que se encontraban en Hungría. El 19 de agosto, con la ayuda de los servicios secretos alemanes y austriacos, ya se había hecho un primer tanteo: se difundió el rumor entre los campistas alemanes del Este, que veraneaban en el lago Bálaton, de que la frontera con Austria se abriría aquel día en un lugar llamado Sopron. Las tiendas de campaña de los cámpings amanecieron con octavillas con planos, el lugar y la hora del evento, lo que propició que 611 alemanes cruzaran el *telón de acero* a la brava. Concluido con éxito aquel tanteo, Kohl acordó con los húngaros la apertura definitiva para el 10 de septiembre, de tal forma que el «espontáneo evento» coincidiera con el congreso de su partido, la CDU: 50.000 alemanes del Este cruzaron así la frontera antes de que el Muro cayera en Berlín.

Los detalles de esta operación, que no creó el desbarajuste que había en la RDA sino que lo fomentó, continúan hoy rodeados de opacidad. Los archivos alemanes occidentales, los de la Stasi y los húngaros no son accesibles en esta materia, y los políticos aún vivos que participaron en el asunto no sueltan prenda. Gracias a los buenos oficios del ministro de exteriores de la RFA, Hans-Dietrich Gensher, los gobiernos de Estados Unidos, Francia, e Italia, entre otros, coincidieron en el interés de que «el ala reformista del Partido Socialista de los Trabajadores Húngaros pueda mantenerse en el poder tras las elecciones democráticas», señalan los documentos húngaros citados por el periodista Andreas Oplatka.[1]

El cancerbero moscovita no hacía nada contra todo aquello y aplicaba su doctrina del «haz lo que quieras». En Berlín Este el poder estaba desconcertado, paralizado, deprimido. En julio Eric Honecker, 77 años, el jefe del Partido de Estado (SED), enfermó y fue hospitalizado. Con el país hecho unos zorros, el 15 de agosto se fue de vacaciones para cinco semanas. Desde 1984 su compañero Günter Mitag le suplía en esos casos. No en esa ocasión. Honecker prohibió toda discusión sobre la situación política en su ausencia. Regresó de vacaciones con un «buen discurso» para celebrar el 40º aniversario de la RDA, como si nada, entre manifestaciones reprimidas que coreaban «Gorby, Gorby» al paso de Gorbachov, y una frase errática pero clara del líder soviético, que luego fue muy distorsionada, y que decía textualmente: «el peligro solo amenaza a quien no reacciona a la vida».

Honecker no reaccionaba. El 17 de octubre fue destituido por una votación unánime del Politburó, resultado de una tardía conjura animada por varios de sus compañeros. En 1971, el ahora destituido había arrebatado el poder a Walter Ulbricht en una maniobra igual. Egon Krenz, de 52 años, le sustituyó. Krenz hablaba de «cambio», pero carecía de toda credibilidad. La gente le recordaba como director de la comisión electoral que había falsificado las últimas elecciones municipales del 7 de mayo, y como el dirigente que en junio había loado el sangriento «restablecimiento del orden» en Pekín. Cuando se necesitaba poner al frente a alguien con credibilidad, se puso a un tipo cuya biografía y forzada sonrisa de ratero evocaba todo lo contrario. Mientras tanto, las manifestaciones crecían; el 9 de octubre habían sido 70.000 en Leipzig, el 4 de noviembre fueron casi un millón en la Alexanderplatz de Berlín. El poder seguía en la calle, pero ahora la calle comenzaba a darse cuenta: «*Wir sind das Volk*», decía. Sus líderes eran clérigos protestantes, escritores, científicos, abogados, incluso algunos ex funcionarios del régimen, gente que de alguna manera hacía de puente entre lo institucional y el sentir popular.

El régimen aún tenía una gran carta que jugar: abrir el odiado e infame Muro. La jugó tan mal que la convirtió en una nueva prueba de su desbarajuste. Tras aprobar una nueva libertad de viajar previa obtención de un pasaporte ante la policía, el portavoz y miembro del politburó Günter Schabowski informó, el 9 de noviembre, al término de una conferencia de prensa anodina, de la nueva norma sobre libertad de viaje sin dar detalles. A las 18,53 el corresponsal de la agencia italiana Ansa le preguntó: «¿cuándo entra en vigor?». Schabowski con las gafas puestas consultó el desordenado montón de papeles que manejaba, y respondió, como improvisando; «...tal como yo lo entiendo..., a partir de ya, inmediatamente». Comenzaba la estampida.

Bernd Wolterstädt, 39 años, padre de familia y funcionario del Ayuntamiento de Berlín Este, escuchaba aquella conferencia de prensa retransmitida en directo por la radio y la tele. Oyó, pero no comprendió. «Era como si nos hubieran dicho que el Papa estaba embarazado, simplemente no podía ser.» Miles de personas se concentraban en los puestos fronterizos. Había gran confusión, pero al final el asunto se resolvió según el mejor escenario, sin violencia y con fiesta. Aquella noche se cantó y se bailó sobre el Muro y a ambos lados de él. La Kudamm, el paseo burgués de Berlín Oeste por excelencia, se llenó de Trabant y Wartburg, los utilitarios de la RDA, una estampa surrealista. El canciller Kohl, que se encontraba en Varsovia, recibió incrédulo la noticia e interrumpió su visita oficial.

Al día siguiente en las autopistas en dirección al Oeste había hasta 100 kilómetros de cola, la gente se amontonaba ante los bancos y cajas para recibir los 100 marcos (50 euros) de «dinero de bienvenida» que, astutamente, el gobierno federal de Bonn concedía a cualquier ciudadano de la RDA que presentara su pasaporte en el Oeste. En Wedding, en el lado occidental de Berlín, había colas ante los camiones cargados de plátanos que repartían su carga gratuitamente entre los codazos de los parientes pobres del Este. Por la tarde, Kohl era abucheado cuando se dirigió a 20.000 personas del Este y del Oeste, desde el balcón del Ayuntamiento del barrio de Schöneberg. Había querido emular al Kennedy que un día había dicho desde aquel mismo sitio: «soy un berlinés», y había triunfado. Soportó el abucheo y el acto concluyó cantando el himno alemán, entre enormes desafinadas que los micrófonos retransmitían, y una bronca fenomenal de parte del público.

En la conciencia colectiva era un sueño realizado y se sentía un general orgullo por lo que se vivía como gesta popular. Y lo era. Un raro movimiento social exitoso alemán contra un régimen completamente deslegitimado, que se resolvió con la quiebra pacífica de este. En el contexto del sorprendente giro de los dirigentes de la URSS, una gran victoria popular se abrió paso sobre la total incapacidad y parálisis del régimen de la RDA y tuvo por consecuencia que el poder quedara en el suelo. Con el Muro abierto la posibilidad de que ese poder fuera recogido del suelo por el *establishment* alemán occidental se hizo evidente.

A los pocos días de la caída del Muro los grandes monopolios de la RFA tomaban posiciones y ya se movían por la RDA como Pedro por su casa. El gigante de los seguros Allianz, un poder fáctico en el Oeste, quería comprar el sector del seguro en el Este. Y lo mismo ocurría con Krupp, Deutsche Bank, Siemens, Lufthansa, los grandes consorcios eléctricos, etc. El grupo inversor japonés Nomura quería comprar todo el espacio solar de la Plaza de Potsdam, el centro del futuro Berlín reunificado, que el Muro había convertido en zona de seguridad, y British Airways quería adquirir la compañía aérea del Este, Interflug, pero los alemanes del Oeste dejaban claro que ese era su patio trasero y que a los extranjeros no se les había perdido nada por allá. Para los monopolios de la RFA la operación estaba clara: absorber a sus competidores del Este, ganar mercado y utilizar la posición para ulteriores expansiones en el Este de Europa, tradicional patio trasero del capital alemán. En la feria de Leipzig el presidente de Krupp, Gerhard Cromme, se dirigía al primer ministro de la RDA, Hans Modrow, como si se tratara de un subalterno. Era todo un aviso.

El 26 de noviembre un grupo de escritores, pastores, disidentes, profesionales y funcionarios de la RDA divulgaron el manifiesto «Por nuestro país», que llamaba directamente la atención sobre lo que se veía venir:

> ¿Queremos desarrollar una sociedad solidaria en la que se garantice la paz y la justicia social, las libertades individuales, la libertad de movimientos para todos y la salvaguardia del medio ambiente, o debemos tolerar la venta

de nuestros valores materiales y morales forzados por las fuertes e inaceptables condiciones económicas que los muy influyentes medios económicos y políticos de la RFA imponen para ayudar a la RDA de forma que, más pronto o más tarde, la RDA sea absorbida por la RFA?» —se preguntaba la declaración— .Tenemos la posibilidad de desarrollar una alternativa socialista para la República Federal en igualdad con los países de Europa, aún podemos recordar los ideales humanistas y antifascistas —decía el manifiesto, firmado en pocos días por 200.000 personas.

Uno de los promotores de aquel manifiesto fue Stefan Heym, el patriarca de los escritores de la RDA. A mediados de la década nos habíamos encontrado dos veces en su casa de la calle Rabindranath Tagore en Grünau, junto al Langer See de Berlín Este, donde Heym vivía con su mujer. Encuentros sin avisar. Entrevistas cuya grabación se quedaba en el Este, para pasar «limpios» el control fronterizo de Friedrichstrasse, y que luego se recibía por valija diplomática. Vana ilusión, pues la Stasi estaba al corriente de lo que ocurría en aquella casa gracias a los puntuales informes de «Frieda», la asistenta que limpiaba el hogar de aquellos ancianos.

Heym era un viejo cascarrabias. Desde 1974 no editaban sus libros en la RDA y había caído en la desgracia del régimen, pero evitaba criticarlo ante occidentales para no hacerle el juego a «la República del Deutsche Bank-BASF-Daimler-Höchst». Con todos sus defectos, la RDA era «contrapeso» de aquella otra Alemania heredera del postnazismo, decía. Había visto el incendio del Reichstag por los nazis y había salvado su pellejo judío huyendo a Estados Unidos. Regresó en 1945 con uniforme del ejército americano y se estableció en la RDA. No le gustaban los halagos que le dedicaba la prensa de la RFA. Desconfiaba por considerarlos interesados y propagandísticos, y con razón.

En los tumultuosos días de 1989 y 1990, Heym arremetió contra su pueblo, aquella «masa que asaltaba a codazos los grandes almacenes Hertie y Bilka en busca de gangas, oportunamente provista del pérfido «Dinero de bienvenida» que entregaban los estrategas de la guerra fría al pasar al Oeste». En 1990 escribió *Auf Sand Gebaut* (Construido sobre arena), una de las primeras críticas a la reunificación. A partir de ese momento, el «valiente escritor disidente de la RDA», el «patriarca y consciencia de los escritores», pasó a ser ridiculizado, estigmatizado u olvidado por los medios de comunicación. En 1994 Heym consiguió el escaño directo para el Bundestag, batiendo al presidente de la cámara en el barrio de Prenzlauer Berg. Como diputado más anciano, a él le correspondió el honor de inaugurar con un discurso la sesión del decimotercer Bundestag. Dijo cosas desagradables para el *establishment* en favor de la entonces ya disuelta RDA: «por favor, no subestimen una vida humana en la que, pese a todas las restricciones, el dinero no lo decidía todo, el puesto de trabajo era un derecho igual para hombres y mujeres, la vivienda era asequible y la parte más importante del cuerpo no eran los codos». Rompiendo la tradición, los diputados de la CDU-CSU-FDP y gran parte del SPD le negaron el aplauso. Por primera vez en la historia de la cámara, el diario de sesiones omitió el discurso de aquel anciano de 81 años. Falleció en 2001 y está enterrado en el cementerio judío de Wessensee.

Las ideas de Heym y del manifiesto «Por nuestro país» eran las dominantes en el movimiento civil de la RDA, aquella vanguardia que comenzó afirmando el «*Wir sind das Volk*». Las organizaciones disidentes de la RDA eran mayoritariamente verdes y socialistas. En economía, el Neues Forum abogaba por una «fuerte participación de los trabajadores», la Initiative für Frieden und Menschenrechte quería, «estructuras descentralizadas y autogestionadas», la Vereinigte Linke proponía un «control colectivo de los trabajadores sobre las empresas y la sociedad» y hablaba de una «socialización de verdad» en lugar de la «socialización formal-estatista», y el SPD del Este decía cosas semejantes.

Ante el pujante arrollo de los monopolios de la RFA, un grupo de jóvenes profesionales independientes de la RDA que consideraba irreversible una «colonización» de la RDA por la RFA elaboró a finales de 1989 un documento con «contramedidas» para prevenir lo que se venía encima. Se trataba de proteger la propiedad colectiva de las empresas de la RDA creando una institución fiduciaria (*Treuhandanstalt*) que garantizara los derechos económicos de los ciudadanos de la RDA ante la probable anexión. Su propósito era «impedir que cuarenta terribles años llenos de penalidades, trabajo y esfuerzo de los ciudadanos de la RDA desaparezcan de un plumazo». Para ello había que «transformar la propiedad del pueblo en una forma que se corresponda con la legislación sobre propiedad de la RFA». Los avispados ponentes comprendían también que el peligro de un gran robo, de una desposesión a gran escala, no solo provenía de las empresas de la RFA y del gobierno occidental, sino también de los propios funcionarios de la burocracia económica de la RDA que propiciarían la venta corrupta de lo que fuera. Este esquema cautivó al último gobierno socialista de la RDA, dirigido por Hans Modrow, que creó el *Treuhand*. Se quería crear un hecho consumado antes de que las primeras elecciones plurales en la RDA del 19 de marzo de 1990 transfirieran el poder a otro gobierno. Pero todo esto chocó con la estrategia política del canciller federal alemán Helmut Kohl.[2]

Kohl quería pasar a la historia como el canciller de la reunificación. Percibía el vivo interés de los monopolios de su país, contra los que no podía gobernar, por hacerse cuanto antes con el control económico de la RDA. En 1990 llevaba ocho años gobernando y sus perspectivas de seguir haciéndolo no eran buenas, pero a medio plazo los millones de votos de la

RDA en unas eventuales elecciones conjuntas podían cambiar radicalmente las cosas. Para conseguir esa meta, Kohl debía cambiar aquel «*Wir*» rebelde y desafiante dirigido por escritores y disidentes en un «*Wir*» moldeable. Quienes iban a decidir la evolución del país en elecciones ya no eran los intelectuales y escritores de aquella vanguardia política, sino la masa. «No hubo cambio de la conciencia, sino que se trataba de sujetos diferentes», dice el escritor Eugen Ruge.

El primer «Wir» era el de la minoría que inició la rebelión y pensaba en términos de valores, herencias y transformación social. El segundo era un sujeto mucho más amplio, despolitizado, conformista y embrutecido: el sujeto que los políticos profesionales están acostumbrados a moldear. Kohl prometió a esa masa que desde la caída del Muro ya había catado el supermercado occidental, su Disneylandia de «paisajes floridos» («*blühenden Landschaften*»).

Desde febrero de 1990 Kohl comenzó a lanzar su mensaje: la ayuda de su gobierno a la RDA solo podía significar: «unión monetaria y económica», es decir rápida reunificación. Solo la reunificación de Alemania podía traer prosperidad a los alemanes del Este. En aquel momento, a un mes de las elecciones, las encuestas anunciaban una mayoría absoluta para los socialdemócratas de la RDA y menos de un 10% para la coalición de fuerzas de derecha de la RDA apadrinada por Kohl. En los medios de comunicación comenzó una campaña a base de *briefings* confidenciales con los periodistas más influyentes, en los que el mensaje era: la economía de la RDA está en bancarrota. La campaña electoral de Kohl para las elecciones de la RDA dejaba claro que no habría ayuda si la RDA continuaba gobernada por socialistas.

«El milagro económico es posible en Sajonia y en toda la RDA, hay miles de empresas dispuestas a venir aquí si se dan las condiciones», dijo el canciller ante 250.000 personas en Leipzig, en un ambiente lleno de cerveza y salchichas occidentales y entre gritos de «¡Helmut!, ¡Helmut!». «No estoy dispuesto a invertir buen dinero en un mal sistema», dijo en Cottbus. Si la gente quería prosperidad había que sumarse al «*Wir sind ein Volk*», a la reunificación, y para ello había que empezar por votar a la derecha en la RDA.

«La propuesta de una rápida reunificación y las promesas de una nueva y mejor vida inmediata llegaron juntas, la gente se quedó con que si votaba a la CDU habría reunificación y rápida realización de aquellas promesas», explica el escritor Ingo Schulze. «Ningún movimiento fue capaz de contrarrestar aquello, porque la oferta maravillosa arrasaba cualquier consideración crítica y porque todo pasaba muy rápido. Se vio en Kohl a una especie de Papa Noel».[3]

Con la formación del nuevo gobierno conservador en la RDA la presión y el ambiente de *Diktat* occidental sobre la RDA se incrementó drásticamente. En mayo se firmó la unión monetaria y en julio entró en vigor. Al establecerse la paridad 1-1 entre el *deutsche mark* y el marco del Este para ahorros de 6.000 marcos (una fortuna en la RDA y dos meses de sueldo de periodista en la RFA) los alemanes del Este se sintieron como si les hubiera tocado la lotería, pero a medio plazo la paridad acababa con toda posibilidad de competitividad para las empresas del Este y las condenó a la quiebra. Pronto se sentirían las consecuencias. Viéndoselas venir, Kohl se convenció de la necesidad de convocar rápidamente elecciones conjuntas en los dos países, «antes de que sea demasiado tarde» y de que la CDU perdiera la mayoría absoluta del 51% en todo el país que los votos de la RDA le había brindado. Para que la operación fuera exitosa, «había que lograr que el ritmo de la privatización fuera por delante del ritmo de la desilusión», explica la escritora Daniela Dahn.[4] Tanto el entonces ministro de Interior de la RFA, Wolfgang Schäuble, como el jefe del Bundesbank, Hans Tietmeyer, sabían que el asunto conducía a la ruina, «pero el imperativo era político», reconoció Schäuble.

Un cuarto de siglo después el *establishment* alemán defiende la unión monetaria con paridad 1-1, diciendo que de lo contrario se habría producido un éxodo de la población del Este hacia el Oeste. Se añade que la economía de la RDA estaba en ruinas. De hecho la economía de la RDA tenía, ciertamente, muchos problemas, pero su ruina fue inducida por la unión monetaria. Respecto al éxodo, se produjo claramente como consecuencia de la desindustrialización que siguió: se fueron al Oeste más de tres millones de los 17 millones de habitantes de la antigua RDA.

La RFA asumió la gestión de 8.400 empresas, 25.000 tiendas, 7.500 restaurantes y hoteles y 1,7 millones de hectáreas de cultivo. Todo eso daba trabajo a más de cuatro millones de personas. Y empezó la quiebra: cada semana 40.000 parados más. La ley sobre el *Treuhand* se cambió y su artículo primero decía: «la propiedad popular se privatizará». Un empresario occidental, Detlev Karsten Rohwedder, se hizo cargo de la agencia, sin control parlamentario, solo controlada por el Ministerio de Economía, y se puso a privatizar y liquidar empresas del Este: el 85% de ellas fueron adquiridas por sus competidores occidentales con el objetivo de liquidarlas (el caso de 4.000 de ellas a los cuatro años), solo un 5% fue adquirido por alemanes orientales. En abril de 1991, en medio de las grandes protestas que la quiebra industrial comenzaba a suscitar en el Este, Rohwedder fue asesinado en su casa de Düsseldorf por un francotirador. El jefe del *Treuhand* tenía escolta policial y el atentado, nunca aclarado, fue reivindicado por la Fracción del Ejército Rojo (RAF), un grupo armado de izquierdas activo en los años setenta y ochenta extrañamente resucitado.

Tras la reunificación de octubre de 1990, Kohl convocó elecciones para diciembre y las ganó. Gracias a la reunificación se acabó con la RDA, simplemente anexionada, los monopolios alemanes ganaron espacios y mercado, destruyendo o absorbiendo a sus potenciales competidores del Este y Helmut Kohl se mantuvo otros ocho años en el poder, hasta 1998. El enorme coste de toda la operación hipotecó a Alemania a razón de un 4% del PIB durante 25 años.

Desde el punto de vista de la transformación del Oeste, la «revolución de 1989» resultó completamente fallida. La posibilidad de una nueva Alemania con una nueva constitución que aboliera la vigente prohibición de huelga política o la existencia de una policía política en el Oeste, el BfV, una Alemania sin tropas americanas y sin pertenencia a la OTAN —lo que habría acabado definitivamente con esta organización y con la subordinación histórica de Europa a Washington— y que abriera la puerta a nuevo «*Modell Deutschland*» con determinadas concesiones del capital a un orden más social en la nación a cambio de la reunificación nacional, todo eso, se arrojó como un anillo al agua.

Un cuarto de siglo después del hundimiento del llamado «socialismo real», en el conjunto del Este europeo se ha confirmado aquel chiste ruso de que, «nada de lo que el comunismo nos decía de sí mismo era verdad, pero todo lo que decía del capitalismo se quedó corto». En todo el espacio oriental hay 145 millones de pobres, casi una tercera parte de la población y diez veces más que hace veinticinco años, cuando la nivelación amortiguaba la precariedad, señala el Banco Mundial. Los alemanes del Este pertenecen al colectivo de los que han salido mejor librados, lo que no impide que la mayoría (62%) considere a la RDA una «sociedad más cercana a la justicia» que la actual. La purga académica y la colonización de las nuevas regiones del Este alemán por cuadros de Alemania occidental, que el escritor Ulrich Plenzdorf dice sentir como algo parecido a un «régimen de ocupación», la marginación de algunos autores críticos que dejaron de ser «interesantes» al expresar su escepticismo ante el nuevo orden, la casi total ausencia de orientales en los debates mediáticos en los que se pontifica machaconamente sobre una RDA reducida a «*Stasi-*

land», un universo policial, que ofende sus biografías, el mayor paro y las menores rentas, así como los abusos terminológicos y conceptuales equiparando a la RDA con el nazismo en el concepto «dos dictaduras alemanas», que provocó la protesta de la comunidad judía, todo eso, fomenta un sentimiento bastante generalizado de «ciudadanos de segunda clase» en el que se reconoce el 64% de los alemanes del Este. Su nostalgia, la tópica «*Ostalgie*», «está menos relacionada con la RDA que con el sueño de un Occidente que no se cumplió», dice acertadamente Daniela Dahn.[5]

Todo eso rodea de cierta ambigüedad a la fiesta nacional alemana celebrada cada año el 3 de octubre, aniversario de la reunificación de 1990. Es cierto, como apunta el dramaturgo e historiador Friedrich Dieckmann, que la pacífica fiesta alrededor del Muro en la que nació la quinta Alemania es, con todo, un arranque mucho más positivo que los dramas bélicos y las tomas de poder que dieron nacimiento a las tres anteriores Alemanias de la serie histórica, pero lo que interesa a esta crónica es otro aspecto: la pregunta de ¿qué puertas abrió, a qué procesos contribuyó aquella revolución fallida del Este seguida de anexión del año 1990?[6]

5. Alemania llega tarde, pero firme, a la Gran Desigualdad

Al explicar su ambiguo nacimiento, ¿cómo insertar apropiadamente a la quinta Alemania en el entramado de lo que se ha venido a llamar la *Gran Divergencia?* Ese concepto, que aquí rebautizamos como *Gran Desigualdad*, fue acuñado por el economista y premio nobel Paul Krugman en un libro de 2007 que lleva por título, *The conscience of a liberal*. El concepto ofrece la ventaja de que permite al historiador insertar en él la evolución del capitalismo del último medio siglo —como hace nuestro ilustre historiador Josep Fontana en su libro *Por el bien del Imperio*— que ha llevado al mundo a una desigualdad extrema en la que a una quinta parte de la población del planeta le corresponde solo el 2% del ingreso global, mientras el 20% más rico concentra el 74% de los ingresos.[1]

La tesis de Krugman que Fontana ha explotado es la de que a partir de los años setenta el capital perdió el miedo a los factores que perturbaban, y moderaban, su sueño histórico de dominio y beneficio sin concesiones ni fisuras. Los costes reales de los recursos energéticos aumentaron en los setenta, pero en gran parte su impacto se pospuso para más adelante (hoy son el doble de lo que eran hace una década), como se pospuso también el problema del calentamiento global cuyo precio se comienza a pagar manifiestamente ahora. Hubo también un gran cambio técnico digital que combinado a la globalización y las nuevas facilidades para la manufactura transnacional tuvieron gran impacto en la transformación del trabajo, pero esa pérdida del miedo y la ideología que desarrolló fue lo determinante. Como dice Fontana, la Gran Desigualdad «no nació por causas económicas, por la dinámica de los mercados o por los avances de la tecnología, sino por causas políticas», lo que Joseph Stiglitz describe como: «por la manipulación de las leyes y las reglas a cargo de quienes podían pagar negociadores, legisladores y abogados para realizar sus encargos».[2]

Aprovechando la primera crisis del petróleo de 1973, se comienza a desmontar el pacto social de posguerra en los países del capitalismo central, pacto que incluía una cierta socialización de la prosperidad, lo que a su vez contribuía a ampliar el consumo y a alimentar el crecimiento. A partir de políticos como Carter, Reagan y Thatcher, eso se sustituye por un enfoque dirigido al enriquecimiento exacerbado de una minoría oligárquica: el enriquecimiento de los más ricos a expensas de trabajadores y clases medias.

Los salarios empezaron a contraerse (un 7% en EE UU desde 1975 hasta 2007), la imposición fiscal a ricos y empresas se redujo, la desigualdad social se disparó, arrancó una ofensiva antisindical y se promocionaron toda una serie de consensos de liberalización comercial. La prevención de la inflación y del déficit fueron colocados en el centro de la agenda económica, lo que apartó definitivamente el keynesianismo de posguerra.

Todo eso pudo realizarse gracias a una agresiva campaña ideológica financiada por nuevas instituciones vinculadas a las grandes empresas que colonizaron el poder político e impusieron, en la academia, en los *think tanks* y en los medios de comunicación el discurso del desmonte paulatino del Estado social, y del papel del Estado en general, en beneficio de la empresa privada (privatización). El resultado fue un asalto general a la regulación y un enorme incremento de la influencia empresarial en la política.

Liberada de sus límites políticos y desregulada, la nueva economía dio a su vez lugar a una orgía de especulación y corrupción. El volumen de todas las transacciones financieras ha llegado a ser 75 veces mayor que el de la producción mundial total. Solo los capitales administrados por los llamados *hedge fonds* pasaron de ser casi el doble que la producción mundial, en 1999, a ser treinta veces en 2010. Esa libertad invitó al público a un general endeudamiento en lugares como EE UU o España y desembocó en la explosión de la burbuja de 2007-2008.[3]

Alemania llegó por buenas razones bastante tarde a ese proceso de *Gran Desigualdad*. Si sus compañeros anglosajones de bloque habían perdido el miedo mucho antes y derribaban las restricciones con decisión, ella iba con mucho más tiento. Estaba en la primera línea de la guerra fría, tenía incluso enfrente a una pequeña república alemana, la RDA, «alternativa» y guardada por las divisiones soviéticas. Desde su fundación competía con aquella «alternativa» cuya base era la plena estatalización de los medios de producción y el sistema social de educación y sanidad. Por todo ello después de la guerra la RFA había elaborado uno de los consensos más sociales del bloque occidental, la llamada «Economía social de mercado» que los franceses bautizaron como «capitalismo renano» para diferenciarse del modelo americano. Aquel «*Modell Deutschland*» se basaba en la seguridad social, unos mercados más regulados, unas finanzas más dominadas por los bancos que por las bolsas e incluía un inusitado derecho de cogestión sindical que daba a los sindicatos una notable participación en las decisiones empresariales.

«Parece que el capitalismo funcionaba mejor cuando tenía enfrente a un imperio socialista que lo moderaba», observa Christoph Hein, un escritor de Alemania del Este. La idea de Hein está ampliamente reconocida en la Alemania de hoy.

«Con la caída del Muro y la reunificación se acabó la competencia entre sistemas sociales en Europa, el capitalismo ya no tuvo que entenderse en el sentido de la economía social de mercado», dice Gregor Gysy, líder de Die Linke, el partido de la izquierda. «Teníamos que demostrar que éramos tan sociales como el socialismo», reconoce el ex ministro de trabajo cristiano-demócrata, Norbert Blüm, en las antípodas políticas de Gysi. Solo la tardía desaparición de la RDA y su anexión por la RFA desató definitivamente las manos al *establishment* alemán occidental. Para entonces Alemania era un país retrasado desde el punto de vista de la *Gran Desigualdad*, de la corriente iniciada casi veinte años atrás en otros países.

Pero la reunificación nacional alemana de 1990 coincidió con una reunificación superior: la gran reunificación mundial que supuso el triple ingreso, de la URSS y el bloque del Este, de China y de India (en total 1.470 millones más de trabajadores) en la economía mundial. El ingreso de esa masa laboral duplicó el número global de trabajadores y alteró la correlación de fuerzas mundial entre capital y trabajo en beneficio del primero. Ese cambio representó un reto muy importante para la economía, eminentemente exportadora de Alemania y dio argumentos para ponerse a tono con la maximización de beneficios de la *Gran Desigualdad* y las nuevas condiciones internacionales de competitividad. Bajo la batuta de su *establishment* político-empresarial, la «sociedad organizada» que es Alemania apretó el acelerador.[4]

La unión monetaria de 1990 había desindustrializado el territorio de la antigua RDA. Para 1994, 2,5 millones de los 17 millones de habitantes de la RDA se habían quedado sin trabajo, porque el tejido industrial de su antiguo país había desaparecido. Ciudades enteras se vaciaron o perdieron su sentido industrial. Wittenberge, con la mayor fábrica de máquinas de coser de Europa (Veritas), su activo puerto fluvial y su bollante industria de celulosa, perdió la tercera parte de sus habitantes. Hoyerswerda, creada en los cincuenta como centro de la industria del lignito perdió, la mitad de la población entre 1989 y 1997. Halle, que tenía 329.000 habitantes, perdió 90.000, y procesos parecidos tuvieron lugar en, Leipzig, Schwedt, Weiswasser, Cottbus, Stendal y otras. En ese tejido social laboralmente derrotado, la afiliación sindical a la DGB, la poderosa federación sindical alemana, cayó de 11 millones en 1971 a 7,7 millones en 2003 y algo más de 6 millones hoy en el conjunto del país. La capacidad sindical de negociación y cogestión empresarial aún cayó más: la proporción de trabajadores cubiertos por un convenio colectivo, que era del 70%, ha bajado al 50%.

El objetivo político cortoplacista del canciller Helmut Kohl de la reunificación, colocarse los laureles del «reunificador de la nación» y permanecer en el poder otros ocho años, tuvo un coste económico astronómico. El desarrollo de Alemania del

Este costó «dos billones de euros» y ha sido descrito como «el mayor programa keynesiano de la historia». Exigió nuevos impuestos, grandes desembolsos sociales para cubrir a millones de nuevos parados y jubilados, enormes inversiones ambientales y en infraestructuras que se restaron a la innovación productiva y generaron grandes deudas públicas. La primacía de la política —conseguir esos laureles con una rápida anexión— sobre las consideraciones de bienestar y seguridad de la mayoría de los alemanes del Este, que sin duda habrían exigido una política mucho más gradual, desencadenó una crisis económica de diez años.

Diez años de endeudamiento y grandes gastos tras la reunificación es lo que explica el actual apego alemán por la austeridad, que también tiene que ver con aspectos culturales. En cualquier caso, eso y no la tópica referencia, tan del gusto de periodistas y expertos anglosajones, al traumático recuerdo de la gran inflación de la República de Weimar sobre la que ya no hay memoria generacional viva, es lo que explica la actual fijación contra el gasto y por unas cuentas equilibradas. Un importante observador financiero evocó así la época posterior a 1990:

> Con la reunificación no solo tuvimos unos costes laborales por unidad mayores que nuestros vecinos, sino que nuestra cuenta corriente estuvo en profundos números rojos durante toda una década. No digo que la reunificación se hiciera bien, sino que hace solo unos años Alemania sufrió un déficit continuado y elevados costes salariales, por lo que fue descrita por nuestros queridos amigos anglosajones como «el enfermo de Europa».[5]

Ese contexto de endeudamiento, grandes gastos y derrota social, fue el medio ambiente en el que la mayor economía europea se amplió hacia el Este, en un doble sentido: tanto su

Este, la ex RDA, como el Este de Europa, convertido en patio trasero alemán. En ambos casos contó con una vasta reserva de mano de obra barata. Pasados unos años, la respuesta empresarial fue un recorte salarial sin precedentes que se presentó a los sindicatos, entre grandes presiones y bajo la amenaza de deslocalizar las empresas hacia países como Eslovaquia, Polonia, o Hungría con salarios mucho más bajos. Entre 1998 y 2006 los costes laborales cayeron en Alemania y los salarios reales retrocedieron durante siete años consecutivos. La bajada salarial combinada con una buena coyuntura global, con la adopción del euro —que eliminaba trabas de cambio particularmente engorrosas para una economía exportadora— y con una estricta política monetaria del Bundesbank, desembocó en una explosión exportadora y de competitividad de los productos alemanes que ganaron mayor cuota de mercado a costa de sus competidores europeos. Todo eso tuvo profundas consecuencias, primero para el conjunto de los trabajadores alemanes y luego, como veremos, para los europeos en general y los meridionales en particular.

6. Un «milagro» con trucos

En junio de 1999 el semanario *The Economist* resumió los diez años de postración que habían resultado de la reunificación describiendo a Alemania con el titular, «El enfermo de Europa». Casi cuatro años después, el 14 de marzo de 2003, el canciller Gerhard Schröder pronunció un discurso programático ante el Bundestag presentando lo que se llamó «Agenda 2010»: el presunto remedio a aquella «enfermedad» que era resultado directo de los enormes costes que la anexión política de la RDA había supuesto. El discurso de Schröder se titulaba «Valentía para el cambio». Su tono fue enérgico. Habló de «reducir las cargas del Estado», de «explosión de costes laborales», de «exigir más responsabilidad a cada cual», de sanciones y estímulos para los indolentes, de «justicia entre generaciones» y todo eso con el objetivo de que Alemania volviera a ser una potencia económica competitiva.

Schröder era un socialdemócrata pero lo que había detrás de aquella retórica era un ajuste neoliberal puro y duro en plena sintonía con la *Gran Desigualdad*, que el diario *Frankfurter Allgemeine Zeitung* definió como, «el mayor recorte de prestaciones sociales desde 1949».[1] Dos años antes, en su reunión de diciembre del año 2000 en Lisboa, el Consejo Europeo había decidido «hacer de la Unión Europea el espacio económico basado en el conocimiento más competitivo y dinámico del mundo, un espacio capaz de un crecimiento económico sostenible con más y mejores empleos con miras a una mayor cohesión social». Entre la noble intención de aquella grandilocuencia, la «estrategia de Lisboa» hablaba de «renovar» y «modernizar» los sistemas de protección social europeos para «conservar la competitividad hacia Estados Unidos y la emergencia acelerada de Brasil, China e India» y hacerlos «durables» en beneficio de las «futuras generaciones». La Agenda 2010 de Schröder circulaba por una senda que la estrategia de la Unión Europea había oficializado dos años antes y lo hacía con cierta ansiedad por el tiempo perdido.

Como explica el periodista económico Thomas Fricke, la ideología del ajuste neoliberal llegó a Alemania con Helmuth Kohl, quien ya en su declaración de gobierno de 4 de mayo de 1983, veinte años atrás, había dicho cosas como: «una economía es tanto más exitosa cuanto menos interviene el Estado y mayor margen de libertad da a las personas, no queremos más Estado, sino menos», pero primero por causa de su particular posición en la trinchera de la guerra fría y luego por estar ocupada muchos años en la digestión de su reunificación, el canciller no pudo hacer gran cosa: privatizar correos, teléfonos y ferrocarriles. Así que en Alemania la mentalidad era hacer rápido las reformas que británicos y suecos habían hecho diez años antes.[2]

Siguiendo la pauta marcada para la *Gran Desigualdad* en esos países y en Estados Unidos años atrás, la Agenda 2010 alemana vino precedida de una intensa campaña propagandística de calentamiento a cargo de instituciones empresariales que bombardearon a la opinión pública con diversos mensajes fraudulentos como la «insostenible explosión de costes sociales», el imperativo de las tendencias demográficas por envejecimiento de la población y otros.

Se afirmaba, por ejemplo, que los costes de la sanidad habían crecido un 71% desde 1991. La realidad es que como parte del PIB, Alemania ha seguido gastando más o menos lo mismo, alrededor del 10%, en sanidad. Se decía, y se sigue diciendo hoy, que «entre 1970 y 2005 el gasto social se había multiplicado por cuatro».[3] Igualmente la campaña afirmaba, y afirma, que la demografía determina una jubilación más tardía, lo que no resiste un somero análisis.

En el siglo pasado la parte joven de la población alemana cayó de un 44% a un 20% y el bloque de los jubilados pasó de representar el 5% de la población al 17%, mientras la esperanza de vida aumentaba por encima de treinta años. Todo eso no dañó los sistemas sociales, sino al contrario: fue en ese contexto que el Estado del bienestar alemán se desarrolló en su máxima expresión. Aunque el concepto venía del mundo anglosajón, instituciones como la Fundación Bertelsmann, la más rica del país, vinculada a Bertelsmann Ag, el mayor consorcio mediático de Europa (100.000 empleados en 60 países) tuvieron a partir de 1998 una gran influencia en el gobierno Schröder y su pequeño círculo de confidentes. Bertelsmann y otros lobbies empresariales como el Instituto para el futuro del trabajo (IZA) o la Iniative Neue Soziale Markwirtschaft (INSM), financiada por la patronal de los sectores electrónico y metalúrgico, y sus respectivas correas de transmisión mediáticas, desempeñaron un trabajo considerable para convencer a los alemanes de la necesidad de reducir el papel y el tamaño del Estado, recortar prestaciones sociales, bajar los salarios y flexibilizar el mercado de trabajo. Los portavoces de esas instituciones expresaban en los medios el mismo discurso, ofreciéndose la impresión de un consenso plural sobre lo que en realidad eran opiniones muy seleccionadas y uniformes. La repetición de esas concepciones tuvo, y tiene, carácter de campaña publicitaria.[4]

Hasta la Agenda 2010 el principio fundamental del sistema alemán de seguros sociales, con una tradición que se remontaba al canciller Bismarck, era el de que el seguro de paro se fijaba a un nivel que garantizaba el nivel de vida básico. La reforma acabó con eso, reduciendo su cuantía por debajo de ese nivel básico. En una sociedad con débiles estructuras familiares, en la que uno de cada cinco ciudadanos vive solo, y donde la red de solidaridad asistencial es fundamentalmente estatal, ese cambio condenó a la pobreza a muchos. El período de cobro del nuevo seguro, que unificó el desempleo con la ayuda social a indigentes, pasó de los 32 meses a 12 meses (18 meses para los mayores de 55 años), después de lo cual el parado solo podía seguir recibiendo subsidio si era prácticamente indigente. Tras un año cobrando como seguro de paro el 60% de su antiguo salario, el parado pasaba a recibir 360 euros al mes, es decir caía en el nicho de la pobreza. Paralelamente se incrementó la humillación y el control burocrático sobre los parados, obligados a aceptar cualquier trabajo sin ninguna relación con su capacidad y formación. Todo eso envenenó y enfrió la actitud hacia el pobre y sin trabajo, de acuerdo con la ideología de la exclusiva responsabilidad personal en el destino de cada uno. Se acabó también con otro principio fundamental, el de la paridad contributiva de empresarios y trabajadores en sus aportaciones al seguro de enfermedad: la reforma sanitaria estableció que los trabajadores debían aportar un 0,9%

más. Además se aumentó la edad de jubilación y se legalizó e institucionalizó un segundo mercado laboral de empleos precarios y mal pagados.

El sistema tradicional alemán se caracterizaba por una gran protección individual. Era muy diferente al americano por la seguridad *micro* que proporcionaba a las personas. En el sistema americano se carece de esa protección individual, pero desde el *New Deal* de Roosvelt existe la práctica y la mentalidad de que en tiempos de recesión el gobierno interviene y estimula la economía. Esa mentalidad no existe en Alemania y lo que ha ocurrido es que al desmontarse la seguridad *micro* y al no existir la tradición americana de intervención *macro* del gobierno en períodos de recesión, la sensación de indefensión se ha duplicado. «Los americanos están acostumbrados a la inseguridad, pero también al hecho de que en tiempos difíciles el Estado puede salvar la situación de alguna manera, mientras que los alemanes se han quedado ahora con una doble inseguridad», señala Fricke.

La Agenda 2010 fue un desmonte social en toda regla porque a todo eso se sumó una ofensiva fiscal en favor de los más ricos. El impuesto para los ingresos más altos se rebajó 11 puntos, desde el 53%, al 42%. En la época del canciller Adenauer, en lo más crudo de la guerra fría, había sido del 95% para cada marco que superara un ingreso anual de 250.000 marcos. La imposición fiscal a la clase media aumentó y los salarios reales se estancaron. Si en 1970 el 10% más rico de los alemanes (occidentales) poseía el 44% de la riqueza neta total, en 2011 poseía el 66%. Los impuestos más universales, sobre el consumo, IRPF e IVA, aportaban en 2012 el 80% de la recaudación fiscal, mientras que los impuestos a empresas y beneficios solo representan el 12%. El propio informe bianual sobre pobreza y riqueza del Ministerio de Trabajo (2013) tuvo que reconocer, entre polémicas y retoques en su redacción final para embellecerlo, que al 50% más pobre de la sociedad alemana le corresponde el 1% de la riqueza (hace diez años era el 3%) y al 10% más rico el 53% (cifra de 2008), mientras otros estudios confirman que el 1% más rico concentra el 23% de la riqueza. Alemania, que desde el punto de vista de la (des) nivelación social era tradicionalmente un país con buenos rasgos en Europa, presenta hoy una desnivelación similar a la existente en Estados Unidos. La Agenda 2010 abrió también la puerta a la privatización de las pensiones con planes caros y arriesgados cuyo único sentido es beneficiar a bancos y aseguradoras. Las tres consecuencias generales de esta reforma han sido empobrecimiento, precarización y polarización social. Una transformación radical de la sociedad alemana y de su clima social.[5]

¿Como afectó esta gran involución socio-laboral a la productividad, el paro y la competitividad? Cuando se formula esta pregunta, los defensores de la Agenda 2010 utilizan inmediatamente un recurso engañoso que ha tenido un gran éxito mediático, y que se exporta como la receta del «éxito alemán» al resto de Europa. Alemania tenía mucho paro y ahora tiene menos, cuando todos tienen dificultades o están en recesión, Alemania sigue creciendo (aunque cada vez menos). Y todo eso porque «Alemania hizo los deberes», gracias a la Agenda 2010, repite toda esa panda internacional político-empresarial, y su coro mediático, promotora de la Gran Desigualdad. Sus argumentos: 1) a partir del año 2005 el paro, que era resultado de un «mercado laboral poco flexible», comenzó a disminuir. ¿Por qué dos años después de la Agenda 2010, que es de 2003?: porque «las reformas necesitan su tiempo para hacerse sentir», dice Merkel en Berlín y repiten sus subalternos españoles en Madrid y Barcelona. 2) El despegue exportador de Alemania de los últimos años confirma la bondad de la Agenda 2010. 3) Y, gracias a aquellas reformas, Alemania ha resistido mucho mejor que la mayoría de los países europeos a la crisis iniciada en 2008.

La realidad es que nunca y nadie ha demostrado que un «mercado laboral» más flexible aporte más empleo. El paro alemán, 1,8 millones en 1990, comenzó a aumentar a partir de ese año por causa de la reunificación, a causa de las disfunciones y colapsos que la prioridad política que se dio a aquella operación ocasionó en la economía. El estancamiento que sufrió el país, que *The Economist* retrataba como *enfermo de Europa*, no tenía nada que ver con el «aumento del gasto social», sino con una crisis global que incluyó la explosión de la burbuja de tecnología informática y se incrementó con los gastos de la reunificación. A partir de 2005, efectivamente, el paro comenzó a bajar en Alemania, desde los 4,8 millones hasta los 2,9 millones de 2012, por la sencilla razón de que cambió el ciclo y se entró en una coyuntura más favorable. Muchas otras economías que no habían realizado ese tipo de reformas también registraron aumentos de empleo a partir de 2005.

El *milagro del empleo* que se atribuye a Alemania tiene también que ver con el hecho de que, gracias a la dinámica expansión de los trabajos precarios y mal pagados, se repartió el mismo trabajo entre más personas al convertir empleos a tiempo completo en empleos a tiempo parcial. Así lo indica el hecho de que el tiempo de trabajo, medido en millones de horas, no ha variado en los últimos trece años, pese a que ocupa a 3,3 millones más de trabajadores. Mientras los medios de comunicación alemanes proclaman el «récord de empleo desde la reunificación», la realidad es que se trabaja lo mismo que hace veinte años, aunque en condiciones mucho peores. El sector de salarios bajos que en 1995 implicaba al 15% de los trabajadores emplea hoy al 25% y se ha expandido tres veces más rápido que el sector tradicional. El 42% de ex empleados del sector tradicional que han perdido su trabajo encuentran empleo en el sector de salarios bajos. Solo un 15% de los parados de larga duración fueron contratados en 2011 en el sector tradicional. Hay ocho millones de empleados a tiempo parcial, con contrato limitado, *minijobs*, etc.[6] Al mismo tiempo, los sindicatos denuncian que casi un millón de parados han sido barridos debajo de la alfombra por la contabilidad oficial que no cuenta a los parados enfermos, ni a los mayores de 58 años, ni a los que asisten a cursos de formación y otras categorías. Sin ese truco los parados alemanes no serían 2,9 millones (7,6%) como afirma la contabilidad oficial, sino 3,7 millones, alrededor de un 9%, lo que en el contexto europeo sigue siendo envidiable.

El tercer elemento es innegable: Alemania ha resistido la crisis mucho mejor que otras economías. En 2008 la coyuntura global se hundió, pero Alemania, pasada la recesión del año 2009, se mantuvo relativamente bien sin que aumentara el desempleo. El fenómeno no tiene nada que ver con la Agenda 2010, sino con las medidas de estabilización del primer gobierno de Angela Merkel, sobre todo la facilitación del régimen de reducción de jornada de trabajo (*Kurzarbeit*), en el que el trabajador reduce su jornada y la merma de su sueldo es parcialmente compensada por el Estado, lo que permite a las empresas exportadoras adecuarse de forma flexible a las oscilaciones de la demanda, sostiene un estudio del instituto IMK. Gracias a la flexibilidad interna, sobre todo de las grandes empresas industriales, se capeó la caída y las plantillas se mantuvieron, lo que a su vez contribuyó a que la crisis no se trasladara al sector servicios. «Los apologetas de la reforma laboral incurren en una gran ilusión al festejar la Agenda 2010», dice Gustav Horn, director del IMK.

Si los falsos efectos benéficos de la reforma de Schröder han sido profusamente loados, los efectos negativos han merecido mucha menos atención y estudio pese a su manifiesta importancia: Alemania es un país de muy baja natalidad, cuya opinión pública siente que ha habido un incremento de la injusticia social, de la desigualdad y del privilegio minoritario. El humor de la sociedad, el prestigio de la política y de las instituciones se han deteriorado. Ocho de cada diez alemanes están convencidos de que la brecha entre ricos y pobres es una amenaza para la democracia. Este mal humor se reconoce públicamente más o menos, pero raramente se relaciona con la degradación socio-laboral. De todo ello se resiente, obviamente, la proverbial calidad del trabajo del país.

> La inseguridad y salarios insuficientes para alimentar una familia influyen en la motivación —explica el economista sindical Dierk Hirschel—. Sometido a la presión laboral, el empleado ya no se identifica con la empresa en la que trabaja. Cuando los jóvenes salen de la universidad tienen que hacer uno o dos años de prácticas, luego con suerte consiguen un contrato de trabajo temporal, así no se puede crear una familia, así que la inseguridad, el salario bajo y la presión en el puesto de trabajo forman parte de las causas de la baja natalidad alemana porque hacen que cada vez menos gente decida tener hijos.

La devaluación del trabajo determina una devaluación del consumo y también de la recaudación fiscal con grandes consecuencias para el bienestar. Entre 1995 y 2010, la cuota de mercado de las ventas de productos baratos y de baja calidad en el mercado minorista de alimentos ha pasado del 29,2% al 43,6%. Paralelamente, alrededor del 50% de los hogares alemanes no pagan impuesto sobre la renta porque ganan demasiado poco para hacerlo. La sociología ha acuñado un concepto para definir este fenómeno: «economía de baratillo» (*Ramschökonomie*). Ocupando el cuarto puesto mundial en cantidad de personas con fortunas de miles de millones (por detrás de Estados Unidos, China y Rusia), la lista de las mayores fortunas alemanas ya no la encabezan apellidos industriales como antaño Krupp y Quandt, sino magnates de negocios de *discount* como Aldi y Lidl. El enorme éxito de los almacenes baratos y de baja calidad de comida, ropa y artículos de primera necesidad refleja todo un estado de la economía. Veinte años de estancamiento salarial no dejan gran cosa en los bolsillos de gran parte de los alemanes. En consecuencia, el consumo interno alemán, que tan importante sería para lanzar impulsos de recuperación al resto de la eurozona, está estancado desde hace diez años. Todo ello degrada la estructura del propio mercado: con menos consumidores los productos más complejos y sofisticados se hacen menos rentables y su demanda baja en beneficio del baratillo.

Las mismas instituciones, personas y medios de comunicación que prepararon potenciaron e impusieron la Agenda 2010 hablan diez años después de la necesidad de más de lo mismo: se necesita una «Agenda 2020», dicen. Klaus Zimmerman, director del IZA, el ex canciller Schröder, la Fundación Bertelsmann, el jefe de los llamados «cinco sabios» asesores económicos del gobierno, Christoph Schmidt, y toda una legión de periodistas y expertos que se prodigan en los medios de comunicación, enumeran los puntos de la próxima reforma: aumentar a largo plazo la edad de jubilación a 69 o 70 años —los documentos del gobierno ya mencionan los 69 años—, relajar la protección ante el despido e incrementar la contribución porcentual de los pacientes en los costes de la sanidad. Bertelsmann, el IZA, el gran lobby empresarial INSM y el Instituto de Economía Mundial de Hamburgo, entre otros, han elaborado los correspondientes informes al respecto como hicieron diez años atrás. Zimmermann considera «ineludible» la jubilación a los 70 años. La Fundación Bertelsmann augura una «fisión del sistema de pensiones» falsificando con descaro los datos. Se adelanta un nuevo concepto: el «*envejecimiento activo*». La historia se repite, pero el humor de la sociedad es otro. El gobierno alemán lo percibe y es mucho más prudente.

Significativa ha sido, por otra parte, la trayectoria de los principales protagonistas y actores de la reforma del año 2003. El ex canciller Schröder es presidente de la compañía energética ruso-británica TNK-BP, del consorcio de gaseoductos Nordstream y miembro del consejo de Rothschild Investmentbank. Su ministro de economía y trabajo, Wolfgang Clement, un pilar de la reforma, abandonó el partido socialdemócrata para apoyar al Partido Liberal (FDP). Clement preside el *think tank* de Adecco, la mayor empresa de trabajo temporal del mundo, es miembro del consejo de administración del consorcio energético RWE y de por lo menos dos sociedades inversoras. En 2012 accedió a la presidencia del consejo de una de las principales organizaciones lobbystas alemanas, la mencionada Initiative Neue Soziale Markwirtschaft (INSM). Heiko Geue, el principal ideólogo de la Agenda 2010 en el SPD, dirige la campaña electoral del candidato del partido a la cancillería, Peer Steinbrück, con muy mal pronóstico. El miembro de la presidencia de Volkswagen, Peter Hartz, que dio nombre a los recortes del seguro de paro, fue condenado en 2007 a una pena de cárcel con derecho a libertad condicional por prevaricación.[7]

Recapitulando los acontecimientos de dos décadas, desde la reunificación alemana hasta la actual eurocrisis, se puede establecer la siguiente serie: el canciller Helmuth Kohl estrenó en Alemania del Este el campo de pruebas para liberalizar el mercado de trabajo, pasó el arado sobre el sistema socio-laboral, eliminando garantías e introduciendo jornadas más largas y salarios más bajos. Desde esas condiciones se presionó a los trabajadores de Alemania del Oeste. En la década siguiente el canciller Schröder generalizó aquellas relaciones y condiciones al conjunto del país con su Agenda 2010. La involución de Schröder fue, a su vez, un experimento alemán, que la canciller Merkel exporta ahora, diez años después, al conjunto de Europa con el pacto fiscal y el tope de deuda. Alemania que llegó con retraso se ha convertido en el líder y principal promotor europeo de la *Gran Desigualdad*. Para comprenderlo hay que examinar la política europea.

La gran devaluación salarial alemana, con reducción de costes laborales y retroceso de salarios reales durante siete años consecutivos entre 1998 y 2006, coincidió con la introducción del euro, virtual en 1999, efectiva desde 2002. Desde la introducción de la moneda europea, la industria alemana más que dobló sus exportaciones (que a comienzos de los noventa representaban el 20% de su PNB y en 2010 el 46%). Mientras tanto los salarios subían en el resto del continente, un 15% en Francia y entre el 25% y el 35% en España, Portugal, Grecia e Italia.[8]

En una unión monetaria, el auge del superávit exportador alemán significaba déficit para otros. Entre 2004 y 2011, la producción de automóviles francesa e italiana cayó un 30% mientras la alemana aumentaba un 22%.[9]

> La consecuencia más grave de la política de *dumping* salarial ha sido poner en peligro el acuerdo europeo sobre una moneda común, porque con su estagnación salarial Alemania ha hecho imposible el paso acompasado de la competitividad de cada una de las economías del euro —explica el analista Albrecht Müller—. Alemania exporta su desempleo a los socios del euro y los obliga además, en medio de la crisis, a emprender malas reformas —dice.
> Con la creación del euro creamos una situación similar a la que se dio con Alemania del Este, con empresas italianas, españolas y demás que fueron expuestas de un día para otro a la competencia alemana y que no podían devaluar su moneda para protegerse —explica Dierk Hirschel—. Los alemanes conquistaron los mercados e hicieron retroceder a la industria francesa, italiana y española. Con Alemania del Este la situación fue similar.[10]

En 2007 Alemania obtuvo un superávit comercial de casi 200.000 millones de euros. Mientras, 19 de los 27 países de la UE registraron déficit en su comercio exterior. Los bajos salarios alemanes contribuyeron también a ese déficit de los otros porque debilitaron el consumo de Alemania, es decir las importaciones de la nación más poblada de la eurozona. Sin embargo no había sensación de crisis en el sur de Europa: los países meridionales de la eurozona comenzaron a recibir enormes flujos de capital alemán, resultado de los beneficios exportadores, que anestesiaron la pérdida de competitividad con dinero prestado a tasas de interés muy bajo establecidas a la medida de Alemania.

La política económica alemana, resultado directo del *shock* de la doble reunificación de 1990, no solo disparó los desequilibrios internos entre países de la eurozona, sino que, en el contexto general de una desatada y frenética búsqueda del beneficio, alimentó su falsa economía y crecimiento. El aparente «España va bien», con su corrupta orgía posfranquista de ladrillo, dinero fácil y destrucción facinerosa del entorno, así como el festival inmobiliario irlandés o las fantasías contables griegas en el contexto de los juegos olímpicos de Atenas, son así inseparables, y guardan una relación directa con el resurgir económico-exportador alemán, que se presenta inocentemente como su antítesis.

7. Desintegrando Europa: la estafa bancaria y su gestión

La periodista canadiense Naomi Klein publicó en 2007 un libro de gran éxito titulado *La doctrina del Shock*. Klein sostiene que las fuerzas neoconservadoras del capitalismo utilizan las catástrofes y contingencias sociales fuertes para imponer reformas que requieren una violenta destrucción del orden preexistente y que en condiciones normales serían activamente rechazadas por la población. El 24 de enero de 2013, la canciller Angela Merkel pareció hacer suya la tesis de Klein al afirmar, en su discurso ante el foro Económico Mundial de Davos —un evento de ese poder conservador global—, que «la experiencia política nos dice que para realizar reformas estructurales muchas veces hay que ejercer presión». «Por ejemplo», dijo Merkel, «para que en Alemania hubiera disposición a aplicar reformas estructurales, la cifra de parados tuvo que aumentar previamente a cinco millones, y mi conclusión fundamental es la siguiente: si Europa se encuentra hoy en una situación difícil, debemos introducir hoy reformas estructurales». Es decir, aprovechar la ocasión.

Ocho años antes, el canciller Schröder se había jactado ante el mismo foro de Davos de la imposición de su Agenda 2010, «hemos liberalizado nuestro mercado de trabajo y puesto en marcha uno de los mejores sectores de salarios bajos que hay en Europa». «Ha habido considerables enfrentamientos por ello, pero nos hemos mantenido», constató.

Aprovechar la ocasión es también lo que hizo Helmuth Kohl veinte años atrás con el desmoronamiento de la RDA en un momento de fuertes impactos y vuelcos sociales. Schröder recibió parte de aquella onda social y la relanzó con una buena campaña de propaganda para forzar el programa de la Gran Desigualdad en el conjunto de Alemania. Merkel aprovecha la eurocrisis para imponer el mismo programa exportándolo al resto de Europa. Para ello se desempolva la fábula de la cigarra y la hormiga y se dice que «las duras reformas que nosotros hicimos, ahora las deben hacer quienes han vivido del cuento».

La exportación de las reformas alemanas arroja en la periferia europea un cuadro mucho más duro que el que se vio en Alemania con la Agenda 2010, porque los estados sociales que se desmontan son mucho menos sólidos que lo que había en Alemania. Además, todo se hace mucho más rápido por lo que los efectos de los recortes sobre el tejido social son mucho más crudos.[1]

Pero la exportación de la receta alemana no se entiende sin atender a la gestión económica de la estafa bancaria y la ideología que ha generado, con gran protagonismo del gobierno alemán.

La eurocrisis fue resultado de la quiebra especulativa del sector financiero internacional, que capitalizó, entre otras cosas, las pirámides inmobiliarias, combinada con los defectos de diseño presentes en Europa: una moneda común carente de políticas económicas y fiscales comunes, y todo ello a su vez agudizado por los desequilibrios ocasionados por el sostenido *dumping* salarial alemán. En las últimas décadas se habían derribado los obstáculos políticos a la especulación y el latrocinio allí donde existían, o se multiplicaron las oportunidades allí donde tales obstáculos apenas estaban presentes. Durante años el gobierno alemán, que también iba retrasado en ese proceso, se dedicó a abrir el país al comercio de productos exóticos para poner el *bastión financiero alemán* a tono con el contexto global. En Francia y Alemania la suma de los balances bancarios más que triplicaba el caudal de las respectivas economías nacionales. Como en la España del ladrillo, en Alemania los riesgos que la situación planteaba eran conocidos, y al mismo tiempo ignorados, desde años antes de que estallara la situación.

En el año 2000 hubo, por ejemplo, una reunión confidencial del canciller Schröder y sus ministros económicos con los dirigentes bancarios en Berlín para tratar sobre los riesgos crediticios que el sector tenía en EE UU y Europa del Este. Había alarma por las grandes pérdidas que rondaban a bancos privados como el Dresdner Bank, Commerzbank y el Hypo-Vereinsbank. El jefe del Deutsche Bank, Josef Ackermann, propuso la creación de un «banco malo», «para concentrar los créditos bancarios problemáticos, empaquetarlos y volverlos a vender», operación en la que «el Estado debía ofrecer una garantía ante los riesgos», informó la prensa en febrero de 2003.

La filtración de aquella reunión, cuyo propósito era implicar directamente al Estado en la estafa, «ha causado gran enfado entre los grandes bancos y en Berlín», explicaba la nota.[2] Como en la España del ladrillo, no se hizo nada y la bola de nieve del riesgo bancario continuó creciendo.

Cuando estalló la crisis en 2008 los políticos alemanes no entendían nada. El ministro de Economía de entonces, Peer Steinbrück, ninguneó el asunto considerándolo un problema americano. Un día dijo que no había necesidad de rescate alguno como el de Estados Unidos, «porque el sistema alemán es robusto», y al día siguiente, literalmente, se comenzaban precipitadamente las consultas para el rescate del banco alemán más enfermo.

La incestuosa relación entre políticos y el sector financiero presidía, y preside, el panorama por doquier. En el Ministerio de Economía y en la cancillería de Berlín algunos proyectos de ley se han redactado sobre borradores confeccionados por el sector financiero. Merkel y su ministro de Economía, Wolfgang Schäuble, consultan profusamente con el sector financiero para tomar decisiones. Christoph Brand, un ejecutivo de Goldman Sachs del que ni siquiera hay fotos disponibles, mantuvo en tres años hasta cincuenta reuniones con el gobierno, entre ellas veinticinco con el principal subalterno de Merkel en la cancillería y cuatro con Schäuble. El jefe de Commerzbank, Martin Blessing, mantuvo diecisiete entrevistas, doce de ellas con Schäuble. El director del Deutsche Bank ocho entrevistas. «Muchos secretarios de Estado ven a los jefes de los bancos con más frecuencia que a sus esposas», señalaba el informe.[3]

Desde esa estrecha relación que llevó incluso a celebrar la fiesta de cumpleaños de Josef Ackermann en la sede de la cancillería, entre 2008 y 2009 el gobierno alemán rescató a sus bancos con 480.000 millones de euros. Uno de ellos, el Hypo Real Estate (HRE), tuvo que recibir 100.000 millones porque estaba hundido hasta el cuello en créditos hipotecarios de Estados Unidos. No acudir al rescate del HRE habría hundido a todo el sector bancario alemán y puesto en peligro el sistema de pensiones y seguros sociales, se dijo. Con la medida se salvaba en definitiva no a los bancos, sino a los ciudadanos, explicó la canciller. Desde esa invocada fuerza mayor envuelta en una general incomprensión de lo que ocurría y sus causas, el Bundestag se dejó estafar toda soberanía. Como formalmente el procedimiento exigía un control parlamentario, se formó una comisión secreta de nueve diputados en la que estaban todas las fuerzas políticas. Como explica el periodista Harald Schumann, que siguió de cerca aquel proceso, «la comisión no tenía ningún poder, no podía exigir declaraciones ni documentos, solo podía invitar a miembros del gobierno o del fondo de rescate y hacerles preguntas, pero si algo no les gustaba no podían hacerlo público, ni siquiera informar a sus colegas de grupo parlamentario. Fue tan democrático como el papel de la Asamblea Suprema del Pueblo de Corea del Norte». Cuando se pidió la lista de los sectores atrapados en el pufo del HRE, el Ministerio de Economía y el sector bancario respondieron, diciendo: «eso es secreto corporativo». Ni siquiera los diputados del Bundestag tuvieron acceso a aquel secreto.

Gracias a Schumann se ha conocido parte del secreto: 40.000 millones del rescate de 100.000 millones del HRE fueron para inversores extranjeros. Diversos bancos alemanes como Deutsche Bank, Bayerische Landesbank, Unicredit y otros recibieron 2.000 millones cada uno. La explicación era: el rescate es un asunto de fuerza mayor, y por eso mismo sus detalles son secretos. Los alemanes se comieron ese sapo, que los disciplinados medios de comunicación no cuestionaron, con manifiesto desagrado.

Más tarde el Estado intervino con 18.000 millones de dinero público en el Commerzbank, un banco que en la bolsa no valía más de 3.000 millones, pero el Estado ni siquiera se quedó con el Banco, sino solo con un 25%. Aquello ocurrió entre Navidad y Año Nuevo, con nocturnidad y sin ningún control parlamentario y, como dice Schumann, se hizo para proteger de las pérdidas a Allianz, el gran poder financiero de Alemania. En agosto de 2008 Commerzbank había comprado el Dresdner Bank, que era subsidiario de Allianz. El jefe de Commerzbank, Blessing, podría haberse desdicho de aquel acuerdo meses después, pues el Dresdner estaba lleno de valores americanos y era un manifiesto mal negocio, pero, según Schumann, la operación se llevó a cabo bajo la expresa garantía del ministro Peer Steinbrück, que aseguró que si el asunto salía mal, el Estado respondería, como hizo, con dinero del contribuyente.

El esquema se repitió con los sucesivos rescates bancarios europeos que a partir de 2010 adoptaron el seudónimo de rescates de país, es decir, estados que prestan dinero a otros estados para salvar bancos, primero Grecia, luego Irlanda, Portugal, España... En Europa, la lista de las deudas que hay que salvar es una lista internacional de bancos, instituciones financieras y compañías de seguros, frecuentemente encabezada por instituciones alemanas, que ha sido, y sigue siendo, secreto de Estado.

Gracias a la salvación del gigante asegurador americano AIG, intervenido en un 79,9% de sus activos (85.000 millones) por la administración de Estados Unidos en septiembre de 2008, se conoce, a título excepcional, que el Deutsche Bank, comprometido en AIG con 12.600 millones se habría hundido sin esa intervención. El dato se conoce únicamente porque el Senado de EE UU puso como condición para rescatar a AIG que se hiciera pública la lista de los beneficiarios. En Europa, por el contrario, la investigación de Schumann se alimenta fundamentalmente de filtraciones e informaciones que no son públicas.

Gracias al blog de Paul Steines se conoce, por ejemplo, que cincuenta de los ochenta destinatarios del rescate de Irlanda son bancos e instituciones de Alemania y de Francia. De los 64.000 millones recibidos por los bancos irlandeses, 28.000 millones se debían en otoño de 2010 a bancos alemanes. En España, según el Banco Internacional de Pagos la deuda del sistema financiero con bancos internacionales asciende a 571.519 millones de dólares (inicio de 2012), de los cuales 139.191 millones con bancos alemanes y 115.261 con franceses, en total el 45% de la deuda. Así, el «rescate» español consiste en buena parte en darle dinero a España para que pueda pagar al sistema financiero alemán y francés. Es significativo que cuando Schumann preguntó al ministro de Economía español Luís de Guindos: «¿el dinero de qué bancos se está salvando con el rescate de Bankia?», la respuesta fuera «no es una información esencial, pero se sabe que la mayoría son inversores extranjeros». El joven diputado español Alberto Garzón se pregunta con buen sentido: «¿tiene sentido que los bancos alemanes, que se arriesgaron prestando a bancos españoles y ganaron beneficios por ello, no tengan pérdidas ahora que se demuestra que fracasaron eligiendo a quien prestar?», tanto más, observa, «cuando las deudas son pagadas por los trabajadores en forma de recortes sociales y económicos».

En los años del estúpido y corrupto «España va bien» de PP-PSOE, España eludió la pérdida rampante de competitividad que la estrategia exportadora alemana en el marco del euro impuso a los socios con su *dumping* salarial, acentuando la tradicional burbuja inmobiliaria franquista hasta dimensiones desconocidas. Aquella criminal orgía fue un producto genuinamente nacional alimentado a su vez con enormes flujos de dinero europeo, principalmente alemán, en una época en la que Alemania colocaba dinámicamente en el casino global sus ingentes superavits exportadores. Entre 2005 y 2008 bancos y prestamistas alemanes y franceses concedieron 320.000 millones en créditos al sector español, la mayor parte para el ladrillo. Conseguir dinero era «muy fácil», explica Juan Rodríguez, entonces jefe de Caja Granada, en el mencionado reportaje de Schumann. «Prestaban dinero sin preguntar a dónde iba», dice. «Las ofertas llovían por todas partes», declaró un ex directivo de Caja Madrid, según el cual los creditores alemanes ni siquiera preguntaban lo que se iba a hacer con el dinero, solo les interesaba si podrían cobrar un 1,5% de interés más que en casa.

La pregunta sobre si Alemania tiene alguna responsabilidad en la corrupta estupidez del ladrillo español es una de las que más irritan al ministro Schäuble en Berlín. «El dinero de los créditos no fue impuesto a los españoles por la fuerza de las armas», responde malhumorado el ministro. Su compatriota Jörg Asmussen, miembro del directorio del Banco Central Europeo, la institución que siempre ha insistido en que todos los tenedores de deuda sean pagados, reconoce que «las autoridades supervisoras y los bancos centrales» tuvieron en ese aspecto «un punto ciego», porque cuando en el rescate interviene dinero público, el contribuyente tiene derecho a saber las deudas de quién se salvan con su dinero, pero añade que «esa cuestión no forma parte de nuestra competencia». La competencia y la responsabilidad de pagar los platos rotos queda así, alegremente, en manos de los sectores populares medios y bajos sin la menor responsabilidad en la gestación del casino.

Schäuble no entiende la pregunta sobre la responsabilidad del creditor. Es abogado y nunca parece haber oído que en la contratación de un crédito la responsabilidad está en los dos lados, el que lo recibe y el que lo da, pero para un banquero la cuestión es obvia.

No se trata de defender al gobierno griego ni a los especuladores inmobiliarios de España o Irlanda. Se trata de apuntar que todas sus locuras, corruptelas y fantasías eran conocidas por quienes las financiaron y que, por eso, la responsabilidad es obviamente «conjunta, mutua y estable», como dice James Galbraith.

Que hasta el día de hoy el grueso del debate europeo esté centrado en la crisis de la deuda pública, o sobre la deuda privada concebida exclusivamente como desmadre meridional, omitiendo de la narración al casino internacional que la ocasionó, casino que tiene un centro decisorio y una periferia subalterna, se debe, fundamentalmente, al fuerte control que el poder financiero ejerce sobre gobiernos y medios de comunicación, lo que le permite imponer la leyenda que más le conviene.[4]

El gobierno alemán ha sido particularmente activo en la leyenda que domina la narrativa de la eurocrisis. Su nacional-populismo acerca de que el problema son unos países del Sur gastadores que no «hicieron sus deberes», y en los que la gente común vivió «por encima de sus posibilidades», le ha permitido canalizar el descontento de los contribuyentes alemanes por los centenares de millones transferidos a los bancos como consecuencia de la irresponsabilidad de estos invirtiendo en el casino global. Reconocer la realidad habría significado revisar los últimos veinte años de política económica y social alemana que se han vendido como exitosos y modélicos para el resto de Europa, cuando en realidad solo fueron exitosos para los empresarios y los más ricos. Así que, mientras, según el Instituto de Economía Mundial de Kiel, Alemania se ha ahorrado 80.000 millones de euros entre 2008 y 2012 con los bajos créditos que paga con sus bonos, gracias a los altos intereses que pagan sus socios meridionales, se hace ver que cada cual tiene lo que se merece.

Que la situación económica alemana se presente como modelo en el contexto de la eurocrisis ignora, además, algo tan básico como las vivas diferencias entre sistemas capitalistas existentes en el seno de la eurozona. Tras siglos de convivencia en Europa, Alemania parece no haber descubierto aún el Mediterráneo, en el sentido más literal de la expresión.

Los sistemas denominados de «capitalismo mediterráneo» de países como Portugal, España, Italia o Grecia no pueden compararse con las «economías coordinadas» del norte de Europa, como Alemania, mucho más organizadas, con un sistema de salarios integrado en el sector privado y una educación y formación profesional organizadas hacia aquel. A ello se suma una mayor capacidad de acuerdos sindicales en materia de salarios y jornadas. Esa mayor organización general interna permite formular estrategias impensables en el Sur y es lo que define la ventaja comparativa de Alemania en la manufactura en su contexto europeo. Alemania tiene una estructura económica particular; industrial, exportadora, con fuertes empresas medianas y pequeñas que son líderes mundiales y también con grandes consorcios multinacionales. Transplantar sus recetas a otros países europeos sin atender a las diferencias estructurales es tan absurdo como pretender convertir en España a Andalucía en un País Vasco. Ignorar la diferencia interna de capitalismos y pregonar un modelo del Norte para todos con reformas estructurales ortodoxas es no comprender lo más básico: la propia realidad y diversidad de Europa.[5]

El discurso alemán sobre el sur de Europa ha consistido en una mezcla de aleccionamiento, la prédica de una Europa virtuosa del Norte a una Europa manirrota, y de «bravuconería» autoritaria, por utilizar el término empleado por el ex canciller Helmut Schmidt, y mentalidad provinciana. Políticos y publicistas se han dedicado a sostener una retórica nacionalista muy disolvente, enfocada a la «pereza» e ineficacia del capitalismo mediterráneo y combinada con un lloriqueo constante por la cuantía del desembolso de dinero alemán.

Alemania es el país que más aporta en términos absolutos a los fondos europeos de rescate de bancos, muchos de ellos alemanes, que llevan nombre de país. Eso es así porque Alemania tiene la mayor economía y la mayor población de Europa, pero seis países aportan más que Alemania en una cuenta per cápita y otros diez, incluida España, la superan en la parte del PIB dedicada a ello. El dinero no se regala sino que es un crédito a un interés considerable que solo en el «rescate griego» de 2010 le reportó a Alemania 198 millones de euros. Estos datos elementales no se encuentran nunca en los medios de comunicación alemanes y el resultado es que solo en Alemania hay una queja nacional por ese desembolso. La clase política alimenta esa queja con su populismo y a la vez es esclava de ella. El papel de los medios de comunicación ha sido notable.

A partir de 2010 diversos medios de comunicación iniciaron una bochornosa campaña de insulto contra Grecia y los griegos, que en pocos meses logró transformar en chivo expiatorio la imagen de un país amigo y socio. Iniciada por las publicaciones *populares* más rastreras, como el diario *Bild* y el semanario *Focus*, la marea fue claramente propiciada por el *establishment* para desviar por vías nacionalistas la agresividad y el enfado que creaba la percepción de la estafa bancaria, y fue enseguida asumida por el conjunto de la prensa nacional, con pocas excepciones. Con su estricto rechazo inicial a conceder ayuda financiera a Grecia, Merkel contribuyó y a la vez cabalgó sobre la estigmatización de Grecia y lo griego que se convirtió en rutina en el país. Todo el asunto, que generó centenares de pérfidos titulares y comentarios, no hizo sino apuntalar la típica desviación de la agresividad plebeya, desde los excesos del sistema financiero internacional, con los bancos y el *establishment* alemán en el centro, hacia los endeudados presupuestos de países meridionales mal administrados. Muestra de este espectáculo fue, por ejemplo, la insolente «Carta a Papandreu» que *Bild* publicó el 6 de marzo de 2010 con motivo de la visita del primer ministro griego a Berlín:

> Estimado Señor presidente, cuando lea estas líneas habrá entrado usted en un país muy diferente al suyo. Se encuentra usted en Alemania. La gente trabaja aquí hasta los 67 años. Hace mucho tiempo que los funcionarios no

tienen catorce pagas. Aquí no hay que pagar 1.000 euros de mordida para conseguir a tiempo cama en un hospital. Tampoco pagamos pensiones a hijas de generales que no encuentran marido. En nuestro país las gasolineras tienen cajas registradoras, los taxistas dan recibos y los campesinos no se meten en el bolsillo millones de euros con subvenciones de la EU por olivares que no existen. Es verdad que también tenemos deudas, pero las podemos liquidar porque nos levantamos pronto por la mañana y trabajamos todo el día, porque siempre separamos una parte de nuestro salario para ahorrarlo por si vienen malos tiempos, y porque tenemos empresas sanas cuyos productos son solicitados en todo el mundo. Estimado Señor presidente, está usted en el país que con sus millares de turistas aporta cantidad de dinero a Grecia, el país que con Otto Rehhagel como entrenador llevó incluso a su selección de fútbol al título europeo. Queremos ser amigos de los griegos y ese es el motivo por el que desde la entrada de Grecia en el euro Alemania ha aportado a su país 50.000 millones, pero una cosa debe quedar clara: forma parte de una buena amistad decirle al otro la verdad cuando se hace necesario. Con ese ánimo le saluda atentamente la redacción de *Bild.*

PS: Adjuntamos un sello de correos para ayudarle en el ahorro por si nos quiere contestar.

La carta se publicó tras haber exhortado groseramente a Grecia, en titulares y artículos, a venderse sus islas o su patrimonio artístico antes que pedir ayuda. Tiempo después, cuando la ayuda se concedió *in extremis* y a un coste mucho más caro por la demora de Merkel, el mismo diario publicó una nueva broma: un cheque del «Banco Central Europeo» por valor de 110.000 millones de euros a nombre de «los cantamañanas endeudados de Atenas» y firmado por los «contribuyentes de Europa».

Con ese discurso el *establishment* alemán ha abierto una caja de Pándora muy peligrosa, porque divide a Europa y ofende a sus pueblos. Se ha visto en Grecia donde se demoniza a Alemania al calor de los recuerdos de la guerra, y se ve en España, Italia, Portugal y Francia, donde comienza a considerarse excesivo el aleccionamiento alemán. Alemania no es consciente de lo que está sembrando.[6]

Ofrecer a Europa el «ama de casa suaba», estereotipo pequeño burgués del alemán ahorrador y tacaño hasta la mezquindad, que Merkel evocó por primera vez en el congreso de la CDU de 2008, como ideal de actitud económica a los europeos meridionales, denota una falta de mundo y un espíritu provinciano notable, pero otros conceptos manejados por la canciller, como el de una «democracia adecuada a los mercados» («*Marktkonforme Demokratie*») sugieren un inequívoco propósito antidemocrático: en lugar de someter y limitar democráticamente el imperio de los mercados, es la democracia la que debe ser recortada a la medida de aquellos.

La «democracia adecuada a los mercados» se estrenó en una entrevista con la emisora Deutschlandfunk, el uno de septiembre de 2011. Merkel dijo entonces: «vivimos en una democracia parlamentaria y, por tanto, la confección del presupuesto es un derecho básico del parlamento, pese a ello vamos a encontrar vías para transformarla de tal manera que pueda concordar con el mercado». Teniendo en cuenta que el «pacto fiscal» y la «regla de oro», el tope de gasto elevado a precepto constitucional, ya ilegaliza en Europa cualquier política de gasto keynesiana que aspire a dar al Estado un papel financiero activo, el concepto suena a receta para el cambio de régimen, lo que en países intervenidos o con gobernantes no electos de Goldman Sachs impuestos por Bruselas y Berlín, como fue el caso en Grecia e Italia, suena bastante real.

Cuando todo eso se hunde, Merkel propone «más Europa», pero siempre bajo la rigidez de la austeridad y de la disciplina requerida para hacerla cumplir. Es verdad que en los momentos extremos, Merkel ha cedido, accediendo por ejemplo a la garantía general extendida en septiembre de 2012 por el BCE, pero esa flexibilidad de último recurso está matando a Europa. La aportación de los conservadores alemanes a una Europa empresarial en la que ya quedaba poco del espíritu de la tradición política francesa (Libertad, Igualdad, Fraternidad) está siendo algo parecido a un intento de afirmar una Europa bismarckiana cuyo lema podría ser «Autoridad, Desigualdad, Austeridad». Así, los problemas que rodean al despropósito del pacto fiscal alemán se intentan resolver con otro despropósito aún mayor: más Europa en clave alemana.

8. Desintegrando Europa: una ambición errática

¿De dónde viene esa rigidez, esa inflexible voluntad dogmática alemana por imponer el austericidio al resto del continente, particularmente manifiesta en el mundo de los economistas? En el quinto año de la crisis y en el tercero de su terapia, hay suficientes datos empíricos para concluir que el horizonte de esa voluntad es la desintegración europea y que, por tanto, hay que replantearse algunas cosas, pero Alemania se mantiene inflexible. Según Thomas Fricke, el ex economista jefe del *Financial Times Deutschland* y atípico cronista alemán de la eurocrisis, hay varios motivos que explican el dogmatismo con el que el *establishment* alemán impone su receta. Uno es el hecho de que las cosas van manifiestamente mejor en Alemania que en la mayoría de los otros países europeos. Ese hecho se explica —erróneamente, como hemos visto— en la genialidad de las reformas neoliberales de la Agenda 2010, así que, se deduce, hay que imponer esa misma medicina a los demás. Esa mentalidad pasa por encima del hecho de que

Europa contiene países y economías muy diferentes a los que, incluso si la receta fuera correcta —y hay muchos indicios empíricos que sugieren que no lo es, puesto que las deudas y la recesión aumentan con su aplicación—, habría que tratarla particularmente, pues, por así decirlo, aunque en Europa todos seamos mamíferos, pertenecemos a diferentes especies; unos son elefantes o caballos y otros ballenas o focas. La mentalidad alemana pretende alimentar con el mismo pienso a todo ese zoológico terrestre y marítimo. Como si todas las economías europeas fueran de la misma especie: fundamentalmente industriales y exportadoras.

Fricke menciona el tópico del «alemán de cabeza cuadrada», una tendencia nacional a hacer las cosas hasta el final y a fondo. Ese *ser consecuentes hasta el final*, del que la historia alemana ofrece algunos ejemplos que alimentan el tópico, viene también suscitado por cierta mentalidad que, frente a las opciones más relativistas en la materia, tiende a la búsqueda de una verdad e incluso a la pretensión de haberla encontrado. La actitud frecuente ante quienes piensan o funcionan de otra manera diferente es la de considerarlos necios o ningunearlos como débiles mentales. Las preguntas de una entrevista periodística, realizada en 1991 por el diario *Die Welt* al jefe de los privatizadores occidentales de la economía de Alemania del Este, ilustra muy bien ese reflejo ante las dudas y reservas que desde la RDA se planteaban ante lo que el diario describía como «nuestra economía de mercado animada por empresas privadas y capitalistas de forma racional». «¿Hay en el Este inferioridad intelectual? ¿Están allá los cerebros, los hábitos de pensar dañados? ¿Hay deformación mental?», preguntaba el periodista.[1] Hoy esas mismas preguntas se lanzan contra aquellos, personas o países, que dudan, discrepan o se resisten a las verdades del momento en la eurocrisis. «¿Por qué hacen huelga los griegos en lugar de trabajar?», se pregunta el diario *Bild*. Esa convicción dogmática y estrecha es particularmente palpable en el mundo académico de las ciencias económicas, donde la situación es muy diferente a la común en países como Inglaterra o Francia con una cultura más abierta a la disputa en materia de verdades.

Evidentemente, sería absurdo llevar al extremo estas consideraciones. Con todo el dogmatismo que se le quiera imputar, el gobierno alemán ha hecho también prueba de flexibilidad. Por ejemplo, las medidas que aplicó inmediatamente después del hundimiento de 2008, los programas de estímulo, la política para dinamizar al sector del automóvil mediante el llamado «subsidio de desguace», la nacionalización de ciertos bancos, la tardía pero efectiva creación de programas de rescate financiero a países, la creación de fondos europeos especiales, la garantía «ilimitada» finalmente lanzada por el BCE y finalmente, todas las medidas sociales que los gobiernos de Merkel viene aprobando desde 2005 en Alemania; desde la abolición del repago sanitario y las tasas universitarias, hasta determinados subsidios a la infancia, todo eso ha ido en contra de la estricta disciplina pregonada por la doctrina neoliberal alemana. Aparentemente unánime en el mundo académico, esa doctrina deja de serlo cuando el panorama se observa al detalle. Las encuestas específicas entre el cuerpo de alrededor de 3.000 profesores de economía que hay en Alemania sugieren que el consenso entre economistas no es tan cerrado y uniforme como se desprende de los medios de comunicación y de la actitud de las instituciones. Lo que ocurre es que unos y otras están dominados por un círculo relativamente poco numeroso y endogámico que tiene un enorme acceso a los altavoces que configuran la opinión pública.

Si hay que hablar de instituciones, las protagonistas de este furor dogmático neoliberal que marcan fuertemente el pensamiento alemán sobre la crisis no pasan de la media docena; el Sachverständigenrat, o consejo de expertos de cinco miembros que asesora al gobierno conocido como los «cinco sabios», el

Bundesbank, sobre el que Jacques Delors dijo en cierta ocasión que, «no todos los alemanes creen en Dios, pero todos creen en el Bundesbank», el Instituto de Economía Mundial de Kiel, el diario *Frankfürter Allgemeine Zeitung*, y algunos más.

Según el periodista económico Robert von Heusinger, todo comenzó en el Instituto de Economía Mundial de Kiel bajo la batuta de Herbert Giersch, uno de los economistas más influyentes de la posguerra, quien renegó de la teoría de Keynes que había dominado el pensamiento económico desde la crisis de 1929, para abrazar un particular dogmatismo neoliberal. Ese instituto, el consejo de los «cinco sabios» y el Bundesbank, «crearon la santísima trinidad que durante casi cuarenta años dominó el debate económico alemán», explica von Heusinger. «Quien quisiera llegar a ser algo como economista en Alemania debía adaptarse a las instituciones y ser un poco dogmático», dice.

Personas de estas instituciones forman un pequeño círculo endogámico. Giersch estuvo en el Instituto de Kiel y en los «cinco sabios», cuyo ex presidente Wolfgang Franz era al mismo tiempo director del Centro de Investigaciones Económicas Europeas de Mannheim (ZEW). Otro miembro del consejo, Christoph Schmidt, dirigía otra institución importante, el Instituto de Essen. Jens Weidmann, actual presidente del Bundesbank, estudió en la Universidad de Bonn, donde su padrino y profesor fue Axel Weber. Cuando Weber fue nombrado presidente del *B*undesbank se llevó a Weidmann como director de departamento. De allí, Weidmann saltó recomendado por Weber a asesor de la canciller y de ahí a la presidencia del Bundesbank, sustituyendo a Weber... Al final, un grupo que Fricke estima de «diez o veinte economistas, de los que cinco tienen una extraordinaria influencia», es el que corta el bacalao: «el Bundesbank hace sus informes mensuales, en conexión con el consejo de sabios y el *Frankfürter Allgemeine Zeitung* informa de todo ello», dice. Ese mundo cerrado, con sus células intercomunicadas y cocido en su propia salsa ideológica alimenta lo que el economista Heiner Ganssmann denomina «*Merkelantismus*» —en latín, *furiosa Teutonicorum insania*— que define como una específica doctrina alemana contemporánea con fuertes connotaciones morales.

Dicho esto, ¿qué quiere Alemania? ¿Cómo se ve a sí misma en su actual papel europeo? Entre 2010 y 2013 se ha pasado de cierto hartazgo por no poder seguir siendo una especie de «gran Suiza» sin responsabilidades exteriores, incluso con tentaciones euroescépticas y sueños de restablecimiento del Deutsche Mark, socialmente añorado como símbolo de unos tiempos menos injustos y complicados en los que el protagonismo alemán en Europa era principal pero al mismo tiempo discreto y colegiado con Francia, a cierta jactancia, expresada en aquel «Europa habla alemán», pronunciado por el jefe del grupo parlamentario de la CDU, el partido de la canciller Merkel, Volker Kauder, en el congreso de noviembre de 2011 en Karlsruhe. De las dos actitudes, la primera, la del lloriqueo, carece de futuro, pues el euro es parte central de la estrategia alemana y sin él Alemania perdería gran parte de su actual peso específico. Hay, entonces, que concentrarse en la segunda, ¿busca Alemania una hegemonía europea e incluso superior: volver a afirmarse como *Cuarto Reich* económico, como se denuncia en tantas pancartas entre Atenas y Lisboa, pasando por Roma y Madrid? Deseos y señales en ese sentido no faltan, pero el propósito es tan ilusorio y miope como el malhumorado y euroescéptico «*¡pues regresamos al Deutsche Mark!*».

Veinte años después de la reunificación ya es hora de iniciar una política exterior propia que supere los «complejos de inferioridad» que dejó la historia, dice el editor de *Die Welt*, Thomas Schmid, un intelectual conservador que marca línea. Con Helmut Kohl la línea era «empaquetar los intereses alemanes de forma consecuente en intereses transatlánticos y sobre todo intereses europeos, de tal forma que el interés nacional resultaba al final irreconocible», dice. Ahora es el momento de que «la nación más fuerte de Europa» rellene ese vacío. «No queremos hacer sombra a nadie, pero exigimos nuestro lugar al sol». Como «principal accionista de la Unión Europea», como «su mayor beneficiaria» y sobre todo como «gran centro de poder económico», Alemania tiene «la misión de ir al liderazgo», señala la directora de *Internationale Politik*, revista del principal *think tank* alemán en materia de política exterior y seguridad, la DGAP, uno de cuyos números se titula «Yendo al liderazgo» (*In führung gehen*). Ulrich Speck, uno de los autores de este centro patrocinado por el Ministerio de Exteriores y los grandes consorcios, propugna un nuevo papel alemán en el «*renacimiento de Occidente*» cuyo fundamento sería una Unión Europea que Berlín debe «utilizar como palanca de estrategias alemanas de política exterior».[2]

Este discurso tiene una larga tradición que se remonta, no ya a la Alemania hitleriana como insisten los burdos carteles que se han visto profusamente en las calles de Atenas, sino antes, a los tiempos de la Alemania guillermina de los alrededores de la Primera Guerra Mundial. Entonces el canciller Theobald von Bethmann Hollweg hablaba de crear «una zona aduanera común que incluya a Francia, Bélgica, Holanda, Dinamarca, Austria, Polonia, Hungría y eventualmente también Italia, Suecia y Noruega». «Bajo la apariencia de igualdad de derechos, pero de hecho bajo liderazgo alemán», tal asociación debía contribuir a «estabilizar el dominio económico de Alemania sobre Europa central». De la misma forma en que el Imperio Alemán era una «sociedad anónima con la mayoría de las acciones en manos de Prusia», tal asociación sería una empresa dominada por Alemania, decía.

En el período de entreguerras los políticos de Weimar continuaban dándole vueltas a la idea de una gran asociación europea, con argumentos muy parecidos a los que la canciller Merkel emplea hoy: la típica mentalidad del dominador europeo para el que perder la hegemonía solo puede significar ser objeto del abuso de otros, de acuerdo a la experiencia de ese mundo de lobos en el que Europa fue históricamente el gran depredador colonial-imperial. En el congreso de la CDU de Hannover, diciembre de 2012, Merkel expresó esa idea que repite constantemente en sus discursos: «Alemania no está sola en el mundo. Hay más de 1.300 millones de chinos y 1.200 millones de indios, todos ellos forcejean con nosotros, 80 millones de alemanes y con los 500 millones de europeos, para ver quién se hace con la influencia mundial y quién puede vivir en bienestar». Hans Peter Keitel, jefe de la Federación de la Industria Alemana (BDI) dice que «el euro proporciona a Alemania el peso económico necesario para determinar en el futuro las condiciones políticas internacionales». En la Universidad Humboldt de Berlín, el ministro de Economía Wolfgang Schäuble, considerado el «gran europeísta» del gobierno, abunda en la misma idea, dice que el ascenso alemán a través de la Unión Europea creó «la segunda ocasión histórica de Alemania», provocando el cerrado aplauso de su público estudiantil. La racionalidad de la Europa Unida, explica, se deriva de que «no hay ninguna alternativa política y económica mejor para Alemania». «Los alemanes apenas representamos el 1% de la población mundial y en tendencia menguante», recuerda, antes de apuntar «las tensiones y divisiones globales en materia de materias primas y energía» que plantean «las luchas por el reparto del siglo XXI».

Estas viejas ideas que ya expresaban los políticos alemanes de los años veinte, diciendo que había que asociarse «porque la vieja Europa se ha quedado pequeña al lado de la enorme unión económica que representan los Estados Unidos de América», fueron radicalizadas por los nazis. Los nazis convirtieron en crudo racismo el supremacismo alemán y abandonaron toda veleidad de sociedad anónima con mayoría alemana en beneficio de la pura conquista militar del «espacio vital», aquella «Europa alemana» de la que los pueblos europeos tuvieron que liberarse con las armas.[3]

Una vez más: estas consideraciones no deben entenderse en el sentido de la caricatura histórica que sugieren los burdos carteles de Atenas con una Merkel bigotuda y la esvástica en el brazalete, pero apuntan una manifiesta continuidad histórica alemana alrededor de una concepción utilitaria de Europa cuyo principal sentido es una proyección mundial del poder alemán. En esta intolerable tendencia, Alemania siempre se ha encontrado enfrente con Francia, el único país europeo capaz de ejercer una inspiración alternativa al modelo alemán de Europa.

Alemania siempre ha tenido una relación acomplejada hacia Francia, un país más sofisticado que ella (vivir, «*como Dios en Francia*», dice el proverbio alemán), como lo pueda ser Italia en relación a España. A diferencia del alemán, el nacionalismo francés tiene una raíz revolucionaria, republicana y universalista, que lo hace muy diferente del de su vecino, como explicaba hace 170 años Heinrich Heine en el albor del nacionalismo: «El patriotismo del francés significa que su corazón se ensancha con el calor y en esa expansión ese calor ya no abraza solo a su pariente cercano, sino a toda Francia y a todo el mundo civilizado». Basado más en reflejos de superioridad cultural que en valores universales, el patriotismo del alemán, explicaba Heine, «significa que el corazón se contrae y se encoge como la piel ante el frío, entones el alemán odia todo lo extranjero, ya no quiere ser ciudadano del mundo sino solo un alemán provinciano».

En la actual crisis europea el país más potente de Europa no está siendo capaz de proponer una estrategia europea universalista, sino que más bien está imponiendo —y arrastrando de la oreja en ello a una Francia reticente que murmura— una estrategia nacional tradicionalmente alemana, cuyo principal sentido es una egoísta ambición de poder que el *subidón* nacional de la reunificación de 1990 ha hecho regresar.

Respecto a la brillante Francia retratada por Heine, hoy es un país inseguro y dubitativo. En ese contexto, una de las tendencias más significativas que se han visto en esta crisis en Alemania ha sido, está siendo, el maltrato y denigración de Francia. Después de haber machacado mediáticamente a Grecia, la prensa alemana comenzó con Francia en 2012, justo después de la derrota electoral de Nicolás Sarkozy, el amigo de Merkel. Una Francia insegura que recuerda a aquella de preguerra.

A veces parece que la crisis europea sea considerada en Berlín como una ocasión para ajustarle las cuentas a ese vecino más sofisticado del que partieron no pocos impulsos liberadores de la historia europea. Las dudas de París sobre el neoliberalismo alemán forman parte de esos impulsos que hay que aniquilar. Como en el pasado, la derecha francesa y buena parte de su prensa toman partido por Alemania, país que «se preocupa por el estado de nuestra economía», señala *Les Echos*. Pero cuando el *Bild Zeitung* se pregunta en portada «¿Será Francia la próxima Grecia?», no está formulando preocupación, sino más bien un oscuro deseo freudiano. «Nunca había vivido una campaña tan intensa contra Francia», dice Eric Bonse ,un corresponsal alemán en Bruselas con experiencia en París.[4]

«Europa necesita el sentido de Estado alemán (*Deutscher Staatskunst*) para mantener estable el orden europeo en el revuelto siglo XXI», escribe en un artículo sobre el papel de Alemania en la Unión Europea publicado por la principal revista intelectual alemana, el jurista Christoph Schönberger.[5] Hegemonía, dice, ya no es un concepto imperialista sino constitucional. El papel alemán en la UE debería ser como el de Atenas en la liga naval ática, como el de Holanda en las provincias unidas, o como el de Prusia en Alemania. Estados Unidos, continúa, está «debilitado por sus guerras» y mira hacia otras partes del mundo. En ese contexto hay que dejarse de complejos, «Alemania es más fuerte que cada uno de sus vecinos, aunque no lo suficiente como para dominarlos a todos». En esa hegemonía alemana, a Francia le correspondería un papel «como el que caracterizó a la relación de Prusia con

Baviera en la Alemania de Bismarck», en la que el canciller de hierro atraía al campo prusiano a los bávaros «con determinadas distinciones y acuerdos». El autor de esta analogía guillermina ni siquiera se pregunta si Francia estaría dispuesta a asumir tal papel, ni se plantea las sospechas y tensiones que despierta el resurgir de la tradicional «desmesurada voluntad de poder» alemana apuntada por Heleno Saña.

Coincidiendo con la retórica antifrancesa de Berlín, en París se celebró en 2012 una exposición sobre el arte bajo la ocupación alemana que contenía una cita del ministro de propaganda nazi, Josef Goebbels, que decía:

> En el futuro Francia jugará en Europa el papel de una gran Suiza y se convertirá en un país de turismo, pudiendo eventualmente realizar determinadas producciones en el terreno de la moda [...] toda forma de gobierno que parezca intentar restaurar las fuerzas de Francia se encontrará con la oposición de Alemania. En Europa solo decide Alemania.

Como advierte el ex canciller Helmuth Schmidt, la memoria de la anterior «Europa alemana» sigue viva en el continente y lanza a la mínima todo tipo de asociaciones históricas a la vez desmesuradas y comprensibles. El liderazgo alemán está hipotecado por la memoria y cualquier abuso, como los que ahora ya se viven en el Sur de Europa, «llevará a todo el mundo a la misma conclusión: «los alemanes no han cambiado, continúan siendo los mismos, no se puede confiar en ellos», dice el periodista griego Dimitris Konstantakopulos. Para el semanario portugués *Expresso*, «Alemania está mostrando los crónicos problemas que tiene con su propia identidad que hacen que le sea muy difícil convivir con sus vecinos europeos». Desde Bruselas el analista Wolfgang Münchau recuerda una declaración de 1990 del ministro de Industria de Thatcher,

Nicholas Ridley, según la cual la entonces planeada unión monetaria europea no era más que una conjura alemana con el objetivo de tomar el poder en Europa. «Recuerdo que aquella declaración antialemana me indignó entonces, pero ahora hay que reconocerlo: eso es precisamente lo que ha pasado», dice. El *establishment* alemán parece completamente ajeno a la ruina de imagen que su liderazgo ocasiona al país.[6]

Otros autores son menos ambiciosos y se conforman con primeros pasos: «que Merkel se presente como candidata para presidir el Consejo Europeo».[7] Otros, en fin, ya parecen dar por supuesto el ejercicio de la hegemonía por parte de Alemania y reflexionan sobre sus contornos. En una significativa declaración que ilustra esos sueños el embajador Wolfgang Ischinger, organizador de la Conferencia de Seguridad de Munich y «responsable para las relaciones con el gobierno» del consorcio Allianz, un poder fáctico alemán, respondía así a una pregunta acerca de «¿Qué debe aprender de Estados Unidos la Alemania de hoy?»: «el papel de Hegemón buenazo cuya seña de identidad es la solidaridad y la generosidad, y que en ese papel no debe esperar gratitud, sino críticas de los pequeños».[8] Ischinger organizó, en la mencionada conferencia, un cónclave militarista con gran representación de la OTAN y el complejo militar-industrial transatlántico, un panel de discusión bajo el título «el papel de Alemania en Europa y el papel de Alemania en el mundo». Cuando un observador objetó que el título correcto debía haber sido, «el papel de Alemania en Europa, y de Europa en el mundo», el embajador no supo qué contestar.

El «Cuarto Reich» es imposible porque las cuentas no salen. En la posguerra mundial, Estados Unidos representaba la mitad de la riqueza mundial y una incomparable fuerza militar global. Su economía ascendía a 1,3 billones en 1949, cuando las de Francia y Alemania eran de unos 200 millardos, la del Reino Unido de 250 millardos y la de Italia de 152. Es decir, Estados

Unidos era económicamente mayor que la suma de todos los demás. Hoy la economía alemana asciende a 3,3 billones, un 25% más que Francia, un tercio más que el Reino Unido y solo representa entre el 20% y el 25% del PNB de la Unión Europea. Su comercio depende de la UE en un 60%. Todo eso alcanza, como máximo, para ser el «mayor accionista» de la UE, papel para el que Alemania necesita a los demás accionistas. Practicar una política que va en contra de los intereses de sus socios es completamente inviable. Su horizonte no es el dominio alemán sino la desintegración europea. Quizá la partición en dos de lo que ahora se conoce como eurozona. En cualquier caso una devaluación del proyecto europeo, tal como lo imaginaron sus padres fundadores tras la Segunda Guerra Mundial.

Lo que las sugerencias y veleidades hegemónicas de Alemania en Europa evocan es una mezcla de delirio miope y el típico espíritu obtuso y provinciano del nacionalismo alemán. Entre lo uno y lo otro: los titubeos y dudas de un país demasiado potente para ser uno más en Europa, pero demasiado débil para pretender repetir un nuevo intento de dominio continental.[9]

9. El factor ciudadano y sus riesgos

Si el *Cuarto Reich* es imposible, la necesidad de rectificar la actual línea alemana que conduce directamente al imperio de la *Gran Desigualdad* en Europa es imperiosa. En la Unión Europea ya hay 115 millones de personas en riesgo de pobreza, 23% de la población, según la estadística oficial de los 27. A ellos hay que sumarles otros 100 o 150 millones al borde de esa situación. Mientras tanto desde 2008 los países europeos han dado a los bancos 4,6 billones de euros y en los últimos quince años los activos de los tres millones de millonarios europeos han crecido más que la suma total de las deudas de los países europeos. Esos capitales podrían resolver de golpe la deuda, «pero la actual aristocracia financiera tiene tan poca intención de ceder sus privilegios como la aristocracia francesa de antes de la revolución de 1789».[1]

El diccionario define las oligarquías con tres brochazos; «Gobierno de pocos», «Forma de gobierno en la cual el poder supremo es ejercido por un reducido grupo de personas que pertenecen a una misma clase social», y «Conjunto de algunos poderosos negociantes que se aúnan para que todos los negocios dependan de su arbitrio». Sea como fuera, podemos acordar que el mundo actual está gobernado por oligarquías.

En Europa, Estados Unidos y Japón, la tríada central del sistema mundial, las oligarquías financieras dominan la economía e incluso la política. En la mayoría de los países árabes se trata de oligarquías, petroleras o no, que son subsidiarias de las anteriores. En Rusia hay una nueva oligarquía privada que se inspira en las occidentales y que mantiene cierta tensión con el Estado ruso, heredero de la Estadocracia soviética, que fue la modalidad de oligarquía en la que degeneró el llamado socialismo real. Ese Estado moscovita compite y a la vez se imbrica con la nueva oligarquía rusa. En China la relación es parecida, pero con una importante diferencia: allí el dominio y preponderancia de la Estadocracia sobre las oligarquías privadas, que, aunque poderosas, están sometidas e integradas en la constelación estatal, es mucho más claro.

Frente a lo que afirma el discurso del *establishment* occidental, la diferencia última no es entre «democracia» y «no democracia», sino la que existe entre el gobierno de diversos tipos de oligarquía. No es la divisoria, sino la similitud lo que retrata mejor la situación. Algunas oligarquías, en sociedades más opulentas, dan lugar a sistemas mucho más holgados y permisivos desde el punto de vista de los derechos y las libertades. Se trata, por supuesto, de una holgura de puertas adentro que desaparece por completo al ejecutar propósitos imperialistas de puertas afuera, pero esa escala de matices es visible dentro de la propia Unión Europea, donde en Noruega hay más holgura democrática que en España o Grecia, por ejemplo. Otras oligarquías solo dan para «democracias de baja intensidad», o pseudodemocracias, como la rusa, en la que el partido del poder ni siquiera practica la rotación con una oposición, sino que nombra a un sucesor de su propio partido que luego es refrendado en las urnas. Otras se permiten elecciones bastante libres a nivel local, como en China, pero aplastan toda expresión de autonomía y desafío pluralista, y otras, en fin, no permiten ningún tipo de elección... Es decir, hay distintos tipos de oligarquías, pero todas ellas tienen muy poco que ver con el «poder del pueblo», la democracia, un sistema en el que, según sus fundadores de la antigua Grecia, se impone el interés de la mayoría social.

La oligarquía no es una forma de gobierno adecuada para afrontar los *retos del siglo*. Por «retos del siglo» hay que entender el calentamiento global, el auge demográfico, el «pico» petrolero, la próxima premura de recursos alimentarios y los problemas globales de dominio de unos países sobre otros, de pobreza y de desigualdad, combinados con una mentalidad caduca que tiende a seguir «resolviendo» todas esas cuestiones con métodos militares en un mundo atiborrado de armas y recursos de destrucción masiva capaces de anular toda vida en el planeta. Esos retos claman una *nueva civilización*, no en el sentido del milagroso nacimiento de un mundo nuevo de un día para otro, sino de un proceso paulatino de reforma y transformación global. La oligarquía global del capital, es un impedimento para esa transformación. La Unión Europea y sus instituciones pertenecen claramente a ese conglomerado.

Por un lado la Unión Europea actúa en su proyección mundial como el ayudante del sheriff: es cómplice vergonzante o partícipe directo de las fechorías imperiales que se han perpetrado en el mundo en las últimas décadas. Por el otro, la eurocrisis ha evidenciado que las instituciones europeas son adversarias de la soberanía nacional y la reducida democracia que esta contiene. Los parlamentos han sido completamente irrelevantes. Su papel en la toma de decisiones de la crisis, incluido el papel del Bundestag alemán, ha sido parecido, como dice Harald Schumann, «al de la Asamblea Suprema del Pueblo de Corea del Norte» en el devenir del país, es decir igual a cero. Quien manda es un politburó no electo de poderes fácticos oligárquicos. Desde la central (Bruselas, Berlín, FMI) ese politburó ha chantajeado con descaro a países como Grecia, Chipre, Irlanda, Italia, España y Portugal. Sus celebradas victorias han sido siempre antidemocráticas, colocar a ex banqueros de Goldman Sachs como jefes de gobierno en Roma y Atenas, imponer contrarreformas sociolaborales definidas como «extremadamente agresivas» por doquier y dictar intervencionismos. Aquellas elecciones que contenían algún riesgo potencial de debilitar esas victorias —se vio en las elecciones griegas, en las presidenciales francesas y en las italianas— fueron consideradas desafío, igual que la mera propuesta de un referéndum en Grecia que acabó por desahuciar al primer ministro que la barajó... Por todas esas razones, las instituciones de la Unión Europea son obstáculo para cualquier propósito de transformación.

Pero junto a esa Europa inservible, hay otra imprescindible. Se trata de lo que se denomina, casi siempre en medio de una retórica insoportablemente narcisista, como *proyecto europeo*.

Desde el punto de vista de la historia universal de la guerra y la paz, Europa es la parte más guerrera y violenta del mundo. En los últimos quinientos años la historia europea salta de una guerra a otra, especialmente en los dos siglos que van de 1615 al fin de las guerras napoleónicas en 1815. En ese período las naciones europeas estuvieron en guerra una media de sesenta o setenta años por siglo. Luego hubo un poco más de paz hasta 1914, si olvidamos la guerra de Crimea o la franco-prusiana, pero en ese período Europa continuó culminando la exportación de guerra y genocidio hacia fuera de sus fronteras con el holocausto colonial-imperial que fue la conquista del mundo no europeo. Además, en ese período de relativa paz interna Europa inventó la industrialización y con ella industrializó la guerra, lo que la convirtió en algo mucho más destructivo. Dos guerras mundiales de inusitada mortandad e incubadas en y por Europa fueron el resultado. La Unión Europea se creó, precisamente, para remediar la crónica pelea continental y, desde ese crucial punto de vista, un entramado europeo de coordinación e integración es imprescindible. Desprovisto de todo narcisismo y pretensión mesiánica, el *proyecto europeo,* aunque sea como algo vagamente coordinado e integrado, es necesario para impedir la pelea. Pero para separar esa inutilidad de la necesidad y salvar lo imprescindible se hace necesaria una refundación ciudadana de Europa.

El programa exterior de esa Europa refundada debería limitarse únicamente a una doble ambición: no contribuir al imperio ni al calentamiento global. Su programa interior sería acometer la reconquista de la esfera económica y financiera que la política ha ido cediendo al capital en las últimas décadas.

La Unión Europea ha sido diseñada, especialmente en los últimos treinta años, como una autopista de la mundialización neoliberal. De lo que se trata ahora es de combatirla con una desmundialización ciudadana que devuelva todo eso arrebatado a la política en los últimos treinta años. Para ello es necesario crear un gran *Frente Popular*, una gran unión, una gran alianza y un gran encuentro entre el mundo sindical, los subproletarios emigrantes y parados, la generación sin futuro y desahuciada, la gente mayor estafada tras una vida de trabajo, los sectores religiosos e intelectuales para los que la actual involución es intolerable desde el punto de vista de los principios éticos y morales.

Es fundamental la creación de *nuevas fuerzas políticas y de programas*. Hacen falta *líderes*, personas de todos estos ámbitos que representen y sean portavoces de esta refundación. Esta refundación solo puede ser (en Europa y en el mundo) *internacional e internacionalista*, pero, a menos que queramos disolvernos en un sueño idealista de hermandad universal, *su marco solo puede ser nacional*. La reconquista no puede hacerse desde Bruselas, con su burocracia mucho más dominada por el lobbysmo empresarial que la de los estados nacionales, ni en el irrelevante Parlamento Europeo. No puede hacerse, desde luego, tampoco desde el «más Europa» alemán que se propone desde Merkel hasta Habermas. En el primer caso porque la ciudadanía no quiere, ni cree en la obtusa y reaccionaria ilusión de una Europa alemana. En el segundo porque no existe una identidad europea. Lo que hay en Europa es un desarrollo desigual, con centro y periferia, igual que en el conjunto del mundo, y también *identidades nacionales*.

El ágora, el punto de encuentro y la articulación de ese Frente Popular debe lograrse desde los respectivos marcos nacionales: entre comunidades de gente cercana unida por su marco geográfico y socio-laboral, su lengua su cultura y su común identidad integradora. La experiencia de los foros mundiales, tan interesante pero al mismo tiempo tan etérea e indeterminada, da mucho que pensar. Como ha dicho Oskar Lafontaine, «La Europa democrática empieza en casa». Este marco nacional no es sustituto ni alternativa a lo internacional, sino más bien su condición primera.

El factor ciudadano, una rebelión civil y sindical coordinada en Europa, o en algunos de sus países, es lo único que puede alterar la gran regresión en curso, porque, como dice Josep Fontana, «lo que tengamos dentro de cinco años será lo que habremos merecido». Es lo único que puede impedir el regreso de aquella «Europa parda» de los años treinta del siglo XX, con el fascismo gobernando en Italia y Alemania, una guerra civil en España, una Francia indigna que se dejó arrollar por sus vecinos, un Reino Unido imperial y clasista y la mayoría de los países de la Europa central, oriental y balcánica con gobiernos de extrema derecha. Una «primavera de los pueblos» como la que en 1848 tambaleó el orden de la restauración absolutista del Congreso de Viena es lo que debe disputar la partida al actual sistema oligárquico.[2]

¿Qué riesgos tiene una perspectiva 1848 en el siglo XXI? Desde luego, la Europa de hoy no es la del XIX, cuando cualquier avance social pagaba el precio de enormes cantidades de sangre y de violencia. En este continente mucho más rico, mucho más culto y demográficamente mucho más envejecido que el del siglo XIX, quien más quien menos tiene algo que perder. Eso sugiere que la no violencia popular tiene un nuevo sentido y grandes espacios a su favor. Al mismo tiempo, la rebelión civil y pacífica, el movimiento social transformador, no es ninguna broma postmoderna y *on-line*. Exige lo de siempre: compromiso, voluntad, organización y sacrificio. Y recoge represión y reacción. Es decir: hay que ser consciente de lo que significa decir «no» a una oligarquía absolutista.

La experiencia histórica más reciente avisa del enorme potencial de violencia y provocación que tiene el *estáblishment*. Los dos principales líderes antibelicistas del 1968 en Estados Unidos, Martin Luther King y Robert Kennedy, fueron asesinados. También lo fue el líder estudiantil más notable del 68 alemán, Rudi Dutschke, muerto de las secuelas de un atentado. La inducción de la droga y el terrorismo fueron los antídotos que el sistema empleó a fondo la última vez que Europa se puso rebelde. La historia del terrorismo europeo de los años setenta y ochenta en países como Italia y Alemania está aún por escribir, pero se conocen las suficientes cosas como para hacerse una idea aproximada.

En Alemania el terrorismo sirvió para criminalizar a todo el movimiento del 68, aquella «oposición extraparlamentaria» (APO) que acabó logrando dar un nuevo tinte más liberal a la Alemania ex nazi en los años sesenta y setenta del siglo XX y que desembocó en el movimiento verde de los ochenta. El movimiento contestatario contra la guerra de Vietnam y la oposición juvenil de 1968 podían convertirse en una fuerza social considerable. Con el recurso a la violencia de algunos pequeños grupos y la criminalización que siguió se consiguió debilitarlo mucho. «Aquella estrategia tuvo un gran sentido», dice Bommi Baumann, fundador del grupo armado izquierdista Movimiento 2 de Junio, según el cual todo aquello estuvo manipulado por la policía desde el principio.

La persona que aportó las armas en la fundación del principal grupo armado de la época, la Fracción del Ejército Rojo (RAF) asociada a los nombres de Andreas Baader y Ulrike Meinhof, fue un confidente del servicio secreto de Berlín Oeste llamado Peter Urbach. Las armas con las que la RAF realizó su primera acción, la liberación de Andreas Baader de la cárcel en mayo de 1970, fueron proporcionadas por tres neonazis. En 1972, dos años después del estreno de la RAF, se produjo la única «reunión plenaria» de la banda en una vivienda de Francfort. «Asistieron veinte o treinta personas, estaban todos, el servicio secreto lo sabía pero no hizo nada», dice Baumann. «Si todo estaba infiltrado desde el principio, ¿cómo pudo la RAF continuar funcionando tanto tiempo?», se pregunta. «Fuimos marionetas de una estrategia superior», concluye.

El rastro de la RAF, que se creía disuelta desde finales de los ochenta, emergió incluso en 1991, con el extraño asesinato del empresario Detlev Rohwedder, el hombre al que el gobierno alemán había encargado la privatización de las empresas de la RDA. Rohwedder, que tenía escolta y vidrios blindados en el primer piso de su residencia privada en Düsseldorf, fue asesinado de un balazo fulminante cuando se encontraba en el despacho del segundo piso de su casa, sin ventanas blindadas, por un tirador de precisión que disparó desde 63 metros de distancia. La RAF reivindicó aquello, antes de que comenzaran las grandes protestas por las privatizaciones en Alemania del Este.

Las redes Gladio fueron organizadas en la posguerra para promover el sabotaje en la caso de una invasión soviética de Europa Occidental. En la práctica intervinieron durante décadas en la política europea protagonizando algunos de los atentados más sangrientos de la posguerra en Italia, Bélgica y Alemania, con acciones en casi todos los países del continente y en Turquía. Esas redes son hoy mucho más conocidas gracias al estudio del profesor suizo Daniele Ganser. Se sabe que estaban formadas por ultraderechistas, neonazis y miembros de los servicios secretos de la OTAN.

En Italia la existencia de Gladio fue reconocida en agosto de 1990 por el primer ministro Giulio Andreotti. Diez años después, una comisión investigadora del Senado italiano sobre los sangrientos actos terroristas perpetrados en el país entre 1967 y 1987, con un total de 491 muertos y 1.181 heridos, arrojó la conclusión de que «aquellas masacres bombas y acciones militares fueron organizadas, promovidas o apoyadas por hombres dentro de las instituciones del Estado italiano y, como se ha descubierto más recientemente, por hombres vinculados a las estructuras de la inteligencia de Estados Unidos».

Si en Alemania el objetivo de la *estrategia de la tensión* fue deslegitimizar y marginalizar a la APO, en Italia se trataba de evitar gobiernos con veleidades sociales e impedir el ingreso en ellos del Partido Comunista, lo que llevó, presumiblemente, a infiltrar y manipular hasta niveles extraordinarios a grupos como las Brigatte Rosse y a secuestrar y asesinar al primer presidente democristiano que se atrevió a plantear un pacto con los comunistas, Aldo Moro.

El atentado con bomba más sangriento de la historia de Alemania, el de 26 de septiembre de 1980 en la *Oktoberfest* de Munich (13 muertos y 213 heridos), fue organizado por un agente del servicio secreto alemán, Johannes Kramer, vinculado al «*stay Behind*»-Gladio, según reveló el hijo de Kramer en un juicio celebrado en Luxemburgo en abril de 2013. El pacífico y anodino Gran Ducado fue escenario de veinte atentados con bombas entre 1984 y 1986, aparentemente colocadas por grupos vinculados a las fuerzas de seguridad en el mismo contexto de «estrategia de la tensión». Según el hijo de Kramer, su padre fue el organizador de 18 de esos 20 atentados.

En Bélgica la misma red cometió las llamadas «masacres de Brabante», una serie de atentados realizados entre 1983 y 1985 con 28 muertos, mientras la extrema derecha formaba un grupo comunista de bandera falsa, las «Células Comunistas Combatientes» (CCC) responsable de 27 atentados en dos años. En algunos de esos atentados, las CCC utilizaron armas y explosivos procedentes del robo de un arsenal militar perpetrado por fuerzas especiales americanas en una acción clandestina de entrenamiento realizada en la localidad de Vielsalm en la que murió un oficial de la policía belga.

Todos estos episodios, expuestos en el libro de Ganser y que la actualidad informativa va enriqueciendo con un goteo de noticias, como la del juicio por los atentados de Luxemburgo, que los medios de comunicación establecidos suelen ignorar, no hacen sino recordar el enorme potencial de juego sucio y provocación existente. Si ocurrió entonces, en los años sesenta, setenta y ochenta, puede ocurrir ahora en caso de movimientos sociales significativos contra la oligarquía. En el momento de escribir este libro, Alemania está impresionada por el caso NSU, una célula neonazi que durante trece años, de 1998 a 2011, llevó a cabo diez asesinatos xenófobos, más de una docena de atracos y dos atentados con bomba que fueron la mayor serie de atentados de los últimos veinte años. Según la versión oficial, esta célula, dos de cuyos miembros se suicidaron en un confuso evento, actuó en solitario y en medio de una extraordinaria negligencia policial y de servicios secretos, con destrucción de pruebas y documentos e ignorancia de alertas durante años, un escenario típico de las complicidades del «*stay Behind*».

En el movimiento antiglobalización, la manipulación policial del llamado «*Black block*» en las manifestaciones populares, que se puso en evidencia en las grandes protestas contra la cumbre del G-8 de julio de 2001 en Génova (un manifestante muerto), forma parte también de los avisos sobre el tipo de juego sucio que vendrá si en algunos países europeos se acaba abriendo paso un verdadero escenario popular a la 1848.

Las nuevas tecnologías informáticas, sobre cuyo uso policial se preocupaban ya a principios de los años ochenta los sociólogos alemanes, se han convertido hoy en un poderoso medio de control, ahora sí, de capacidad orwelliana. La recopilación de emails, contactos y mensajes de telefonía móvil, archivo de datos biométricos, seguimiento de personas a través de su teléfono, etc., ha alcanzado cotas enormes, absolutamente libres de obstáculos legales. Más de medio millón de comunicaciones de móvil fueron intervenidas por la policía alemana para proteger de las protestas civiles antifascistas las manifestaciones nazis de Dresde el 19 de febrero de 2011. Como ha demostrado documentalmente el ya mencionado historiador Josef Foschepoth en un magnífico e ignorado libro, la policía alemana occidental controló sistemáticamente todas las transmisiones postales y telefónicas de y hacia la RDA durante la guerra fría, con un sistema que habría sido la envidia de la célebre Stasi, la policía de Estado del Este, a cuyo fantasmal recuerdo dedica la actual Alemania ingentes cantidades de dinero más de veinte años después de la disolución de aquella institución. Foschepoth encontró en su investigación un documento según el cual, en 1996, solo el servicio secreto alemán (BND) controlaba diariamente 5,28 millones de transmisiones, sin ningún tipo de barrera legal. La combinación de capacidad de provocación y manipulación violenta con esta tremenda posibilidad de control de todo lo que se mueve alegremente por la red es un aspecto esencial para las protestas que están por venir. Hay que ser consciente de lo que supone enfrentarse a una oligarquía.[3]

10. Crecimiento: solución y problema

Llegando a unas de esas cumbres de jefes de gobierno en Bruselas, Silvio Berlusoni, entonces al mando de Italia, dio el tono del momento europeo: «Creo que es absurdo hablar ahora de recortes en emisiones en este momento de crisis». «Es como si alguien enfermo de pulmonía estuviera pensando en ir al peluquero». El problema no es únicamente que el enfermo tenga pulmonía, es que la casa del enfermo se está incendiando: hay que cuidarse esa pulmonía, y, al mismo tiempo, salir corriendo del edificio.

Si observada en su gran contexto esta *eurocrisis* es una nota a pie de página, ¿cómo salir de ella con un enfoque realista? Reconocer la bondad y necesidad del gasto para generar un crecimiento a corto plazo no significa que se pueda perder de vista el gran contexto de la actual crisis, que no es la situación del euro, ni la crisis financiera, sino algo claramente superior desde todos los puntos de vista.

La invocación al crecimiento para salir del agujero, proteger las conquistas sociales y ponerle coto a la contrarrevolución de la *Gran Desigualdad* nos lleva directos al calentamiento global. Alimenta la caldera de la insostenibilidad ambiental, es decir agrava la crisis más genuina y principal, la del cambio global antropogénico.

Aunque la solución de la actual coyuntura de la eurocrisis sea lograr el crecimiento, el problema de nuestra verdadera crisis también es el crecimiento.

Si el absurdo actual del neoliberalismo es pretender salir de la crisis con las mismas recetas y objetivos que la ocasionaron, la invocación acrítica al crecimiento sin matices de tantos economistas keynesianos participa de la misma contradicción.

La irresponsable y ciega persecución del crecimiento es, al mismo tiempo, la que ha creado las burbujas especulativas y la que ha hecho aumentar las emisiones globales un 40% desde 1990.

La salida estratégica de la crisis consiste en conjugar una doble e inseparable sostenibilidad, financiera y ecológica, en superar la irresponsabilidad desreguladora, de mercados y emisiones, de pagar las deudas económicas y ecológicas. El culto al crecimiento está en el origen de las dos falsas libertades: la especuladora y la emisora crematística.

La austeridad, no como medio para maximizar beneficios e incrementar la desigualdad, sino en un paradigma de cambio hacia energías renovables, con cambio de valores y, por lo menos en los países ricos, un modo de vida más modesto, no solo es deseable, sino que es fundamental. Sin la austeridad, sin un relativo empobrecimiento de los más ricos globales que disminuya la demanda de recursos naturales y la generación de residuos, no hay salida de la crisis de civilización. Comprender eso determina que nuestro recurso al crecimiento sea muy táctico y muy dirigido al corto plazo, mientras que el objetivo estratégico debe ser más bien lo contrario: el decrecimiento, o como dice Herman E. Daly, una «economía de estado estacionario».

El estado estacionario de una economía «es un sistema que permite que se produzca un desarrollo cualitativo, pero no un crecimiento cuantitativo agregado», explica Daly. «El crecimiento implica introducir una mayor cantidad del mismo tipo de cosas, el desarrollo supone introducir una cantidad igual de algo mejor», dice. «La economía debe adaptarse a las reglas del estado estacionario: alcanzar un desarrollo cualitativo y frenar el crecimiento cuantitativo agregado», porque «el llamado crecimiento económico ya es antieconómico, está fracasando, nos convierte en más pobres y no en mas ricos», añade.

Naturalmente, se debe distinguir entre Norte y Sur, países pobres y países ricos. En los países pobres el crecimiento del PIB aún sigue permitiendo que aumente el bienestar, siempre que haya una distribución razonable, sostiene Daly. Respecto a los países ricos, «deberían reducir el crecimiento del flujo metabólico para liberar recursos y espacio ecológico para uso de los pobres, a la vez que centrarse en los esfuerzos en el ámbito local para mejorar su desarrollo tecnológico y social, a compartir libremente con los países pobres».

La transición energética exige enormes inversiones. Alemania, el país europeo con más responsabilidad en la actual receta neoliberal de la eurocrisis, es, al mismo tiempo, el más avanzado en sus planes para un cambio de modelo energético. Su sociedad es, seguramente, la más consciente y motivada de Europa hacia una transición energética. El apagón nuclear total en 2022, decidido en 2011, va a disparar las inversiones eólicas con el objetivo de generar dentro de nueve años el 35% de la electricidad con fuentes renovables (hoy el 17%). Que ese cambio venga mediatizado por los intereses de los mismos oligopolios energéticos de siempre, con el beneficio en el centro y su tendencia hacia los grandes proyectos imperiales y centralizados, lanza un nuevo desafío ciudadano con miras a una «socialización» —no confundir con mera «estatalización»— del sistema energético, con creación de nuevas fórmulas e instituciones de gestión y control.[1]

No hay economía ecológica sin justicia social. El cambio energético es para vivir de otra manera. De una manera más simple, más tranquila y menos frenética. Como dice Tim Jackson, «la prosperidad tiene que ver con la calidad de nuestras vidas y relaciones, con la solidez de nuestras comunidades, y con un sentido de propósito individual y colectivo. La prosperidad tiene que ver con la esperanza. Esperanza para el futuro, esperanza para nuestros hijos, esperanza para nosotros mismos».[2]

Alemania, como todos, está convocada a la tarea de esa reunificación superior que saque a la humanidad de la prehistoria. Puede aportar mucho. Aunque al día de hoy no haya más remedio que enfrentarse a su gobierno que lidera el programa de la *Gran Desigualdad*, en Europa no podemos pasarnos sin Alemania, ni despreciar a esta nación para los complicados retos del siglo que nos esperan.

Fuentes y notas

2. La división de Alemania fue resultado de Hitler

1. En *The Long Engagement.*

2. En *Berliner Zeitung*, «Im Schützengraben raucht man nicht» 24/25 octubre 2009.

4. Una revolución fallida

1. Véase Oplatka, *Der erste Riss in der Mauer*, Viena, 2009. También el testimonio del entonces embajador soviético en Bonn, Yuli Kvitsinski, ante el autor.

2. Los datos y citas sobre este tema están sacados de Dirk Laabs, *Der Deutsche Goldrausch. Die wahre Geschichte der Treuhand.* Munich 2012.

3. Entrevistas del autor con Ruge y Schultze.

4. En *Wir sind der Staat!* 2013.

5. Dahn en *Wehe dem Sieger! Ohne Osten kein Westen.* Berlín 2009.

6. Dieckmann, Deutsche Daten. *Der lange Weg zum Frieden.* Göttingen, 2009.

5. Alemania llega tarde, pero firme, a la Gran Desigualdad

1. Datos del PNUD, 2005.

2. Véase la intervención de James K. Galbraith en la conferencia del sindicato IG Metall. Berlín 4/12/2012. Fontana citando a Stiglitz en: *El futuro es un país extraño*, 2013.

3. Rudolf Hickel, «Schöpferische Zerstörung. Warum Deutsche Bank & Co. Zerschlagen werden müssen». En: *Blätter für Deutsche und Internationale Politik.*

4. Véase, «The Great Doubling: The Challenge of the New Global Labor Market», de Richard Freeman. 2006.

5. Norbert Walter, ex economista jefe del Deutsche Bank, en «Is Mercantilism Doomed to Fail». Intervención en la reunión anual del Institute for New Economic Thinking, INET, celebrada en Berlín el 13 de abril de 2012, notas del autor. La cifra de dos billones de euros como coste de la reunificación, es de Walter. Otras fuentes hablan de *un billón de euros*, es decir, de un 4% del PIB alemán a lo largo de 25 años, desde 1995 hasta 2015.

6. Un «milagro» con trucos

1. FAZ, 30/6/2004.

2. Entrevista con el autor.

3. En Handelsblatt, 6/3/2013. «Geburtsstunde des deutschen Jobwunders».

4. Sobre la manipulación de las cifras y planteamientos, entrevista del autor con el estadístico alemán Gerd Bosbach, en *La Vanguardia Digital*, 29/5/2011. Para el papel de la fundación Bertelsmann, véase, Frank Böckelmann, Hersch Fischler: *Bertelsmann. Hinter der Fassade des Medienimperiums*, Frankfurt, 2004. También Helga Spindler, «War auch die Hartz-Reform ein Bertelsmann-Projekt?», en: *Netzwerk der Macht-Berttelsmann*. Marburg, 2010.

5. Sobre los cambios del seguro social y efectos fundamentales de la Agenda 2010, preguntas del autor a Christoph Butterwegge, profesor de la Universidad de Colonia. Véase la obra de Butterwegge, *Armut in einem Reichen Land*. Frankfurt, 2011. El informe del ministerio de trabajo sobre riqueza y pobreza en *Lebenslagen in Deutschland.* Berlín, 2013).

6. Véase *Frankfurter Rundshau* 1/02/2012, «Der Preis des Deutschen «Jobwunders» y NDR 26/01/2012. El tratamiento informativo de esta realidad en España da por buena la propaganda oficial; véase el informe de la agencia EFE; «Alemania fue el país de la UE que más nuevos puestos de trabajo creó en la primera mitad de 2011», sin ni siquiera mencionar que el 75% eran puestos de trabajo precarios o «atípicos». En enero de 2012 el ministro español de Economía Luís de Guindos mencionó a Alemania como, «el país que no tuvo deterioro de su mercado laboral».

7. Para los efectos reales de la Agenda 2010, véase Horn, «Die grosse Illusion». IMK. Entrevista del autor con Dierk Hierschel, economista jefe del sindicato Verdi. Sobre los problemas de la estadística oficial del paro, «Mindestens 3,8 Millionen Arbeitslose». Die Linke. «Kurzbericht» 3/2012. Para la degradación de la moral del trabajo y el fenómeno de la «economía de baratillo», véase; DGB «Klartext», 9/11/2012: «Deutsche Reformen kein Vorbild für Europa». También, DGB «Index Gute Arbeit». Para la propaganda en favor de más involución —Agenda 2020— a cargo de las mismas instituciones que animaron la anterior; «Top Ökonomen beklagen Reformstau in Deutschland» *Spiegel online*. Jens Berger «Neoliberale Meinungsmahe — die alten bösen Lieder wollen nicht verstummen» en *NachDenkSeiten*. También «Bertelsmann agitiert mit falschen Zahlen für die Rente ab 69», Gerd Bosbach y Jens Jürgen Korff.

8. OIT, datos entre 2000 y 2009.

9. *Frankfurter Rundschau*, 23/3/2012.

10. Müller en *NachDenkSeiten*, 16/03/2013: «Der DGB hat nicht mehr alle Tassen im Schrank» Hirschel en conversación con el autor.

7. Desintegrando Europa: la estafa bancaria y su gestión

1. Entre 2002 y 2007, en cinco años, Alemania redujo su déficit estructural desde el 3,5% del PIB en 2002, al 0,6% en 2007, lo que arroja una reducción total del 2,9%, es decir 0,6 puntos porcentuales anuales. Según la OCDE, entre 2009 y 2011 Grecia ha reducido su déficit estructural desde el 12,8% hasta el 1,8%, es decir 6 puntos anuales. «En otras palabras», explica Sebastian Dullan, del Consejo Europeo de Relaciones Exteriores, «en un año Grecia ha reducido su déficit el doble de lo que Alemania hizo en cinco años». La situación de España y Portugal no es muy diferente. El déficit estructural español se ha reducido del 9,5% en 2009 al 1,9% en 2012. El de Portugal del 9,5 en 2010, al 2,2 en 2012. Entre 2010 y 2011 ambos países han consolidado más de lo que Alemania hizo en cinco años. Y lo mismo pasa con salarios: entre 2003 y 2007 los salarios reales cayeron un 3,3% en Alemania. En Grecia han caído un 13% entre 2009 y 2011, de nuevo el doble en un año que Alemania en cinco, y en Portugal y España, un 10% y un 7% respectivamente en tres años. «El problema no ha sido la falta de voluntad de griegos, españoles y portugueses para corregir sus problemas de déficit», dice Dullan.

2. *Handelsblatt*, 24/02/2003, «Indiskretion nach Spitzentreffen».

3. *Handelsblatt* 20/02/ 2013.

4. Los números del rescate bancario alemán en, «Übersicht Bankenrettungsmittel des Bundes» (Soffin). Harald Schumann sobre a quién se rescató al salvar al HRE, en «Die Geretteten» *Der Tagesspiegel*, 13/09/2009; sobre la situación irlandesa, «Profiteure von Irlands Bankenrettung», *Der*

Tagesspiegel 24/02/2013; sobre la situación general, incluidos los comentarios de Schäuble, Asmussen y de Guindos, «Staatsgeheimnis Bankenrettung», *Der Tagesspiegel* 24/02/2013 y entrevista con el autor. Los números de la deuda española y los comentarios de Alberto Garzón al respecto, en el blog de este diputado, «No es nuestra deuda y no es nuestro rescate», 3/10/2012. Galbraith en la intervención ante la conferencia del sindicato alemán IG Metall, Berlín 4/12/2012.

5. Sobre la diversidad de capitalismos en la eurozona, véase Hall y Soskice, 2001, o Wendy Carlin, 2011. «Understanding the Eurozone crisis». También la intervención de Carlin ante la reunión anual del INET en Berlín: «The Future of Europe, North & South», Abril, 2012.

6. Un estudio del fenómeno en Hans Bickes y otros, «Die dinamik der konstruktion von Differenz und Feindseligkeit am Beispiel der Finanzkrise Griechenlands: Hört beim Geld die Freundschaft auf?» Munich, 2012. En 2010 le pregunté al Ministro de Exteriores, Guido Westerwelle, sobre el resentimiento que sembraba en Europa el discurso aleccionador de una Alemania virtuosa cuyos bancos estaban implicados hasta el cuello en las burbujas inmobiliarias. Me miró como si dijera una excentricidad.

8. Desintegrando Europa: Una ambición errática

1. *Die Welt* 2/01/1991.

2. Schmid en *Internationale Politik*, DGAP, diciembre, 2010. En 2008 y durante la campaña electoral de 2009, la canciller Merkel dijo en varias ocasiones que el objetivo era que Alemania saliera de la crisis «con su papel en el G-20 fortalecido». *Internationale Politik*, «In führung gehen», Mayo/Junio 2012.

3. Citas tomadas de Thomas Eipeldauer, «Immer nur von Europa sprechen. Zur Geschichte und Gegenwart des deutschen Grossmachtsstrebens». Hintergrund, 2/2013. Citas de Schäuble en su conferencia en la Universidad Humboldt en febrero de 2011, de las notas del autor.

4. Bonse en «Risiko Frankreich Deutschland» en su blog, 2/11/2012. La campaña contra Francia implica, como la de Grecia, a prácticamente todos los medios de comunicación alemanes con pequeñas excepciones. Véase; «Bonjour Tristesse», *Süddeutsche Zeitung*, 21/11/2012, «Der französische Patient», *Frankfürter Rundschau,* 20/11/2012, «Sorgekind Europas» *Tagesspiegel* 21/11/2012 y la portada de *Die Welt* del 22/02/2012, «Wie Faul sind die Französen?» (Cuán perezosos son los franceses), entre muchos otros. Para una muestra de la mentalidad, entrevista a Ursula Weidenfeld en *Le Point*, «La France est le gros problème de L'Europe», 27/02/2013. Sobre la actitud de la derecha política y mediática francesa en el asunto, «Ces élites qui crachent sur la France» de Jack Dion en *Marianne*, 13/03/2013.

5. Christoph Schönberger, «Hegemon wieder willen. Zur Stellung Deutschlands in der Europäische Union». En *Merkur*, enero, 2012.

6. Heleno Saña en entrevista con el autor en *La Vanguardia digital*, 15/2/2011. La exposición parisina, *L'Art en Guerre, France 1938-1947*. Helmuth Schmid criticó con energía la «bravuconería» alemana en Europa, el 4 de diciembre de 2011, en un célebre discurso ante el congreso del SPD en Berlín. Konstantakopulos, «Le suicide de L'Europe», verano 2012. El comentario portugués en *Expresso* 2/04/2013, «O perigoso senhor Schäuble». Münchau en *Spiegel on line*, «Mit Deutschland ist kein Euro-Staat zu machen», 10/04/2013. En ese contexto, el ministro de exteriores alemán, Guido Westerwelle parece despertar en 2013 de un largo sueño: «es importante que Alemania no ejerza dominación», dice, en *Frankfurter Allgemeine Zeitung*, 14/04/2013.

7. Gunter Hofmann en *Internationale Politik*, DGAP, abril, 2012.

8. *Die Welt*, 5/2/201.

9.Ver al respecto la intervención del ministro de exteriores polaco, Radoslaw Sikorski el 3/2/2012 en la Conferencia de seguridad de Munich. También los escenarios para la Europa del 2020 manejados por la Fundación Friedrich Ebert, en *La Vanguardia* 22/03/2013.

9. El factor ciudadano y sus riesgos

1. La cifra de los 4,6 billones la dio José Manuel Durao Barroso a principios de 2012. La cita sobre la actual oligarquía financiera es de Peter Schwarz en WSWS, 17/1/2012.

2. Sobre la desigualdad interna europea, ver la exposición de Samir Amin «Europa vista desde el exterior», en www.mientrastanto.org. El concepto *desmundialización* lo emplea Bernard Cassen. En «*L'heure de la démondialisation est venue*», *Mémoire des Luttes*, agosto 2011. En ambos papeles se encuentran elementos contra el «más Europa» tan común en Alemania, desde Merkel hasta Habermas. Fontana en «Una interpretación de la crisis». Conferencia pronunciada en León, marzo de 2012.

3. Sobre el confidente policial suministrador de armas en los inicios de la RAF ver, «Peter Urbach, los misterios de la RAF».*La Vanguardia*, 16/04/2012. Las consideraciones de Baumann, fundador del «Movimiento 2 de Junio» sobre la manipulación policial de los grupos armados, en *Compact Sonder-Ausgabe*, «Gladio, RAF und Horst Mahler». Véase la entrevista de Baumann en You Tube. El libro de Ganser sobre Gladio es *Los Ejércitos secretos de la OTAN*, 2005. Sobre las revelaciones del hijo del agente del servicio secreto alemán Johannes Kramer sobre los atentados de Luxemburgo y el de la *Oktoberfest*, *La Vanguardia,* 27/04/2013: «He golpeado un nido de avispas». Para los sucesos de la cumbre del G-8 en Génova, véase, «El atropello de Génova», del autor en *Diario de Berlín. La*

Vanguardia digital. 04/03/2012. Josep Fontana ofrece un somero repaso del potencial de vigilancia a través de internet en EE UU en *El futuro es un país extraño*, 2013. Véase también el último libro de Julian Assange, *Cypherpunks*, 2012. La extraordinaria investigación de Josef Foschepoth sobre el control de las comunicaciones en Alemania, en el libro de este historiador, *Überwachtes Deutschland. Post und Telefonüberwachung in der alten Bundesrepublik*, 2012. En 2011 el Bundesbeauftragte für die Unterlagen des Staatssicherheitsdienstens (BStU), la institución encargada de ventilar las hazañas de la Stasi, contaba con un presupuesto anual de 100 millones de euros. La BStU, que solo es una entre las muchas instituciones museos y memoriales dedicados a denigrar el cadáver de la difunta RDA en Alemania, organiza más de 750 eventos al año en todo el país, mantiene a 1.800 empleados y genera constantemente noticias sobre la policía del Este. El esfuerzo contrasta con la opacidad, el secretismo y la desmemoria que rodean a aspectos cruciales de la historia de la RFA en el siglo XX.

10. Crecimiento: solución y problema

1. Véase, por ejemplo, Bontrup /Marquandt, «Chancen und Risiken der Energiewende». Hans-Böckler Stiftung, marzo, 2012.

2. Tim Jackson en *Prosperidad sin crecimiento*, 2011. Las consideraciones de Daly en «Una Economía de estado estacionario». *Papeles de relaciones ecosociales y cambio social*, primavera de 2012.

II. HACIA UNA EUROPA NEOIMPERIALISTA[1]

Àngel Ferrero

Introducción: del pacifismo a los recursos, *Rafael Poch-de-Feliu*

El uno de noviembre de 2012 el ministro de defensa alemán, Thomas de Maiziere, se disponía a pronunciar un discurso sobre la necesidad del intervencionismo militar de Alemania en el mundo. Se titulaba «Aceptación de la responsabilidad internacional, el papel de Alemania en el mundo de hoy». El lugar era la Frauenkirche, la más emblemátia iglesia de Dresde, la ciudad alemana que más destruida quedó como consecuencia de los dos grandes bombardeos anglo-americanos del 13 y 15 de febrero de 1945. La Frauenkirche quedó tan reducida a escombros como el resto de la ciudad y solo fue reconstruida por el gobierno federal después de la reunificación de 1990. De Maiziere no pudo iniciar su discurso.

Un hombre mayor se levantó inesperadamente entre el público y tomó la palabra. Les dijo a los reunidos que las ruinas de aquel templo habían servido durante décadas de recordatorio de la criminal megalomanía militar alemana, que en Afganistán el ejército alemán ya estaba propiciando masacres como la de Kunduz, con más de un centenar de víctimas civiles inocentes, y que era indecente que el ministro hiciera propaganda de guerra en aquel lugar. El hombre fue interrumpido por gritos y protestas del público y obligado a abandonar la iglesia por el servicio de seguridad. En abril de 2013, la situación se repetía en el aula magna de la Universidad Humboldt de Berlín, donde los estudiantes impidieron con sus aplausos un discurso semejante de De Maiziere.

Después de la Segunda Guerra Mundial, entre las ruinas de sus devastadas ciudades, el pacifismo y el antimilitarismo echaron fuertes raíces en la población alemana. La reconstrucción de un ejército alemán en los años cincuenta vino acompañada de fuertes protestas civiles que fueron respondidas con una fuerte represión política, particularmente contra el Partido comunista de Alemania (KPD), que fue ilegalizado en 1956. Amplios sectores de la izquierda, de la socialdemocracia y de la Iglesia fueron también criminalizados. Entre 1951 y 1968 se emprendieron 200.000 procesos contra comunistas e izquierdistas en Alemania y 10.000 personas fueron encarceladas. Millones de personas fueron víctimas de seguimientos y prohibiciones para ejercer su profesión por motivos ideológicos. Su vida resultó quebrada y es una historia hoy apenas conocida en el país. Gran parte de aquella represión tuvo por objetivo el antimilitarismo de la sociedad, que a pesar de todo se mantuvo.

Tras la oposición a la creación del *Bundeswehr*, enormes manifestaciones y movimientos lograron truncar a partir de 1958 el propósito del canciller Adenauer de desplegar en el país armas nucleares tácticas. Luego vinieron las llamadas «marchas de Pascua», que se mantienen hasta el día de hoy. Procedentes del Reino Unido se trataba de una protesta internacional contra las armas nucleares que encontró suelo particularmente fértil en Alemania a partir de los años sesenta. El movimiento pacifista recobró un nuevo impulso en los años setenta y ochenta con la oposición a la bomba de neutrones y al despliegue de misiles nucleares de crucero en el país. Centenares de miles de alemanes participaron en los años ochenta en las grandes protestas, 700.000 personas en la RFA.

En Alemania del Este, la RDA el antifascismo y el antiimperialismo eran seña de identidad del régimen y gozaban de un amplio consenso en la población. Cuando en los años ochenta la Unión Soviética desplegó misiles nucleares SS-21 en su zona de influencia europea, incluida Alemania del Este, en la RDA nació un movimiento pacifista independiente que fue en parte apadrinado por la Iglesia protestante. Alemania era el país europeo que contenía la sociedad más hostil a lo militar de toda Europa. En el mundo solo Japón contó con un movimiento pacifista tan importante.

A partir de finales de los años noventa, el regreso de la intervención militar alemana en el mundo por primera vez desde Hitler precisó de un intenso bombardeo propagandístico que lo justificara en la defensa de los derechos humanos. También necesitó del protagonismo directo en esa labor del Partido Verde, un producto del movimiento pacifista que, en un extraordinario y dramático vuelco, fue conquistado tras llegar al poder por la razón de Estado.

Como se explica con detalle más adelante, la actual Alemania está hoy militarmente presente en varios y lejanos escenarios mundiales. La transformación práctica se ha producido. Cuatro de las cinco fuerzas políticas presentes en el Bundestag, que representan el 90% del voto nacional, apoyan el nuevo intervencionismo militar. Sin embargo la opinión pública sigue siendo extremadamente crítica con el militarismo, con un 70% de contrarios a la presencia militar de su país en Afganistán, por ejemplo. Esta situación determina cierta prudencia del gobierno alemán en temas militares, pero ese tiento no impide una creciente militarización de la acción exterior alemana, que a día de hoy aún está muy por detrás de otros países europeos como Francia y el Reino Unido.

Esa prevención, unida al pequeño tamaño del ejército alemán, a su importante participación en Afganistán, donde tiene el tercer contingente más numeroso por detrás de EE UU y Reino Unido, y las estrechas relaciones comerciales mantenidas con Rusia y China, explican que Alemania se mantuviera en tercera fila en la última operación militar euroatlántica de cambio de régimen contra la Libia del Coronel Gadafi, buen cliente de Rusia y China, y que su participación en Mali, pese al elogio que Francia ha recibido en Berlín por ella, haya sido más que discreta.

Todas esas limitaciones no impiden, sin embargo, un dinámico cambio de discurso para justificar el intervencionismo militar y el imperialismo, no ya en kafkianos pretextos de derechos humanos, como los que se emplearon para convencer al escéptico público alemán de la bondad de la intervención en Yugoslavia y Afganistán, sino abiertamente en la necesidad del acceso alemán a recursos energéticos y materias primas globales.

Las mismas compañías, o sus sucesoras, que financiaron a Hitler y apoyaron en su día los planes de guerra del nazismo, desde Volkswagen hasta Thyssen-Krupp, pasando por BASF y Bayer, claman hoy por una aplicación decidida de las Directivas de la Política de Defensa (2011) que declaran que, «la seguridad y el acceso a los recursos naturales» representa, «el interés más importante de la política militar y de seguridad».

A iniciativa del jefe de la patronal (BDI), Hans-Peter Keitel, el lobby industrial alemán creó, a finales de 2010, la llamada «Alianza por los recursos» (*Rohstoffallianz*), dirigida por Dierk Paskert, un ex directivo del consorcio energético E.ON. La industria quiere, «más compromiso del gobierno y del ejército en la protección del acceso a materias primas», explica el diario empresarial *Handelsblatt*. Antes que enviar sus propios soldados, aliados estratégicos como Arabia Saudí, deben ser apoyados con armas y tecnología militar, señala el diario, pero las fuerzas armadas, «deben prepararse mejor para su papel como guardianes de intereses estratégicos».

«La historia muestra que muchos conflictos tienen su raíz en la lucha por recursos», explica Paskert en una entrevista con *Handelsblatt*. «Hasta ahora se trataba fundamentalmente de gas y petróleo, pero cada vez más se trata también de minerales», dice mientras el diario ofrece la lista; litio, cobalto, cromo, indio y tierras raras. «El suministro de materias primas es la base de la riqueza de un país y por tanto tiene importancia geopolítica», dice Paskert.

Esta presión industrial-empresarial ha sido reconocida hace tiempo por el gobierno. La canciller Merkel dijo el 10 de noviembre de 2009 ante el Bundestag que la misión del Bundeswehr en el mundo era «garantizar el acceso (*Zugriff*) de Alemania a recursos y vías de comunicación comerciales». Alemania ya no tiene que escudarse en leyendas de derechos humanos y debe llamar a las cosas por su nombre, dice el ministro De Maiziere; «tenemos que cambiar de justificación, las misiones internacionales deben ser explicadas de norma realista y sus razones no deben ser tan patéticas». Habrá que ver cómo reacciona el hombre indignado de la Frauenkirche de Dresde.

Fuentes

Las consideraciones de Dierk Paskert en entrevista con agencia *Reuters*, 18/02/2013. Ver también *WSWS* «The Return of German imperialism», 21/02/2013 y «German industry, government planning for resource wars», 20/02/2013. Merkel habló de «*Zugriff*», que tiene un significado de «agarrar» más agresivo que «acceder», ante el Bundestag en una declaración del gobierno realizada en la fecha indicada. La declaración de De Maizière sobre el cambio de discurso en *Suddeutsche Zeitung*, 31/01/2013.

1. Alemania en Europa y Europa en el mundo

El 28 de enero se presentó oficialmente en París «L'appel des écrivains pour l'Europe». El manifiesto, publicado tres días antes por los diarios *Le Monde* y *El País*,[2] lleva el sello inconfundible de uno de sus firmantes, Bernard-Henri Lévy. Como el habitual estilo alarmista e histriónico del autor no debió parecerle suficiente a los editores españoles, *El País* optó por el mucho más sensacionalista «Europa o el caos», una disyuntiva que parece no existir más que en la cabeza de esos doce intelectuales, de cuya reunión de poderísisimos intelectos surgió un homúnculo que nos apremia, con una urgencia digna de mejor causa, a la federación de estados europeos. El manifiesto nos presenta a los griegos despojados de su «principio de soberanía» y nos propone nada menos que su integración en un ente en el que tendrían aún menos soberanía. «Europa o el caos» es uno de los más recientes, y también más pedantes, de los manifiestos en favor de la llamada «unión política» de la Unión Europa, una idea que está tomando fuerza en los despachos de Bruselas y Berlín como salida a la crisis que sus políticas anticíclicas han agravado. El objetivo de este y otros manifiestos es convencer a la opinión pública no ya de su necesidad, sino de su inevitabilidad, pues cualquier otra solución se traduciría, en su categórica opinión, en nuestro aislamiento y retraso. Se trata, efectivamente, de la misma estrategia que se utilizó en el pasado para convencer a la población de las ventajas de entrar en la OTAN (1982) y en el Tratado de Maastricht (1992) y para aceptar el Tratado por el que se establece una Constitución europea (2005).

Europa no cabalga a lomos de un toro, sino de un tigre. En un contexto de crisis económica mundial que rápidamente ha metastatizado en una crisis políticosocial, la recomposición o incluso la desintegración parcial del bloque europeo ya no parece imposible.[3] La escasez de liquidez de los estados miembros para financiar los fondos comunitarios priva a la política europea de uno de sus principales elementos de cohesión, y los desequilibrios internos afloran y se agravan. La única posibilidad de estabilizar políticamente la Unión Europea sin alterar sus fundamentos neoliberales es, pues, la federación. No solo Bernard-Henri Lévy, sino también, y con mayor éxito publicitario, el eurodiputado verde Daniel Cohn-Bendit y el ex primer ministro belga Guy Verhofstadt han publicado un manifiesto que toma prestado el título de una obra de uno de los arquitectos de la Comunidad Económica Europea, Robert Schuman, para relanzarlo entre signos de exclamación: *¡Por Europa!* Que todos estos políticos e intelectuales estén vinculados a sectores social-liberales no debería llamar a engaño, pues se trata, al fin y al cabo, de los mismos sectores que actuaron como punta de lanza de las reformas neoliberales en sus propios países.

En su manifiesto, Cohn-Bendit y Verhofstadt reclaman un «salto cuántico» (p. 11) hacia la Europa federal que resuelva las actuales diferencias entre los países miembros.[4] Los autores, miembros del Grupo Spirelli —un *think tank* federalista del que también son miembros el ex primer ministro italiano Mario Monti y Joschka Fischer—, proponen para ello la creación de un partido pro-europeo para las elecciones de 2014 en el que se integren, dejando sus diferencias a un lado, conservadores, socialdemócratas, liberales y verdes. El fin de este partido supraideológico sería promover la creación de una asamblea constitucional europea tras las elecciones europeas de 2014. En la Europa federal resultante —modelada a imagen y semejanza de los EE UU.: «o elegimos todos juntos una Europa federal, los Estados Unidos de Europa, o regresamos de nuevo a nuestras mazmorras nacionales» (p. 62)—, la Comisión Europea se transformaría en gobierno, los comisarios, en ministros, y se crearía el cargo de presidente de la Unión, que sería elegido por sufragio directo. La propuesta cuenta con el apoyo de círculos conservadores, incluyendo el *Frankfurter Allgemeine Zeitung*, la principal cabecera económica de Alemania.[5] De hecho, el ministro de Economía alemán, Wolfgang Schäuble, defendió ya esta misma idea en noviembre de 2011 en un congreso de la CDU. Que la idea cuente con un apoyo político tan amplio no es extraño, pues, como escribe Thomas Wagner, el objetivo de las elites europeas «es la disolución de la democracia parlamentaria en un sistema presidencial legitimado por plebiscito». «Las propuestas de elección directa de altos cargos, jefes de gobierno y jefes de Estado en un contexto de dominio de la burguesía —continúa— no buscan una mayor participación de la población en la regulación del bien común, sino un mayor retroceso de aquellos partidos que estarían en posición de defender los intereses de los asalariados en el parlamento».[6] Con la federalización se eliminarían las trabas parlamentarias que impiden convertir a la eurozona en un espacio homogéneo que permita un movimiento de capitales todavía más rápido y eficiente desde el Atlántico hasta la frontera con Bielorrusia. Un documento del Egmont Institute, uno de los *think tanks* más importantes de Bruselas, lo expresa con toda claridad:

> La UE está obstaculizada por su proceso de toma de decisiones cuando se la compara con regímenes presidenciales o incluso autoritarios. Razón de más para profundizar su pensamiento estratégico colectivo y proceso de toma de decisiones. [...] Esto implica [...] una unión política cada vez más profunda en la cual los estados miembros mancomunen su soberanía».[7]

Peor todavía: «con 62 millones de electores, los alemanes tendrían asegurado el mayor número de votos en la elección directa del cargo.»[8] Así, esta nueva Europa no solo sería más antidemocrática —Verhofstadt: «creo que es falso afirmar que debemos construir una democracia funcional antes de que pueda surgir una federación europea» (p. 112)—, sino que sería una Europa de incontestable hegemonía alemana. La nueva federación europea fundiría en hierro los desequilibrios de la «vieja Europa», con tres estados con capacidad de decisión (Alemania, Francia y el Reino Unido), dos estados grandes, pero marginados y subordinados al grupo anterior (Italia y España), un grupo de estados pequeños, pero influyentes económicamente (Bélgica, Holanda, Luxemburgo, Austria, Dinamarca, Suecia y Finlandia), dos países con un rol especial por su posición geográfica (Polonia y la República checa) y el resto relegado a mera «periferia» de la UE. Este nuevo bloque geopolítico estaría al servicio de los intereses del capital europeo, con los del capital industrial y bancario alemán al frente, aún más de lo que lo está el actual. El propio Verhofstadt asegura que «debemos aprovechar el momento de la crisis para realizar la unidad política. Lo que debe hacerse está muy claro, *y los mercados lo entendieron hace tiempo*: debemos construir un Estado europeo» [*el énfasis es mío*], a lo que Daniel Cohn-Bendit responde: «estoy plenamente de acuerdo» (p. 77).

Ya desde la primera página del manifiesto de Cohn-Bendit y Verhofstadt se afirma que «debemos defender nuestros intereses contra grandes potencias políticas y económicas del calibre de China, India, Brasil, Rusia o los Estados Unidos» (p. 9). (Si las elites europeas pretenden competir con China, ya sabemos en qué terreno querrán hacerlo: el «salto cuántico» de Cohn-Bendit y compañía no será menos «cuántico» en los salarios y condiciones laborales de los trabajadores europeos.) Las menciones a los estados BRICS (Brasil, Rusia, India, China y Sudáfrica) son constantes en el libro. De hecho, la nueva Europa elitaria parece tener su mayor justificación en la competencia económica con los países emergentes: «dentro de solo veinticinco años ningún país europeo se contará entre las potencias que determinan los asuntos mundiales. El club de los países más ricos, el llamado G8, estará formado por Estados Unidos,

China, la India, Japón, Brasil, Rusia, México e Indonesia. Ningún país europeo, ni siquiera Alemania, formará parte de él» (p. 14); si Europa no se federaliza, «entonces los intereses de la India, China u otros países emergentes asiáticos determinarán los resultados» en las mesas de negociación (p. 15); «más Europa no es solo necesaria para tener una oportunidad para afrontar los problemas plantearios, sino también para asegurar, *a cualquier precio*, nuestra posición en el mundo, proteger nuestro modo de vida» (p. 18) [*el énfasis es mío*]; solo con una Europa federal «el euro se convertiría en la divisa de referencia más importante del mundo» (p. 29); etcétera. En ocasiones el lenguaje delata a los autores. Unas páginas más adelante, Verhofstadt explica que hoy «el mundo se organiza en polos que podemos describir como imperios, con toda la precaución que esta palabra implica: Estados Unidos, China o India son imperios, no estados nación» (p. 101). Cuando el entrevistador le objeta que Europa no es ningún imperio, Verhofstadt ofrece una respuesta que no deja lugar a dudas: «¡Ése es el problema! Europa tiene que ser un «imperio», en el buen sentido de la palabra».

2. Un imperio «en el buen sentido de la palabra»

Si la Europa federal ha de ser un imperio, ha de contar con todos los atributos que le corresponden como tal. No sorprende, pues, que Cohn-Bendit haya propuesto la creación de un «ejército europeo», reducido y tecnológicamente moderno, «que esté capacitado para intervenir en los conflictos contemporáneos cuando deba».[9] La idea dista de ser nueva. Ya en 1950, Winston Churchill propuso la creación de un ejército europeo con un mando común. El ministro de Defensa francés René Pleven recogió el guante y propuso la creación de un ejército supranacional europeo —Comunidad Europea de Defensa (CED)— en el que estuviera también integrada Alemania occidental, pero el voto contrario a su ratificación de la Asamblea Nacional francesa en 1954 devolvió el proyecto al cajón. El Tratado de la Unión Europea (TUE), conocido como Tratado de Maastricht, creó en 1992 el sustrato político de la actual Unión Europea, incluyendo las líneas de su política de defensa. Así, el artículo 24.1 del TUE establece que la «competencia de la Unión en materia de política exterior y de seguridad común abarcará todos los ámbitos de la política exterior y todas las cuestiones relativas a la seguridad de la Unión, incluida la definición progresiva de una política común de defensa que podrá conducir a una defensa común». Más recientemente, el Presidente de la Comisión Europea, *José Manuel Durão Barroso, confesó* en su discurso en el Parlamento Europeo sobre el estado de la Unión estar «impaciente por ver a la Unión desempeñar en los asuntos mundiales el papel que corresponde a su peso económico. Nuestros socios están pendientes de nosotros y confían en que actuemos como Europa, y no simplemente como 27 países individuales. Si no actuamos conjuntamente, Europa no será una potencia mundial, y nuestros socios seguirán adelante sin nosotros». Hacia el final de su discurso, Barroso lanzó la siguiente advertencia: «no nos hagamos ilusiones: no tendremos el peso que nos corresponde a nivel mundial sin una política de defensa común».[10]

Hace más de cien años Rosa Luxemburg criticó ya duramente el proyecto de unos Estados Unidos de Europa por sus connotaciones imperialistas. Los paralelismos con la situación presente son tan evidentes que no precisan mayor comentario:

> Si la idea de una federación europea fue superada hace tiempo en el plano económico, no lo fue menos en el político. En lo esencial no se trataba más que de una pálida

imitación, con ciertos adornos, del concierto de potencias europeas [el Imperio británico, Francia, Alemania, el Imperio austrohúngaro y el Imperio ruso], que, como si fuera el sol en torno al cual gira nuestro sistema político, rige los destinos del continente. Los tiempos en los que el foco de los desarrollos políticos de las contradicciones europeas se encontraban en el continente europeo hace tiempo que terminaron. A comienzos del siglo XIX y hasta la Revolución de marzo en Alemania, el foco de la política internacional se encontró en el territorio de la Polonia dividida, en la frontera entre Alemania, Rusia y Austria. En la década de los cincuenta se desplazó al Bósforo. En los setenta se creó un nuevo centro con la Guerra franco-prusiana, en el que se crearon la Doble Alianza y la Triple Alianza como pilares del nuevo equilibrio europeo. Al menos entonces la utopía de una federación europea hubiera tenido un sentido histórico. Con la década de los ochenta comenzó una era de la política internacional completamente nueva, impulsada por las conquistas coloniales, retomadas con bríos renovados, seguidas en los noventa por la carrera en las esferas de influencia de ultramar, y, en las últimas décadas, por el despertar de Oriente. Hoy Europa solo es un eslabón más en la confusa cadena internacional de relaciones y contradicciones internacionales. Y lo que es más importante, las contradicciones europeas ya no se dirimen en el continente europeo, sino en otras zonas y océanos del planeta.

Solo cuando se pierden de vista estos procesos y desplazamientos y se recuerdan los bienaventurados tiempos del concierto europeo puede decirse que hemos vivido cuarenta años de paz ininterrumpida. Este punto de vista, para el cual los procesos no existen más que en el continente europeo, no se da cuenta de que justamente no tenemos ninguna guerra en Europa desde hace décadas porque las contradicciones internacionales se han desarrollado más allá de los estrechos límites del continente europeo.

Y más adelante, añade:

No los partidos socialdemócratas, sino *la burguesía* propone cada cierto tiempo la idea de una federación europea. Esta siempre se presentó, no obstante, con una clara tendencia *reaccionaria*. Personas como el profesor Julius Wolf, un conocido antisocialista, son quienes propagaron la idea de una comunidad económica europea, que no significa otra cosa que una unión aduanera *para la guerra comercial contra los Estados Unidos de América*, y así fue percibida y criticada por los socialdemócratas. Y cada vez que los políticos burgueses enarbolaron el estandarte del europeísmo, de la federación de los estados europeos, fue en referencia explícita o tácita contra el «peligro amarillo», contra «la parte negra del mundo», contra «las razas inferiores», en pocas palabras, fue, en todo momento, un aborto imperialista. [...] Las cosas tienen su propia y objetiva lógica. Y la solución de la federación europea solo puede significar *objetivamente* en el seno de la sociedad capitalista una guerra aduanera contra los Estados Unidos en el terreno comercial y una lucha racial, colonial y patriótica en el terreno político. La campaña china de los regimientos europeos unidos con el mariscal mundial Waldersee al frente y el evangelio de los hunos como bandera: esta es la expresión real y fantástica, la única posible, de «la federación de estados europea» en la sociedad actual.[11]

Lo que a comienzos de siglo XX era un fenómeno naciente —el surgimiento de un mercado mundial— es hoy, a comienzos del XXI, una realidad. El escenario es, sin embargo, mucho más sombrío. El mundo se enfrenta a una crisis sin precedentes del capitalismo, un modo de producción que no solo ha alcanzado sus límites geográficos, sino posiblemente también sus límites naturales. Esto afecta a las materias primas y muy especialmente a la mayor fuente de energía de las economías capitalistas, el petróleo. Según cálculos del Consejo de la UE —con 500 millones de consumidores, el mayor mercado energético del mundo—, en el 2030 el 75% del petróleo y el gas será importado desde un número limitado de países, especialmente Rusia, los países del Norte de África y del Golfo Pérsico.[12] La debilidad energética de la Unión Europea quedó al descubierto con la disputa gasística entre Ucrania y Rusia que afectó al suministro de Hungría, Rumanía, Polonia, Eslovaquia y Bulgaria. El acceso a y el transporte de materias primas —no solo fosiles, sino también minerales (litio, cobalto, cromo, indio y tierras raras) e incluso recursos hídricos— se convierte en un mundo post-*peak oil* en algo vital y los países industriales, a diferencia de los países en vías en desarrollo, pueden movilizar todos sus recursos políticos, económicos y aún militares para abastecerse de ellas, y, al mismo tiempo, en un giro irónico, «defenderse» de las olas migratorias ocasionadas por los efectos del cambio climático —como catástrofes naturales o malas cosechas— causadas por el mismo sobreconsumo de combustibles fósiles.[13] Si la oferta, escribe Elmar Altvater, «está limitada por la *naturaleza* mientras aumenta la demanda por razones *económicas*, no puede formarse un precio de mercado equilibrado. Por eso las conocidas regiones de extracción, sobre todo aquellas con grandes reservas, son de eminente importancia no solo *geoeconómica* sino sobre todo *geoestratégica*».[14] Estas regiones son Oriente Próximo, Oriente Medio, el Golfo Pérsico, el Cáucaso occidental, Asia Central, el Sahel y África central. Es en este contexto donde, según Altvater, hemos de enmarcar la nueva estrategia geopolítica de la Unión Europea:

La UE ha crecido en la globalización y es uno de sus elementos imprescindibles. Se halla hoy en una situación de concurrencia imperialista. El éxito de su integración, amplia y profunda, es causa de que también la UE se haya convertido en una potencia mundial y pueda jugar con la lógica binaria de la dominación territorial en beneficio de sus agentes económicos. Eso es visto en círculos interesados como una «buena oportunidad» para incrementar la influencia de Europa en el mundo y afirmar diplomática y militarmente —es decir, desarrollando un poder (supra)estatal— los intereses económicos europeos. Para eso sirve la nueva política comercial de la Europa Global (*competing in the world*); para eso sirven también la política exterior y la de seguridad, la creación de una tropa de intervención rápida, así como *battle groups*, que podrían ser el núcleo de un futuro ejército europeo.[15]

El capitalismo del siglo XXI no se construye sobre etéreas y límpidas autopistas de la información, sino con sangre y petróleo. Pero también las energías renovables caen dentro del campo del neoimperialismo. El ejemplo más claro de ello es Desertec, un consorcio en el que participan, entre otros, el Deutsche Bank, Siemens, E.ON y RWE, y que promueve la construcción de una red de parques solares y eólicos en el desierto del Sáhara para transportar la energía eléctrica producida a Europa Central a través del Mediterráneo y el sur de Europa. Desertec —que cuenta con un amplio apoyo político en Alemania, sobre todo de Los Verdes y de su fundación, la Heinrich-Böll-Stiftung— se proyecta como un sistema fuertemente centralizado que aumentaría la dependencia tecnológica de los países suministradores de los consumidores. La producción y el transporte exigirían, además, la estabilidad políticosocial del Norte de África y Oriente Próximo, aunque ello suponga el apoyo político y económico a regímenes con un pobre historial de derechos humanos o incluso la presencia de militares europeos en la zona que mantengan la seguridad de las instalaciones y rutas de suministro. Desertec podría desarrollarse en paralelo al llamado «anillo eléctrico del Mediterráneo» (MedRing), que busca conectar las redes eléctricas de los países de la cuenca del Mediterráneo para abastecer la demanda de los países de la UE con la energía producida en los países del Norte de África y Turquía y, al mismo tiempo, reducir la dependencia energética de Rusia.[16] El 21 de noviembre de 2005 un grupo de ingenieros activó un circuito especial para conectar Túnez y Libia como prueba para la primera fase de MedRing.[17] Los problemas técnicos, la armonización de los rangos de voltaje entre Europa y algunos países árabes, la primavera árabe y la guerra civil en Libia han obligado a la UE a aplazar temporalmente el proyecto.

La crisis económica acelera y encubre la militarización de la UE. En las elecciones europeas del 2009, el 67% de los encuestados en Alemania consideró la lucha contra el desempleo como el tema de campaña más importante, mientras que solo el 18% respondió «el papel de la UE en el plano internacional». En una encuesta de Emnid en mayo de 2009, casi ninguno de los encuestados sabía que el Tratado de Lisboa obliga a todos los firmantes a contribuir a la defensa de la UE, esto es, a disponer de unas estructuras, por mínimas que estas sean, de carácter militar.[18]

Un *think tank* llamado Group on Grand Strategy (GoGS) que trabaja al amparo de UACES (una asociación de académicos de estudios europeos contemporáneos), propone la creación de estructuras militares comunitarias para que la UE «defienda» su futura esfera de influencia, a la que denominan «Grand Area». Esta «Grand Area», según el autor del concepto, el profesor de la Universidad de Cambridge James Rogers, se extendería desde Groenlandia hasta los campos de gas de la península de Yamal en Rusia por el norte y hasta la línea del Ecuador por el sur, convirtiendo a la mitad norte de África en la despensa de la UE, y cubriría todo el territorio euroasiático desde el Atlántico hasta Oriente Próximo y Oriente Medio, Asia Central y el Océano Índico hasta Indonesia (veáse gráfico). Tres espacios geográficos son de interés vital para la UE, según Rogers: «los Balcanes occidentales, incluyendo todos los estados de la antigua Yugoslavia que todavía no han sido admitidos por la Unión Europea; los países orientales de la Política de Vecindad de la Unión Europea, que incluyen a Bielorrusia, Ucrania, Moldavia y el Cáucaso; y la cuenca del Mediterráneo, desde Turquía hasta Israel y desde Egipto hasta Marruecos».[19] En su página web, Rogers, que considera inevitable el uso de la fuerza militar para el control de estas regiones, escribe que esta «Grand Area» no solo es «la zona más importante para el futuro de la expansión industrial europea y la supervivencia de la economía europea en términos más generales, sino que es el espacio con más posibilidades de experimentar luchas geopolíticas a medida que las grandes potencias emergentes que lo rodean traten de controlar sus ingentes recursos».

Incluso si se dejan de lado las fantásticas ambiciones imperiales de académicos como Rogers,[20] es claro que la consolidación de un nuevo bloque geopolítico europeo —vinculado a Estados Unidos y a su aliado oriental, Japón, por sendos tratados de libre comercio que comenzaron a negociarse en junio y abril de 2013 respectivamente— generará a medio y largo plazo roces con los BRICS, sobre todo con Rusia y con China, a pesar, incluso, de los vínculos comerciales que actualmente unen a ambos países con Alemania. Según Hauke Ritz, de continuar esta política, los efectos podrían ser devastadores:

> Estallarían con toda probabilidad nuevas guerras en Oriente Próximo, las cuales, como ha ocurrido ya, desatarían una nueva ola de resentimiento antioccidental. También empeoraría [...] la relación con Latinoamérica, que podría inclinarse a

> definir su identidad como espacio cultural en contraposición a Occidente. En las últimas fases de este desarrollo surgiría un mundo en el que los estados occidentales librarían conflictos a gran escala con grandes partes del hemisferio sur y este. La catástrofe de la política exterior sería manifiesta y los *spin-doctors* no serían capaces ya de maquillarla.[21]

Pero esa es la política que se está llevando a cabo. Un documento redactado por el propio Rogers por encargo del subcomité de seguridad y defensa del Parlamento Europeo fecha en tres etapas el proceso de transformación de la UE en (super)potencia mundial, en las que sus ejércitos han dejado de ser estáticos y continentales para convertirse en una fuerza expedicionaria:

> Primero, una «era de integración continental» (*circa* 1952- *c.*1992), donde el foco fue la consolidación política y económica de los estados miembros, así como su incorporación a un marco transatlántico (OTAN), cuyo objetivo exclusivo era la contención de la amenaza soviética en el *Heartland* euroasiático; segundo, una «era de expansión y consolidación» (*c.* 1993-*c.* 2007), con una fuerte concentración en la ampliación de la UE para cubrir la mayor parte del continente europeo a través de la expansión territorial y la construcción de periferias institucionalizadas en su vecindario; y tercero, la naciente «era como potencia mundial» (*c.* 2000, pero particularmente desde el 2003), en la que el cambiante entorno estratégico —no siendo el menor de ellos el cambio de foco de los EE UU en su orientación geoestratégica y el surgimiento de nuevos actores— ha obligado a la UE a ir más lejos para defender y extender los valores e intereses europeos. Esta nueva era requiere una mezcla apropiada de nuestros instrumentos diplomáticos, económicos, políticos y militares para proyectar el poder de la UE junto con un claro foco geoestratégico.[22]

La mayor ironía del «salto cuántico» de Cohn-Bendit y Verhofstadt es que, efectivamente, nos retrotrae a una era de «imperialismos rivales». A pesar de sus conocidos problemas internos, gracias al incremento del precio de los hidrocarburos a finales de los noventa, Rusia no solo consiguió estabilizar su economía sino recuperar algo del peso perdido en el plano internacional desde la disolución de la URSS, lo que le ha permitido desarrollar desde entonces opciones estratégicas propias, siendo la más importante de ellas la creación de una Unión Euroasiática que tendría que estar completada en el 2015 y que comprenderá a Rusia, Bielorrusia, Kazajistán, Kirguistán y Tayikistán, pero que podría ampliarse a otros estados de la Comunidad de Estados Independientes (CEI).[23] Con la incorporación de Bulgaria y Rumanía la UE «ha llegado» a orillas del Mar Negro, lo que, sumado a la incorporación de Polonia y las repúblicas bálticas explica por qué Ucrania —el tercer exportador de grano del mundo—[24] y Moldavia se han convertido en territorios cuya influencia se disputan la UE y Rusia. A su vez, Rusia trata de recuperar su influencia en Europa oriental, incluyendo algunos de los países miembros de la UE decepcionados con una política comunitaria que los convierte en meros satélites de la *Kerneuropa*. Ni los EE UU ni la UE han escondido su intención de controlar otro de los territorios clave, Asia Central, con medios políticos (»*cambio de régimen*») e incluso militares, cuando animaron a su aliado en la región, Georgia, a invadir Osetia del Sur en el 2008. Contener a Rusia, como en el pasado se contuvo a la URSS, es uno de los actuales cometidos de la OTAN tras el fin de la guerra fría, algo que reconoce la propia organización: Theo Sommer, un conocido analista de defensa alemán, escribe que entre los nuevos objetivos de la OTAN se encuentra el de «ofrecer a los estados miembro seguridad frente a la posibilidad —si bien bastante remota— de un renacimiento del pensamiento agresivo— imperialista del Kremlin».[25] Sommer es, por cierto, uno de los numerosos analistas de defensa que reclaman, frente a los tradicionales sectores atlantistas, que la Unión Europea aumente su peso dentro de la OTAN, cobre autonomía respecto a los Estados Unidos y se convierta en un «segundo pilar de la organización».[26] Mientras EE UU desplaza su atención al Pacífico, la UE se concentraría en su propio «patio trasero»: Europa oriental y Asia Central. Radek Khol, responsable del área de defensa del Instituto de Relaciones Internacionales de Praga, incluye Ucrania, Moldavia y Kaliningrado entre los futuros teatros de operaciones de la Unión Europea y la OTAN.[27]

Rusia no es, obviamente, ajena a ninguno de estos desarrollos. En una reciente conferencia de seguridad en Moscú, el jefe del Estado Mayor de las fuerzas armadas, Valery Guerásimov, advirtió de la posibilidad de que Rusia se vea arrastrada a nuevos conflictos militares si las potencias mundiales comienzan a competir por los recursos energéticos durante las próximas dos décadas,[28] y un mes más tarde, el viceprimer ministro Dmitry Rogozin pronosticó que el elevado ritmo de consumo de recursos naturales llevaría a las potencias occidentales a recurrir al uso de la fuerza para resolver disputas de tipo político y económico, y que Rusia podría verse implicada en esos conflictos.[29] Ambos insistieron en la necesidad de reformar y modernizar el ejército ruso, una asignatura pendiente que el actual ministro de Defensa, Serguéi Shoigú, está actualmente llevando a cabo. El objetivo de Rusia es conseguir para el 2020 un ejército profesional de un millón de soldados y un complejo militar-industrial moderno.[30,31]

Así, en febrero de 2013 se movilizó por primera vez en veinte años a toda una división para la realización de unos ejercicios militares,[32] y en marzo la armada rusa realizó por sorpresa unas maniobras en el Mar Negro.[33] Aunque ambos ejercicios fueron recogidos y oportunamente criticados por la prensa occidental, en aquellas mismas fechas EE UU llevó a cabo unas maniobras conjuntas con Georgia que duraron doce días y que apenas tuvieron eco mediático,[34] y exactamente lo mismo sucedió con Steadfast Jazz, unas maniobras militares que la OTAN realizará en noviembre de 2013 en Lituania, Letonia y Polonia a partir de un escenario basado en un ataque ruso-bielorruso.[35] En su comparecencia conjunta con la presidenta de Lituania, Dalia Grybauskaitė, el Secretario General de la OTAN, Anders Fogh Rasmussen, subrayó la importancia de que estas maniobras se realizaran en el futuro con regularidad.[36] Rusia y Bielorrusia, por su parte, preparan para el otoño de 2013 unas maniobras militares conjuntas con el nombre de «Zapad 2013» (Occidente 2013), cuyo escenario es la defensa de ambos países ante un ataque del escudo antimisiles de la OTAN.[37] Rusia y Bielorrusia ya habían realizado maniobras similares en el 2009, en las que participaron 12.500 soldados. Un año antes, Dimitri Medvédev había ordenado desplegar misiles de corto alcance Iskander en Kaliningrado, el enclave ruso en Europa oriental, para neutralizar el escudo antimisiles.[38]

En cuanto a China, no por casualidad la primera visita del nuevo presidente de la República Popular, Xi Jinping, fue a Moscú.[39] «China», escribe Serguéi Karaganov, «ve a Rusia como su retaguardia estratégica —y quizá una base— en su rivalidad creciente con EE UU [...] Las relaciones sino-rusas han alcanzado un grado de calidez sin precedentes. Los chinos están haciendo todo lo posible por aplacar las preocupaciones rusas. Sobre las viejas disputas fronterizas se ha corrido un tupido velo.» Asimismo, el «volumen comercial está creciendo. [...] La región del Baikal podría expandir fácilmente sus vínculos con las economías asiáticas hambrientas de materias primas, algo que beneficiaría a todos».[40] El comercio entre China y Moscú mueve actualmente 80.000 millones de dólares estadounidenses, pero en el futuro podría llegar a alcanzar los 150.000 millones. La visita de Xi Jinping coincidió con la noticia de que China, el mayor consumidor de petróleo del mundo, se había convertido en el principal cliente de crudo de Rusia, que es, con una producción de más de diez millones y medio de barriles al día, el mayor productor.[41 y 42] China y Rusia son, además, los dos miembros más importantes de la Organización de Cooperación de Shangái, una alianza de la que tambien forman parte Kazajistán, Kirguistán, Tayikistán y Uzbekistán. A finales de 2012 se rumoreó que Rusia había vendido tecnología para la fabricación de cazas Sujói Su-35 y submarinos Amur a una China que necesita resistir la estrategia de contención que la OTAN despliega contra ella en el Pacífico. Si en el 2011 Barack Obama daba a conocer en un discurso ante el Parlamento australiano que EE UU está «desplazando su atención al vasto potencial de la región de Asia-Pacífico [...] destinaremos los recursos necesarios para mantener una fuerte presencia militar en esta región», un año después el presidente estadounidense anunciaba una nueva estrategia militar, que fue adquiriendo contornos más definidos cuando el secretario de Defensa Leon Panetta anunció en el 2012 que EE UU tenía pensado desplegar el 60% de su flota en la región hasta el 2020.[43] El ejecutivo chino no se quedó de brazos cruzados y en marzo de 2013 anunció que el Ejército de Liberación Popular aumentaría su presupuesto en un 10,7%, más de 740.000 millones de yuanes (119.000 millones de dolares estadounidenses).[44] Se trata de la primera vez en toda la historia de la República Popular China que el Estado aumenta su presupuesto militar en una cifra de dos dígitos.

3. Hacia la remilitarización de la política exterior

Como Estado más poblado y económicamente más fuerte, Alemania juega un papel clave en el proyecto de convertir la Unión Europea en potencia militar. Aunque el proyecto existe desde hace décadas, solo la reunificación de Alemania de 1990 y la recuperación plena de su soberanía y su capacidad industrial, lo hace posible. Las antiguas potencias aliadas, como es sabido, recelaban de un posible renacimiento del nacionalismo y militarismo alemanes con carácter revanchista e irredentista (no del todo equivocadamente, cabe añadir: 15 diputados de la CDU votaron el 21 de junio de aquel año contra el reconocimiento de la frontera Oder-Neiße con Polonia en el Parlamento de Bonn). Frente a la entusiasta posición estadounidense, Margaret Thatcher se mostró decididamente en contra de una rápida reunificación, y el presidente de Francia, François Miterrand, solo la aceptó tras el compromiso alemán a integrarse en las instituciones europeas.[45] El entonces presidente de la URSS, Mijaíl Gorbachov, propuso durante las negociaciones la retirada de las tropas soviéticas estacionadas en la RDA, el establecimiento de una Alemania reunificada neutral y sin presencia de la OTAN —una opción favorecida por la mayoría de alemanes, tanto del Este como del Oeste (hasta un 60%, según las encuestas de febrero de 1990)— y la creación de una «casa común europea», con un sistema de seguridad unificado «de Lisboa a Vladivostok». Gorbachov esperaba así no solo dar carpetazo a un problema histórico, sino también relajar las tensiones con el bloque occidental para continuar su política de *perestroika* y dar a la economía soviética el impulso económico que urgentemente necesitaba. La propuesta de Gorbachov, sin embargo no se interpretró como un gesto de conciliación, sino como un signo de debilidad, y fue ignorada sin más. Al menos el presidente soviético fue claro en un aspecto en las negociaciones con James Baker, el entonces secretario de Estado estadounidense. «Cualquier expansión oriental de la OTAN es inaceptable», afirmó Gorbachov, a lo que Baker respondió: «estoy de acuerdo».[46] Rodric Baithwaite, a la sazón embajador británico en la Unión Soviética, corroboró en el 2011 esta historia: «expandimos la OTAN al Este a pesar de nuestros acuerdos verbales de hacer lo contrario».[47] «¿Cómo habrían podido salir las cosas mejor?», se preguntaba retóricamente Condolezza Rice, entonces asesora de la Casa Blanca para Europa oriental, en una entrevista para el semanario *Der Spiegel*. «Una Alemania plenamente integrada y unificada, con sus instituciones democráticas intactas, integrada en Europa, integrada en la OTAN y con la presencia americana garantizada en Europa».[48] La OTAN no solo mantuvo sus instalaciones en Alemania occidental —dos bases aéreas en Geilenkirchen (Renania del Norte-Westfalia) y Ramstein (Renania Palatinado), un centro de operaciones en Linnich (Renania del Norte-Westfalia) y un centro de instrucción en Oberammergau (Baviera)—, sino que ampliaba decisivamente su presencia a la antigua Alemania oriental (el aeropuerto de Leipzig-Halle), un paso imprescindible para convertir a Europa en cabeza de puente de la OTAN y permitirle avanzar sus posiciones en dirección a Oriente Próximo y Oriente Medio —una curva que en la teoría geopolítica clásica de Halford Mackinder recibe el nombre de «creciente interior o marginal»— y ampliar el cerco a Rusia.

Las primeras operaciones del ejército alemán en el extranjero tuvieron un carácter marginal y puramente auxiliar: del 30 de enero al 17 de marzo de 1991, el *Bundeswehr* desplegó un escuadrón de misiles tierra-aire en Diyarbakir (Turquía) en el marco de la operación «Tormenta del desierto», y, tras el fin de la Guerra del Golfo, la armada alemana envió un barco al Golfo Pérsico para rastrear minas. Dos años después, en 1993, el Ejército alemán instaló un hospital de campaña en Phnom Penh (Camboya) en el marco de una misión de la ONU, y aquel mismo año la armada alemana participó en el bloqueo naval de Yugoslavia (Operation Sharp Guard, 1993-1996). En ninguna de estas misiones el ejército alemán entró en combate, ya que en la Constitución de Alemania (art. 87a) se describe su papel como exclusivamente defensivo. En 1994 el Tribunal Constitucional en Karlsruhe dictaminó que el término «defensa» no suponía exclusivamente la protección de las fronteras de Alemania, sino también la prevención de conflictos y la protección de la seguridad de Alemania en cualquier parte del mundo. El fallo del Constitucional dejaba así la puerta abierta a futuras intervenciones militares, que no tardaron en llegar.

El tabú del fuego quedó roto en 1999 con la Guerra de Kosovo. Los bombardeos en Yugoslavia en represalia por el abandono de la mesa de negociaciones en Ramboiullet se iniciaron el 23 de marzo de 1999 y duraron 78 días, en los que se arrojaron 9.160 toneladas de bombas sobre el país. La operación causó la muerte de al menos 1.200 personas, la mayoría de ellas civiles, pues la OTAN no solo bombardeó objetivos militares, sino también civiles. Entre estos últimos se encontraban los tristemente célebres estudios de la televisión pública yugoslava, cuyo bombardeo el 23 de abril de 1999 causó la muerte a 23 personas. Los bombardeos no solo no consiguieron poner fin a la escalada de tensión en Kosovo —su objetivo declarado—, sino que la aumentaron considerablemente, empujando al Ejército de Liberación de Kosovo (UÇK) a Macedonia —extendiendo el conflicto más allá de sus fronteras originales— y cargaron de razones al nacionalismo serbio, exacerbándolo. El 3 de junio Milošević aceptó a regañadientes los términos del tratado internacional para poner fin al conflicto y el 12 de ese mismo mes la KFOR entraba por primera vez en Kosovo. Aunque las fuerzas de paz rusas esperaban controlar un sector de Kosovo y contribuir al equilibrio internacional de fuerzas, nada más llegar se encontraron bajo las órdenes del mando de la OTAN.

A pesar de las constantes tensiones con la minoría serbia al norte del país y de la negativa serbia a renunciar a un territorio histórico, en el 2008 el parlamento de Kosovo aprobó una declaración unilateral de independencia y demandó el amparo occidental para la construcción de sus propias estructuras de Estado (quizás como paso previo a la construcción de una «Gran Albania» que incluya los territorios de población albanesa de Serbia, Montenegro, Macedonia y Grecia, una idea que cuenta con el apoyo del 81% de la población de Kosovo).[49] A día de hoy,

Kosovo solo está reconocido por 99 de los 193 países de la ONU, entre ellos la mayoría de estados de la Unión Europea (22 de 27) y de la OTAN (32 de 57). Kosovo es lo que en otros casos la prensa definiría como un *estado fallido*: el estado kosovar sigue dependiendo de las ayudas económicas de la comunidad internacional y de las remesas de dinero de los emigrantes —hasta un 14% del PIB—, el desempleo alcanza el 45% (60% entre los jóvenes), un 30% de la población vive por debajo del umbral de la pobreza y la agricultura y la industria sufren un considerable atraso.[50] Kosovo está además considerado como uno de los principales centros de la delincuencia organizada, el narcotráfico y la trata de personas de toda Europa. Pero las autoridades europeas cierran los ojos a todo esto porque el primer ministro kosovar, Hashim Thaçi, defiende una política de privatización que favorece a los inversores de Europa occidental. En el proceso de «despiece étnico» de Yugoslavia —un viejo proyecto imperialista de Alemania y Austria—, la Unión Europea y EE UU no dudaron en apoyar a la turbia guerrilla separatista de la UÇK, considerada como «grupo terrorista» por EE UU, el Reino Unido y Francia hasta 1998, cuando desapareció de la lista sin ningún tipo de explicación. Los métodos de financiación de la UÇK incluían el narcotráfico, los asesinatos por encargo e incluso el tráfico de órganos. Thaçi, uno de los principales líderes de la milicia, aparece en un informe para el Consejo Europeo como uno de los cabecillas del «grupo Drenica», una red acusada de haber asesinado a prisioneros serbios para vender sus órganos en el extranjero.

La importancia de la Guerra de Kosovo desborda el marco de los Balcanes e incluso de Europa. La OTAN, como escribe Jutta Ditfurth:

> Consideraba a Yugoslavia como una molesta «muralla» que bloqueaba sus intereses en Asia Central. Su objetivo era el establecimiento de un puente hasta su «puesto avanzado» en Turquía y la estabilización de los Balcanes para los

intereses de los Estados Unidos y la Unión Europea, con Alemania al frente.

A la elevada deuda exterior en los ochenta —continúa— le siguió la desestabilizacción de la economía yugoslava en los noventa, en parte por culpa del programa de ajuste estructural dictado por el Fondo Monetario Internacional (FMI) en 1990. Como en el caso del «Tercer Mundo», el objetivo ahora en Yugoslavia era privatizar las empresas públicas y abrir el país a las inversiones y mercancías extranjeras. Pero sobre todo se trataba de recortar los amplios derechos de que gozaban los trabajadores. La ley sobre la *Organización de base del trabajo asociado* molestaba. Un ejemplo así no era necesario en la futura Unión Europea, pues lo que se quería era debilitar a los trabajadores en su lucha por los salarios y los derechos sociales.

La destrucción de los cimientos sociales exacerbó de nuevo la falta de solidaridad del norte rico hacia el sur de Yugoslavia. A ello le siguió la *etnificación de lo social* con el apoyo decidido del gobierno alemán, especialmente del FDP. Bajo condiciones de chantaje, Alemania impuso a su «socio» europeo en 1991 el reconocimiento nacional y la secesión prematura de los estados federados más ricos de Yugoslavia, Eslovenia y Croacia, una premisa esencial para continuar la desestabilización y, en última instancia, provocar la guerra.

Con la guerra, la OTAN siguió también el plan de marginar a Rusia de la competición mundial y enviar a China una señal de advertencia [...]. Se trataba entonces, y sigue tratándose hoy, de las diferentes rutas hacia Asia Central, de las rutas hacia las materias primas, también a través de los Balcanes. El objetivo son los ingentes recursos naturales en forma de oro, uranio y hasta 30.000 millones de toneladas de petróleo que se encuentran entre Turquía, el centinela de la OTAN en Oriente Próximo, y China y los territorios en torno al Mar Caspio. [51]

La «señal» que la OTAN envío a la República Popular China —que por aquel entonces mantenía buenas relaciones con Yugoslavia— fue nada menos que el bombardeo de su embajada en Belgrado el 7 de mayo de 1999, en el que murieron oficialmente tres periodistas chinos. El bombardeo se atribuyó a un «error» cartográfico de los «misiles inteligentes», una excusa tan pobre que da credibilidad a las versiones que hablan de un ataque deliberado, ya que China había ayudado al ejército yugoslavo para organizar un sistema de transmisiones que no era interceptable por la OTAN y que se manejaba desde su embajada.

Con todo, el principal objetivo estratégico de la campaña de Kosovo, como escribe Elmar Altvater, fue, en realidad, Rusia:

> También la guerra contra Yugoslavia puede interpretarse como una medida para completar la nueva tenaza de la OTAN que se extiende desde los estados bálticos en el norte por Polonia, la República Checa y Hungría hasta Grecia y Turquía. De esta manera se rodea a Rusia, creando al mismo tiempo un puente desde Europa occidental a Oriente Próximo y Medio. En el nuevo cinturón de la OTAN, que incluye la antigua Yugoslavia, se instalaron importantes bases militares estadounidenses decisivas para la estrategia mundial de dominio imperialista de las regiones petrolíferas desde Asia Central hasta África, pasando por Oriente Medio y Próximo.[52]

Una de esas bases militares de la OTAN en Europa es Camp Bondsteel en Kosovo, que da cabida a unos 7.000 soldados estadounidenses. Asimismo, Croacia fue utilizada recientemente por la CIA como base para crear un puente aéreo para el transporte de armas procedentes de Arabia Saudí, Jordania y Qatar a los islamistas que luchan contra el régimen de Bachar al Assad en Siria.[53]

Ditfurth menciona en su libro un informe para el *Bundeswehr* citado en un número de 1998 de la revista *Petroleum Economist* que merece ser tenido en cuenta por los acontecimientos posteriores, y muy especialmente la Guerra en Osetia del Sur:

> La intervención de fuerzas armadas de la OTAN en Kosovo, de nuevo sin la legitimación de un mandato del Consejo de Seguridad de la ONU [...] puede ser el precedente de una futura intervención en la esfera inmediata de Rusia, por ejemplo en el Cáucaso [...], donde en el conflicto por los recursos petrolíferos en la región del Caspio y el uso y la localización de oleoductos desatará una feroz competencia entre las empresas petrolíferas occidentales y rusas y entre Washington y Moscú en el contexto de sus intereses estratégicos.[54]

Qué significó para Alemania en términos económicos la desintegración de Yugoslavia lo expresó sin tapujos Nikolaus Blume en *Die Welt* cuando escribió que «la OTAN ha convertido a los Balcanes en lo que los americanos llamarían su «patio trasero1».[55] Miles de trabajadores de los Balcanes abandonan cada año sus países para buscar un trabajo en Suiza, Austria y en Alemania, casi siempre en el sector de bajos salarios. Solo en Suiza hay 500.000 inmigrantes procedentes de la antigua Yugoslavia (datos de 2009). Si considerásemos a Yugoslavia un solo país, sería la primera comunidad inmigrante en la Confederación Helvética, por delante de los italianos.

Alemania, además, «quería poner a prueba su capacidad de ir a la guerra, para asegurar, poco a poco, los intereses del capital alemán también con medios militares», escribe Ditfurth.[56] Que sea, por lo tanto, precisamente Daniel Cohn-Bendit quien avance la idea de una Europa neoimperial de hegemonía alemana no debería ser ninguna sorpresa. Además del giro belicista de Los Verdes durante la Guerra de Kosovo, del propio Cohn-Bendit escribe Ditfurth que «siempre tuvo un buen olfato para las tendencias sociales, un olfato que no utilizó para subvertirlas e influir en ellas en un sentido progresista, sino para intuir las opciones de éxito y utilizarlas en su propio beneficio y en el de Los Verdes». Y, continúa Ditfurth, «si la clase dominante quiere una guerra, si exige una nueva fase de dominación imperial, Cohn-Bendit la secunda. Cohn-Bendit quiso intervenir militarmente en Yugoslavia desde que se rompieron las primeras hostilidades».[57]

El primer Secretario General de la OTAN, Lord Ismay, resumió el cometido de la OTAN en sus comienzos afirmando que su objetivo era «*to keep the Americans in, to keep the Germans down, and to keep the Russians out*». Después de Kosovo, los alemanes ya estaban, al fin, *in*.

4. Alemania también se defiende en el Hindukush

Dos años después del bombardeo de Kosovo, Alemania se vería implicada en un conflicto más lejano y duradero. Después de dos votaciones, el 16 de noviembre y el 22 de diciembre de 2001, el Bundestag aprobó la participación de tropas alemanas en la operación «Libertad duradera» (*Enduring Freedom*), a pesar de que, según una encuesta de Ipsos-Reid, el 60% de la población estaba en contra de la misma. El gobierno estadounidense había lanzado la operación en respuesta a los ataques terroristas del 11 de septiembre de 2001 contra las Torres gemelas en Nueva York y el Pentágono en Wasghinton D.C. para destruir los campos de entrenamiento de al-Qaeda, la organización responsable de los atentados, y detener a sus líderes, a los que el régimen talibán daba refugio. La coalición occidental hizo valer una vez más su superioridad aérea y la campaña se desarrolló rápidamente: Mazar-e Sarif caía el 9 de noviembre, el 12 de noviembre los talibanes se retiraban de

Kabul, al día siguiente lo hacían de Jalalabad, el 23 de noviembre entregaban Kunduz después de un asedio de menos de dos semanas, y, a comienzos de diciembre, abandonaban su último bastión, Kandahar, para dispersarse por todo el país.

En enero de 2002, y hasta el 2006, las tropas alemanas se establecieron en Camp Warehouse, al este de Kabul. Aquel mismo año se produjeron las primeras bajas de soldados alemanes, causadas por accidentes, minas antipersona y los primeros atentados suicidas. El 7 de junio de 2003, en el aeropuerto de Kabul un atacante suicida de origen saudí atentó contra un mininús de soldados alemanes que regresaban a Alemania. En el atentado, que tuvo una enorme repercusión mediática, murieron cuatro soldados y otros 29 resultaron heridos de gravedad. El constante goteo de víctimas y la impopularidad de la guerra no impidió que Angela Merkel continuase la labor comenzada por Gerhard Schröder, y, desde mediados de 2006, Alemania asumió la responsabilidad de controlar la región norte de Afganistán, cuya base se encuentra en Mazar-e Sarif. Alemania colabora además en la instrucción del ejército y la policía afganos.

Desde entonces Alemania ha tenido que responder a los ataques cada vez más frecuentes de los talibanes —empujados hacia el norte tras la ofensiva militar anglo-estadounidense en el sur—, en numerosas ocasiones causando la muerte de civiles. El peor suceso ocurrió el 4 de septiembre de 2009. Tras decapitar a los conductores de dos camiones de gasolina procedentes de Tayikistán para los soldados de la OTAN estacionados en Afganistán, los talibanes intentaron apoderarse de los vehículos, pero quedaron inmovilizados tras cruzar un río. Viendo que no podían hacer ningún uso de ellos, decidieron abrir los tanques de combustible para que la población cercana pudiese llevarse la gasolina. El responsable al mando de las tropas de la ISAF en la zona, el coronel del *Bundeswehr* Georg Klein —quien, por cierto, antes había servido en Kosovo—, pidió a la aviación estadounidense que bombardease la zona alegando la presencia de insurgentes, aunque el ejército alemán no había acudido al lugar para cerciorarse de los hechos. Klein rechazó hasta cinco veces la posibilidad de que los aviones sobrevolasen al grupo sin disparar ningún proyectil con el fin de asustarlos y que se dispersasen (*show of force*), y finalmente ordenó el bombardeo de los tanques de gasolina argumentando que se trataba de una amenaza inminente (*imminent threat*).[58] En el ataque fallecieron 142 personas, 100 de ellas civiles, mientras que los principales autores del robo de los camiones y del asesinato de los conductores pudieron huir a tiempo de la escena del crimen. Alemania solo investigó seriamente esta masacre cuando un abogado alemán de origen afgano, Karim Popal, amenazó con llevar el caso ante los tribunales después de identificar a varias de las víctimas. Franz Josef Jung, que solo llevaba 33 días como ministro de Defensa, se vio obligado a dimitir. Tras alcanzar un acuerdo, Alemania pagó a los familiares de las víctimas 5.000 dólares en compensación por los daños causados, una suma que el ministro de Comercio afgano, Amin Farhang, calificó de «ridícula».[59] Unas semanas antes de desembolsar el pago, Alemania había redefinido el despliegue de tropas alemanas en Afganistán como «conflicto armado dentro de los parámetros de la ley internacional», una medida destinada a permitir que los soldados del *Bundeswehr* actúen sin riesgo de ser perseguidos por la ley alemana. Por su hazaña, Klein fue ascendido de coronel a general de brigada por el actual ministro de Defensa, Thomas de Maizière.[60] Por lo demás, a los casi 5.000 soldados alemanes estacionados en Afganistán les acompaña la polémica no menos que a sus colegas estadounidenses: en octubre del 2006 el diario *Bild* publicó las fotografías de unos soldados alemanes posando con calaveras de afganos.[61]

Después de más de diez años, la campaña de Afganistán puede calificarse de desastre sin paliativos. Ninguno de los problemas que arrastraba el país se ha resuelto. El régimen de Karzái, como escribe Sommer, «no ha conseguido afianzarse frente a los insurgentes», y añade:

> Transparencia Internacional considera a Afganistán el país más corrupto del mundo, por detrás de Somalia. No hay servicio público por el que los ciudadanos no tengan que pagar y sangrar. [...] El Producto Interior Bruto asciende a 17.000 millones de dólares estadounidenses. [...] una buena parte de la ayuda para el desarrollo y la seguridad (unos 192.000 millones de dólares desde el 2002; en el 2010 unos 17.500 millones de dólares) se pierde en los bolsillos de varias personas. El desempleo alcanza a un 40% de la poblacion. En la lista mundial de ingresos por cápita, el país se encuentra en la posición 219.[62]

La corrupción se traduce en tal falta de infraestructuras que, según Reiner Braun, de la red «No a la guerra, no a la OTAN», «no hay ninguna diferencia entre darle el dinero a Karzai y quemarlo».[63] Afganistán sigue siendo además el mayor productor de opio del mundo: en los dos últimos años la cosecha de adormidera alcanzó cifras récord, un alza sin freno toda vez que los agricultores no tienen ningún incentivo para plantar otros cultivos y el precio de la adormidera se sitúa en los 100 dólares el kilo.[64] La UE estima que el 90% de la heroína consumida en Europa procede de Afganistán y se distribuye en el continente a través de redes criminales en los Balcanes que también son responsables de 200.000 de las 700.000 mujeres que son víctimas de las redes de trata de personas en todo el mundo cada año.[65] La situación de las mujeres —el argumento moral con el que se trató de ganar a la opinión pública— apenas ha mejorado y el programa de formación del ejército y la policía afganos, que juntos suman más de 300.000 hombres, ha sido infiltrado con éxito por los talibanes y es un rotundo fracaso:

> El ejército y la policía se compone de reclutas que son, en un 80%, analfabetos. La deserción es uno de los problemas

más graves: un tercio de los reclutas desaparece tras el fin de la instrucción. El consumo de drogas es endémico: según datos oficiales estadounidenses, la mitad, si no tres tercios de los soldados afganos, las consumen a diario. Los oficiales del ejército y la policía roban opio y material militar cuando nadie los vigila. La corrupción afecta sobre todo a la policía, que en los puestos de control de vehículos cobra «mordidas», para su propio bolsillo y el de sus superiores. Entre los policías a los que se incrementó su salario mensual de 50 a 200 dólares la cifra de desertores ha disminuído, pero muchos mueren en servicio: 1.400 de ellos fueron sesinados en el 2011, casi la mitad de los cadetes de aquel año.[66]

Los problemas son tan mayúsculos que los aliados especulan incluso con la posibilidad de permitir un retorno de los talibanes al poder, como reconoce alguien próximo a la OTAN como Theo Sommer: «lo mejor que podemos esperar en Afganistán es algo así como unos talibanes *light*, un régimen islámico que sea devoto, pero no fanático e histérico; que se adhiera a sus valores religiosos, pero que sea tolerante con otras creencias; que, por ejemplo, permita a las niñas atender la escuela y renuncie a obligar a las mujeres a llevar *burka* y se conforme con el velo.»[67]

La campaña de Afganistán es, a mayor abundamiento, un lastre económico para Alemania: la ocupación del país costó al erario público más de 3.590 millones de euros entre el 2002 y el 2009. En Afganistán han perdido la vida 52 soldados y 262 han sido heridos de gravedad (cifras de 2012). Preguntado por el motivo por el que el *Bundeswehr* intervenía en Afganistán, el entonces ministro de Defensa Peter Struck declaró que «la seguridad de Alemania también se defiende en el Hindukush». Su predecesor, Rudolf Scharping, fue incluso más lejos: «todos sabemos que la estabilidad y la seguridad de la economía mundial están decisivamente influidas por una región en la que se encuentran el 70% de las reservas de crudo y el 40% de las reservas de gas natural del globo». Controlando Afganistán, la UE puede abastecerse de petróleo y gas natural circunvalando Rusia e Irán, los dos países soberanos que podrían llegar a tener en el futuro el monopolio del suministro regional, incluso si para ello hay que mantener los elevados costes de la seguridad en todos los países de tránsito.

El acceso a las materias primas es, como hemos tenido ocasión de ver, un objetivo explícito de todas estas intervenciones militares. El ex presidente alemán, Horst Kohler, fue claro en sus declaraciones a la radio pública a propósito del despliegue del *Bundeswehr* en la «Operación Atalanta» —que se extiende desde el subcontinente indio hasta Madagascar y que tiene como fin combatir a los piratas somalíes—:[68] «un país de nuestras dimensiones, con su orientación hacia el comercio exterior, y, por ello también dependiente del comercio exterior, tiene que saber asimismo que, en caso de urgencia, es necesario el despliegue militar para salvaguardar nuestros intereses, por ejemplo, las rutas del libre comercio o prevenir inestabilidades regionales que tendrían un impacto negativo en nuestra habilidad para salvaguardar el comercio, los trabajos y los salarios». Acusado de promover una diplomacia de cañonero, Horst Kohler dimitió el 31 de mayo de 2010.

Durante todos los años transcurridos desde la invasión de Afganistán, Alemania ya no solo se defiende en el Hindukush. En unas jornadas en Strausberg realizadas en octubre de 2012, Merkel declaró que las fuerzas armadas deberían reforzar su colaboración con la OTAN y ampliar su contingente. Según Merkel, «un país como Alemania, la mayor economía y el país de mayor población de Europa, con sus recursos, ha de contar con un amplio espectro de capacidades».[69] Tras enumerar los problemas de seguridad a los que se enfrentará Alemania en el futuro —desde la «inmigración incontrolada» hasta la «piratería», pasando por «el terrorismo internacional» y el «bloqueo de los recursos naturales»—, en su discurso en la Frauenkirche de Dresde con el que comenzamos este capítulo, de Maizière afirmó que «las rutas de libre comercio y el suministro de materias primas son de una importancia vital para Alemania y para Europa [...] Las limitaciones de suministro podrían ser el detonante de conflictos».[70] Semanas más tarde, de Maizière declaró al semanario *Der Spiegel* que los alemanes «tenemos un papel rector económico y político en Europa, lo queramos o no. También tenemos un papel rector en la política de seguridad en Europa. [...] Alemania debe ser líder en objetivo de los intereses europeos. Así lo quieren nuestros socios. Ser líderes no significa que vayamos allí donde los demás quieren que vayamos, sino allí donde nosotros queremos ir».[71] En las declaraciones del ministro de Defensa resonaba el discurso del secretario de Estado del Imperio alemán Bernhard von Bülow el 6 de diciembre de 1897:

> Debemos exigir que los misioneros alemanes y los empresarios alemanes, que las mercancías alemanas, que la bandera alemana y los navíos alemanes en China sean respetados como lo son los de otros países. [...] En pocas palabras: no queremos hacer sombra a nadie, pero exigimos nuestro lugar bajo el sol.

El *Bundeswehr*, con «el evangelio de los hunos como bandera» como escribió hace más de cien años Rosa Luxemburg, está sobradamente legitimado, pues, para intervenir allí donde lo requieran sus intereses económicos, acuciados por unas materias primas cada vez más escasas. Así la teoría, así la práctica: el *Bundeswehr* está presente en Bosnia-Herzegóvina (3 soldados), Uganda (20 soldados), Sudán (25 soldados), el Líbano (190 soldados), el Cuerno de África (280 soldados), Kosovo (1.230 soldados) y Afganistán (4.810 soldados), a los que hay que sumar los soldados a bordo de los buques de guerra que navegan constantemente por el Mediterráneo (220 soldados). En total unos 6.778 soldados que, según los deseos de Angela Merkel y su ministro de Defensa, deberían aumentar en los próximos años. Pero, ¿de qué ejército hablamos cuando hablamos del ejército alemán?

5. «El ciudadano de uniforme»

Apenas un año después de la fundación de la República Federal Alemana, el canciller Konrad Adenauer ordenó secretamente al general Gerhard Graf von Schwerin que preparase la reconstrucción del ejército alemán. El gobierno germano-occidental se había negado a reconocer el Acuerdo de Potsdam firmado por las potencias ocupantes (Reino Unido, Estados Unidos y la Unión Soviética) para la reconstrucción de Alemania, cuyo artículo 3º pedía «el desarme y la desmilitarización completa de Alemania y la eliminación o control de toda la industria alemana que pueda ser utilizada para la producción militar», para lo cual llamaba a todos los firmantes a la disolución de las fuerzas armadas terrestres, navales y aéreas y todas sus escuelas de instrucción, organizaciones de veteranos de guerra y asociaciones de apoyo, con el fin de prevenir cualquier rebrote del militarismo en el país. El ejército de la RFA se fundó oficialmente el 7 de junio en 1955 con el nombre de «ejército federal» (*Bundeswehr*), propuesto por el diputado del FDP y ex general de la *Wehrmacht* Hasso von Manteuffel. En noviembre de aquel año juraban los primeros 101 voluntarios. Seis meses después de la fundación del *Bundeswehr*, la RDA creaba el 18 de enero de 1956 el Ejército Nacional Popular (NVA) a partir de la policía militar del país, la *Kasernierte Volkspolizei* (KVP) y con mandos procedentes de las Brigadas Internacionales, ex prisioneros de la *Wehrmacht* del Comité Nacional por una

Alemania libre y antiguos voluntarios alemanes en el Ejército Rojo.

La creación del *Bundeswehr* y el rearme alemán fueron duramente criticados por los socialdemócratas, que consideraban moralmente cuestionable que Alemania dispusiese de unas fuerzas armadas propias después de doce años de nacionalsocialismo. El *Bundeswehr* tuvo que construir, pues, su propio mito fundacional y se reclamó heredero de los militares del complot del 20 de julio que intentaron terminar con la vida de Hitler en 1944. La legtimidad del *Bundeswehr* no era, desde luego, una cuestión baladí: sus generales, oficiales y suboficiales procedían todos, casi sin excepción, de la *Wehrmacht* y de las *Waffen SS*. Su propio organizador, Graf von Schwerin, fue general de las tropas acorazadas de la *Wehrmacht*, bajo cuyo mando las tropas alemanas asesinaron en la campaña del Somme a cien soldados africanos de la compañía *Tiralleurs Sénégalais* del ejército francés después de que estos se rindieran y entregaran sus armas. Von Schwerin participó en la campaña de exterminio de la *Wehrmacht* en el frente oriental, en el cerco de Leningrado y la Batalla de Stalingrado. Hasso von Manteuffel fue, como von Schwerin, general de las fuerzas acorazadas en el frente oriental y luchó en la Batalla de Moscú. A la luz de los datos más recientes, puede decirse que el *Bunsdewehr* estuvo fundado y compuesto por criminales de guerra:

> Treinta y uno de los treinta y ocho generales que poseía el *Bundeswehr* en su fundación en 1955 habían pertenecido temporalmente o durante todos los años de guerra al Estado Mayor de la *Wehrmacht*. [...] Todavía en la segunda mitad de los años sesenta, el generalato y el almirantazgo del *Bundeswehr* se componía mayoritariamente de oficiales de alto rango de la *Wehrmacht*; ninguno había pertenecido a la resistencia contra Hitler. También el cuerpo de oficiales se había reclutado mayoritariamente de la *Wehrmacht*: de

los 14.900 oficiales que pertenecían en 1959 al *Bundeswehr*, 12.360 ya tenían el mismo rango en tiempos del nazismo. [...]

Si la «selección» en el *Bundeswehr* fue realmente rigurosa, es algo que hasta la fecha no ha sido estudiado seriamente por investigadores independientes. Pero hay carreras de oficiales suficientes como para dudar razonablemente de una generación de fundadores supuestamente sin tacha. Unos cuantos ejemplos:

Heinz Trettner, desde 1956 General del *Bundeswehr* [...]. Trettner fue comandante de un escuadrón de la Legión Cóndor, conocida por sus infames crímenes de guerra en la guerra civil española. En 1940 planificó como miembro del Estado Mayor el ataque militar a Holanda y ordenó el bombardeó de Rotterdam. En Italia ganó la Cruz de Caballero de la Cruz de Hierro por participar, entre otras cosas, en el asesinato de civiles como represalia contra los partisanos. No perteneció a la resistencia contra Hitler.

Hellmuth Mäder, general de la *Wehrmacht* y teniente general del *Bundeswehr*. Sus unidades participaron en numerosos crímenes de guerra probados durante la Segunda Guerra Mundial. Todavía en abril de 1945, Mäder recibió una orden militar de primer nivel.

Adolf Heusinger, asesor militar de Adenauer, inspector general del *Bundeswehr* y general en el Estado Mayor de la OTAN. En la *Wehrmacht* fue adjunto al Estado Mayor del Ejército y en esa función participó en la guerra de exterminió en el Este. Tras el atentado de Stauffenberg estuvo brevemente en prisión, pero fue rehabilitado personalmente por Hitler.

Hans Speidel recibió las cuatro estrellas de general en el *Bundeswehr* y el título de comandante supremo de las fuerzas terrestres aliadas en Europa Central. En la *Wehrmacht* participó en la invasión de Francia y, como miembro del

Estado Mayor, de la Unión Soviética. Como comandante en la Francia ocupada fue reponsable de la deportación de miles de judíos a los campos de exterminio. Tras el atentado de Stauffenberg fue encarcelado por sus contactos con los círculos con la resistencia, pero se libró de ser juzgado por motivos nunca esclarecidos.

Antes de la fundación del *Bundeswehr* en 1955, durante algún tiempo se contempló seriamente en Bonn volver a nombrar al nuevo ejército *Wehrmacht*, lo que, teniendo en cuenta el personal de que se componía, hubiera sido su nombre apropiado. La propuesta fue finalmente desestimada por consideración hacia los vínculos con Occidente. Y se hizo, por cierto, en contra incluso de la opinión de la población de Alemania Occidental: en una encuesta del Instituto Allenbach solamente un 25% estuvo a favor de la designación de *Bundeswehr*; el 35% de los encuestados quería, por el contrario, el nombre de *Wehrmacht* de vuelta.[72]

Los aliados cerraron los ojos a la composición del *Bundeswehr*. La lógica de la guerra fría y la nueva doctrina de «contención del comunismo» se impusieron a cualquier otro argumento. En 1956, Alemania Occidental introdujo el servicio militar obligatorio para todos los hombres de entre 18 y 45 años —la RDA lo haría en 1961—, reavivando las críticas sobre la remilitarización de Alemania, que solo lograron calmarse con la introducción del servicio militar sustitutorio (con independencia de la confesión religiosa) conocido como «servicio civil» (*Zivildienst*) y la definición propagandística de los soldados como «ciudadanos de uniforme» (*Staatsbürger in Uniform*). Su misión principal fue durante todos estos años la de ser la «primera línea de frente» de la guerra fría. A pesar de la constante tensión política con su vecino, el *Bundeswehr* actuó como un cuerpo de defensa civil en catástrofes naturales como inundaciones. Con la Reunificación, Alemania decidió reducir el número de su ejército a no más de 370.000 hombres, después de que la creación de una Alemania unida resucitase, una vez más, los temores al nacionalismo y militarismo alemanes. El NVA fue absorbido por el *Bundeswehr*, 20.000 soldados cambiaron de uniforme y parte de sus equipos pasaron a su arsenal, fueron inutilizados o vendidos. Así, la mayoría de los cazas MiG-29 fueron adquiridos por Polonia, Indonesia compró 39 fragatas de guerra y Turquía un número de tanques que nunca se llegó a conocer oficialmente. La Reunificación también puso fin a las obligaciones del Acuerdo de Potsdam, pero, aunque la anulación del acuerdo dejaba expedito el camino a la remilitarización, el *Bundeswehr* no experimentó grandes transformaciones en su estructura —más allá de la admisión de mujeres en sus filas— hasta el 2011, cuando el Ministerio de Defensa anunció una reforma para profesionalizar y modernizar el ejército. Desde entonces el *Bundeswehr* ha dejado de ser el ejército de «ciudadanos de uniforme» (*Staatsbürger in Uniform*) para ser, en palabras del Presidente Joachim Gauck, «valientes de uniforme» (*Mutbürger in Uniform*). En diciembre de 2012, el *Bundeswehr* contaba con 191.818 soldados y el Estado invertía en él 31.550 millones de euros (1,2% de su PIB), unas cifras, con todo, muy inferiores al gasto en defensa de otros países de la UE como Francia o el Reino Unido. Pero la situación, como vimos, podría cambiar en el futuro a medida que los aliados occidentales de Alemania, especialmente los Estados Unidos, le reclaman una mayor implicación.

Pero el *Bundeswehr* actual presenta varios problemas para cumplir con ese fin. Por comenzar por algún sitio, más de un tercio de sus soldados procede de la empobrecida antigua Alemania Oriental, atraídos por las posibilidades de un salario fijo de 2.000 euros en un mercado laboral caracterizado por su creciente deterioro e inestabilidad.[73] Los costes que las misiones extranjeras tienen para el erario público son difícilmente calculables, pues muchos de estos soldados regresan a sus hogares mutilados o afectados por graves traumas, problemas físicos y psicológicos —en el 2011 una de cada cinco muertes en el *Bundeswehr* era por suicidio—[74] que requieren largos tratamientos médicos, en no pocas ocasiones crónicos. Como además Alemania Oriental es un semillero de fascistas, eso deja al *Bundeswehr* en una posición incómoda. Sin ir más lejos, Udo Voigt, el expresidente del neonazi Partido Nacionaldemocrático de Alemania (NPD), alcanzó el grado de capitán en la *Luftwaffe*, y sigue siendo oficial en la reserva. Muchos de los cuarteles, unidades y buques de guerra del ejército alemán siguen llevando los nombres de militares de la *Wehrmacht*, y, como descubrió un reportaje de la televisión pública alemana, en varios actos públicos del *Bundeswehr* se depositan coronas de flores a unidades de la *Wehrmacht* que cometieron crímenes de guerra, como la *Panzergrenadier Division Großdeutschland* o la *Panzerkorps Feldherrnhalle*, veteranos de las *Waffen SS* asisten a estos actos con la aquiescencia de los militares e incluso algunos de ellos interpretan en público «Wenn alle untreu werden», un conocido himno de las SS. Desde 1992 el *Bundeswehr* entrega el Werner-Hahlweg-Preis, un galardón a los historiadores militares que lleva el nombre de un profesor nacionalsocialista y miembro de las SS que participó en la campaña oriental con el grado de teniente.[75] Y hasta el 2009, como descubrió el historiador Detlef Bald, los libros de instrucción de las tropas incluían citas de Paul Karl Schmidt, uno de los principales responsables políticos de los pogromos contra los judíos en la Alemania nazi como jefe de prensa del Ministerio de Asuntos Exteriores nacionalsocialista.

El *Bundeswehr* se ha convertido, además, en una excelente escuela de mercenarios. El sector de la seguridad privada florece en Alemania siguiendo el modelo de la estadounidense Blackwater. Estas empresas contratan a antiguos soldados con experiencia en Kosovo y en Afganistán para ofrecer sus servicios a los pesqueros que quieren defenderse de los piratas somalís. Frente al salario mensual de un soldado del *Bundeswehr* de 2.000 euros, uno de estos mercenarios cobra unos 9.000, más de cuatro veces ese importe.[76]

De puertas para adentro, el *Bundeswehr* podría ser utilizado en el futuro para reprimir a la propia población. En agosto de 2012, el Tribunal Constitucional dictaminó que el *Bundeswehr* podía desplegarse en territorio alemán en caso «de accidentes o catástrofes especialmente graves» (*besonders schweren Unglücksfallen*). La noticia causó bastante revuelo por la ambigüedad de la expresión, aunque el mismo tribunal ya había fallado en 1969 que el *Bundeswehr* podía desplegarse en la República Federal Alemana «para la lucha contra insurrectos armados y organizados militarmente» (*zur Bekämpfung organisierter und militärisch bewaffneter Aufständischer*), en una clara alusión a la posibilidad de una guerra civil contra la RDA, una resolución, sin embargo, poco conocida entre los alemanes.[77] Un mes más tarde de la publicación de la sentencia, el *junge Welt* informó de que en Colbitz-Letzlinger Heide (Sajonia-Anhalt) existe un centro de entrenamiento de combate (*Gefechtsübungszentrum-GÜZ*) en el que, junto a la recreación de seis pequeñas aldeas albanokosovares y afganas, la empresa Rheinmetall ha construido una reproducción de seis kilómetros cuadrados de un escenario urbano típicamente europeo, con estación de metro, carreteras y edificios gubernamentales modernos incluidos. Cuando el diario preguntó a las autoridades el fin de las instalaciones, la respuesta fue clara y concisa: para la «protección de la patria» (*Heimatschutz*).[78]

El *Bundeswehr* recobra proyección pública y el complejo militar-industrial alemán está mejor engrasado que nunca. El Ministerio de Defensa, según recogió el semanario *Der Spiegel*, «invierte todos los años casi mil millones de euros en investigación, desarrollo y tests militares. Ocho millones se destinan directamente a las universidades, 36 millones a instituciones de investigación públicas». Estudiantes e investigadores se resisten a que los resultados de su trabajo se utilicen en el desarrollo de armamento militar y se han firmado ya cláusulas civiles con ese fin en las universidades de Bremen, Constanza, Tubingia y Kassel. Las empresas de defensa, por su parte, se refieren a un «uso dual» —civil y militar— de la tecnología, una zona gris por la que pueden moverse libremente y seguir captando cerebros a precio de saldo: el Instituto de investigación francoalemán de Saint-Louis, en la región fronteriza de Alsacia, ofrece a los jóvenes físicos franceses y alemanes hasta 830 euros al mes si dedican su trabajo de doctorado a mejorar la trayectoria balística de proyectiles.[79] El propio *Bundeswehr* va más allá de las universidades y se presenta en las ferias de trabajo como un empleador más e incluso cuenta con 94 oficiales dedicados exclusivamente a visitar centros escolares para mejorar la imagen de la institución y preparar el terreno para la captación de futuros reclutas, aunque oficialmente su cometido se limita a «informar» sobre el ejército. En el 2011 se organizaron 10.000 de estos actos en escuelas públicas, a los que se calcula asistieron unas 156.000 personas.[80] En muchos de estos encuentros con militares los niños fabrican pequeños regalos, como abetos o ángeles de Navidad, que luego se envían a los soldados acuartelados, una vieja práctica bismarckiana que se extiende hasta nuestros días. Pero a veces se trata de cosas mucho menos inofensivas. En Beelitz (Brandenburgo) el ejército permitió que varios menores de edad llevaran durante unas jornadas de tres semanas en un «Adventure-Camp» del *Bundeswehr* uniforme oficial y participasen en el lanzamiento de granadas.[81] Hasta el momento solo Renania del Norte-Westfalia y Baden-Württenberg obligan a que la visita del oficial del *Bundeswehr* se compense con otra de representantes de los movimientos pacifistas.[82]

6. La UE, el mayor exportador de armas

El Premio Nobel de la Paz concedido a la Unión Europea en 2012 es ciertamente una broma de muy mal gusto. Según datos del Instituto Internacional de Estudios para la Paz de Estocolmo (SIPRI, por sus siglas en inglés), siete de los veinte países que lideran la clasificación de exportación mundial de armas en el período de 2007-2011 pertenecen a la Unión Europea; por orden descendiente: Alemania, Francia, Reino Unido, España, Holanda, Italia, Suecia y Bélgica. De considerar a la Unión Europea un bloque geopolítico, como gusta a los eurócratas de Bruselas, la UE sería el primer exportador de armas del mundo con más de un 30% del total, seguido por los EE UU. (30%) y Rusia (24%). De hecho, Alemania, Francia y el Reino Unido ocupan por separado el tercer, cuarto y quinto puesto respectivamente.[83] De fusionarse los dos mayores consorcios europeos aeronáuticos de defensa, el germano-franco-español EADS y el británico BAE Systems, la compañía resultante tendría unas ganancias de 80.000 millones de euros y sería el primer contratista militar del mundo, arrebatándole el puesto a la estadounidense Boeing.[84] Si sumamos todos los soldados de sus ejércitos, la Unión Europea tendría un ejército de 1,8 millones de soldados y sería el más grande de todo el mundo, por detrás solo de la República Popular China, a pesar de lo cual el porcentaje en relación a su población es mayor (0,36% frente a un 0,17%). En el 2010, la UE invirtió más en defensa más que todos los estados BRIC juntos. Ninguno de estos datos es por supuesto fortuito, sino fruto de una política consciente: un documento del Consejo Europeo del 2009 reclama a los países miembros esfuerzos para contar con una «industria de defensa competitiva y robusta en toda Europa, con una mayor inversión en investigación y desarrollo».[85]

Según la página web del comité para el Premio Nobel de la Paz, el galardón le fue concedido a la UE por «más de seis décadas contribuyendo al avance de la paz y la reconciliación, la democracia y los derechos humanos en Europa». Por volver una vez más a Rosa Luxemburg: este punto de vista, «para el cual los procesos no existen más que en el continente europeo, no se da cuenta de que justamente no tenemos ninguna guerra en Europa desde hace décadas porque las contradicciones internacionales se han desarrollado más allá de los estrechos límites del continente europeo». La UE puede contribuir «al avance de la paz y la reconciliación, la democracia y los derechos humanos en Europa» y hacer, como hemos visto, exactamente todo lo contrario fuera de Europa. Y como la vergüenza no es un valor al alza entre las elites occidentales, se premian entre ellas por esta magnífica labor: no por casualidad Noruega —que no es miembro de la UE— es el 18º exportador de armas del mundo. El país escandinavo, famoso por su supuesto pacifismo, equipa a todos los tanques estadounidenses M1 Abrams con el «M151 Protector» fabricado por la empresa estatal Kongsberg Defence & Aerospace, una estructura capaz de acoger tres ametralladoras, dos lanzagranadas y un sistema de lanzamiento de misiles Hellfire, algo que no parece quitar el sueño al gobierno del socialdemócrata Jens Stoltenberg. Los noruegos pueden dormir tranquilos: seguro que los afganos aprecian la sutil diferencia entre estallar en pedazos por obra de los misiles socialdemócratas noruegos y hacerlo por obra de los misiles republicanos estadounidenses.

El negocio de la exportación de armas es un buen negocio, especialmente para los europeos y muy especialmente para los alemanes. Los capitanes de industria teutones y sus plumas a sueldo se precian mucho de la posición de Alemania como tercer exportador mundial, a pesar de que la política económica de los cuatro últimos gobiernos ha convertido a Alemania en «el Estado industrial de todo el mundo más dependiente de sus exportaciones», en palabras de Michael R. Krätke,[86] y ello a fuer de diez años de *dumping* salarial.

La exportación de armas, empero, sigue incólume a la crisis. La industria armamentística alemana destina un 70% de su producción a la exportación y esta se duplicó entre el 2004 y el 2009 (la entrega de hasta 500 unidades de armas de fuego cortas, uno de sus productos estrella, no se contabiliza como exportación).[87] Las armas alemanas se venden bien en el mercado internacional: más de 130 países las almacenan en sus arsenales. Las armas alemanas poseen el aura que se atribuye a los productos alemanes: resistencia, precisión, eficacia. Las armas alemanas matan más y mejor.

Muchos de estos datos aparecieron el verano de 2012, cuando trascendió un acuerdo a puerta cerrada entre el gobierno alemán y el saudí para la entrega de al menos 200 tanques de combate Leopard 2. El Leopard 2 es un carro de combate robusto que se adapta a diferentes terrenos, por lo que, aunque diseñado para batallas a campo abierto, puede utilizarse contra insurrecciones urbanas. Teniendo en cuenta que Arabia Saudí había colaborado poco antes de que se hiciese público el acuerdo en la represión de la primavera árabe en Baréin, no cabe descartar que los tanques alemanes se utilicen en un futuro próximo contra futuras revueltas en países vecinos o en la misma monarquía saudí. Un escándalo sucedió inmediatamente al otro. Poco después el semanario *Der Spiegel* reveló que Qatar tenía interés en adquirir otros 200 Leopard 2. Ya en el 2009 el primer gobierno de Merkel había autorizado la venta de 36 tanques de este modelo al pequeño emirato árabe,[88] en el cual, como en la vecina Arabia Saudí, el código penal se rige por la *sharia* —en Arabia Saudí los homosexuales son incluso decapitados a golpe de espada— y no existen parlamento, ni partidos políticos ni sindicatos, pero el régimen catarí es un buen inversor de empresas alemanas como Volkswagen, Porsche o Siemens. El volumen de comercio entre Alemania y Qatar —un emirato rico en petróleo y gas natural— asciende, de hecho, a los 2.000 millones de dólares estadounidenses.[89]

Aquel mismo mes el viceministro de Defensa indonesio declaraba al *Jakarta Post* que su gobierno estaba interesado en adquirir a Alemania 100 carros de combate Leopard 2A6 por 280 millones de dólares. Yakarta se decidió por los tanques alemanes después de que el parlamento holandés vetase la venta de carros de combate al país por las reiteradas violaciones de los derechos humanos, especialmente en Papúa Nueva Guinea. Como vimos, Alemania ya había vendido en 1994 a la Indonesia de Suharto la mitad de la flota de la extinta República Democrática Alemana.[90] Todos estos carros de combate están fabricados por la misma compañía: Krauss-Mafei Wegmann (KFM). Krauss-Mafei Wegmann financió a los partidos de la coalición gubernamental en el 2009 con 55.000 euros. «Ha valido, desde luego, la pena: dos años después se ha cobrado aquel favor con este acuerdo multimillonario», declaró el portavoz de La Izquierda Gregor Gysi en el Bundestag.[91]

El acuerdo alemán forma parte de la estrategia de la OTAN de contener a Irán armando a sus aliados en la región del Golfo (Arabia Saudí, Baréin, Omán, Emiratos Árabes y Kuwait) aún a riesgo de desestabilizar la región y aunque, como recordaba Rüdiger Göbel en las páginas del *junge Welt*, «el pequeño emirato [Qatar], que apenas ocupa 11.500 kilómetros cuadrados, únicamente tiene una frontera terrestre de solo 60 kilómetros, y esta es con su aliado Arabia Saudí. Teherán, por su parte, debería atravesar con sus colosos de hierro primero Irak, Kuwait y Arabia Saudí para poder ser detenido en Qatar con los Leopard 2 alemanes.»[92] La posibilidad de un largo conflicto con la República islámica hace temer una subida del precio del petróleo y un eventual corte del suministro —Irán es el cuarto productor de petróleo del mundo— aumentaría todavía más la dependencia energética de Alemania de Rusia. Entre tanto, los fabricantes han desarrollado un peculiar sentido del humor. En febrero de 2011, «pocas semanas antes de que fuerzas de seguridad saudíes entraran en el vecino Baréin para aplastar al movimiento prodemocracia», escribe Daniel Bratanovic, «KMW presentó en una feria de armamento en la capital saudí un modelo de Leopard 2 especial. Su nombre: revolución.»[93]

Alemania vende de manera irresponsable armas de fuego simultáneamente a países históricamente enemistados como Pakistán y la India o Grecia y Turquía, aumentando las probabilidades de un conflicto armado. Ninguna de estas armas se vende para la defensa estricta de un país: Alemania vende a México fusiles de asalto para «la guerra contra el narco» (que ha causado al menos 55.000 muertos y 10.000 desaparecidos) y a Brasil para «pacificar las favelas», lanchas de patrulla a Angola (un país que trata de recuperarse de 27 años de sangrienta guerra civil), vehículos militares y submarinos capaces de portar misiles nucleares a Israel... la lista es larga. Teóricamente esta venta, que ha de aprobar un consejo de seguridad del gobierno alemán —cuyas decisiones tienen lugar a puerta cerrada y cuyos informes se presentan con un año de retraso para impedir que el parlamento bloquee cualquier acuerdo—, tiene lugar de acuerdo con los principios de exportación de armas formulados en un documento creado por el gobierno rojiverde de Schröder, según el cual los derechos humanos tendrán una «consideración especial» y las armas no podrán exportarse a zonas en conflicto. El documento es, obviamente, papel mojado. Cuando los rebeldes asaltaron los cuarteles gadafistas en la guerra civil libia, por señalar un ejemplo reciente, encontraron fusiles de asalto y pistolas Heckler&Koch. Por lo demás, la anarquía posterior pudo provocar que muchas de estas armas terminasen en mano de grupos terroristas o traficantes de armas. Se ha detectado la presencia de armas alemanas en los mercados negros de puntos del planeta tan alejados entre sí como Libia, Pakistán, Sudán o Georgia.

El negocio de la muerte es sigiloso, pero constante. La prensa rara vez habla de él, incluso cuando todos los datos pueden encontrarse sin complicaciones en las páginas web de las compañías de defensa públicas y privadas. KMW no es por supuesto la única empresa que financia partidos políticos. Otra de las grandes empresas del sector es Heckler&Koch. Heckler&Koch es el quinto productor mundial de armas de fuego, provee a los ejércitos y cuerpos de policía de 88 países. Del fusil de asalto Heckler&KochG36 se venden anualmente 7 millones de unidades —tantas como el M16 estadounidense—, lo que lo convierte en uno de los fusiles de asalto más vendidos (y utilizados) del mundo. El H&KG36 ha sido utilizado por las fuerzas de la OTAN y sus aliados en conflictos de dudosa legalidad internacional como la guerra de Kosovo (1996-1999), la guerra en Afganistán (2001-presente), la guerra de Irak (2003-2011), la guerra de Osetia del Sur (2008) y la guerra civil libia (2011). Se ha llegado a calcular que cada quince minutos muere una persona en el mundo por el disparo de una Heckler&Koch. Poco sorprendentemente, la empresa ha tenido que defenderse en más de una ocasión ante los tribunales por violar el reglamento de exportación de armas. Todos los casos fueron archivados: Heckler&Koch es uno de los principales donantes privados de los tres grandes partidos políticos. Como informa la empresa en su propia página web, entre el 2002 y el 2011 Heckler&Koch donó 3.000 euros al SPD, 20.000 euros al FDP y 70.000 euros a la CDU.

Cuantificar el volumen de este negocio es difícil porque la mayoría de cálculos no contemplan más que la fabricación directa de armas y no otras ramas de la industria que participan en él. Así, Crytek, fundada en 1999, más conocida como productora de videojuegos como *Far Cry* o *Crisis*, ha desarrollado *CryEngine*, un *engine* —la representación visual y acústica de un entorno en el espacio virtual— que utilizan varios ejércitos. «Muchas empresas de armamento emplean en sus simuladores de entrenamiento el software de esta empresa de Fráncfort del Meno: desde los astilleros militares ThyssenKrupp Marine Systems hasta la estadounidense Lockheed

Martin», escribe Michael Schulze von Glaßer.[94] Carl Zeiss AG, por ejemplo, provee miras telescópicas a Heckler&Koch para sus fusiles de asalto, Mercedes— Benz produce motores para vehículos militares y así sucesivamente. Nada nuevo: en 1967, la farmacéutica C.H. Boehringer Sohn vendió 270 toneladas de tricolorofenol a una filial neozelandesa de Dow Chemical que posteriormente se emplearon para la fabricación del agente naranja utilizado por el ejército estadounidense en la guerra de Vietnam, que causó 400.000 muertos, 500.000 niños con enfermedades congénitas y un millón de enfermos.[95] La *Luftwaffe* por su parte, colabora en el desarrollo de un avión no tripulado llamado EuroHawk, en el que ha invertido ya más de 1.200 millones de euros y que ha costado al erario público un total de 860 millones euros.[96]

Pecunia non olet. El negocio de la producción y exportación de armas está tolerado en Alemania «incluso por los sindicatos, que consideran los puestos de trabajo en el propio país más importantes que las víctimas en otras regiones del mundo.»[97] Una forma de ideología socialimperialista que se extiende entre los mismos trabajadores alemanes. Todas las propuestas legislativas por terminar con las donaciones de grandes empresas a los partidos políticos se han estrellado contra un muro por la oposición de los conservadores, socialdemócratas, liberales y verdes, cuatro de los cinco partidos representados en el Bundestag. Según el diputado liberal Jörg van Essen, de prosperar una iniciativa así el parlamento terminaría en manos de «desempleados, funcionarios públicos y sindicalistas».[98] De hecho, en julio de 2012 el vicecanciller Philipp Rösler anunció su intención de facilitar la exportación de armas eliminando las provisiones especiales del actual reglamento, pues estas «afectan negativamente a los exportadores alemanes con respecto a su competencia europea.»[99] Según el diputado liberal Martin Lindner, si Alemania no le vende tanques Leopard a Qatar, «entonces los cataríes comprarán tanques estadounidenses Abrams.»[100]

La mayoría de estos datos ni siquiera aparecen en los grandes medios de comunicación, y cuando lo hacen, solo lo hacen de manera marginal, en fuerte contraste con la propaganda del Ministerio para la Cooperación Económica y el Desarrollo y de las misiones internacionales del Technisches Hilfswerk (THW). Alemania destruye con la mano derecha y reconstruye con la izquierda: el negocio perfecto. Hasta no hace mucho los alemanes se avergonzaban por su responsabilidad en «el último gran incendio de Europa». El país se comprometió hacer suyo el lema de las grandes manifestaciones antibelicistas: «¡Nunca más guerra!» (*Nie wieder Krieg!*). Pero eso se acabó hace algún tiempo. Para los barones del acero y la química han vuelto los buenos tiempos, los del Big Bertha y el gas mostaza. A comienzos del nuevo siglo sigue valiendo lo que Ret Marut escribió a comienzos del anterior: «Alemania no tendrá el derecho de decir que Goethe era alemán hasta que en toda Alemania no quede una sola arma de fuego ni bomba de mano o bomba de gas, a no ser como pieza de museo.»[101]

Fuentes y Notas

1. El autor quisiera agradecer por sus consejos y confianza a Antoni Domènech, Daniel Raventós y al resto del equipo de *Sin Permiso*, así como a Sergi Raventós, Daniel Escribano, Francisco Sánchez del Pino, y muy especialmente a mis padres, Àngel Ferrero i Catalayud y Concepción Brotons Gemar, y a Ira Golenkova por su apoyo.

2. AA.VV., «L'appel des écrivains pour l'Europe», *Le Monde*, 25 de enero de 2013. Traducción española: «Europa o el caos», *El País*, 25 de enero de 2013.

3. En una reacción visiblemente alarmista, el ejército suizo realizó en septiembre de 2012 unos ejercicios militares llamados «Stabilo Due» a partir de un escenario de crisis económica aguda, desintegración de la UE y disturbios en sus fronteras. El Ministerio de Defensa suizo anunció también por las mismas fechas su intención de modernizar el ejército. «Switzerland arming in preparation for European meltdown?», *Russia Today*, 12 de octubre de 2012.

4. La edición citada aquí es la alemana: Cohn-Bendit, Daniel; Verhofstadt, Guy, *Für Europa! Ein Manifest,* Hansen, Múnich (2012).

5. Guérot, Ulrike; Menasse, Robert, «Es lebe die europäische Republik!», *Frankfurter Allgemeine Zeitung,* 28 de marzo de 2013.

6. Wagner, Thomas, «Pest oder Cholera», *junge Welt,* 19 de enero de 2013.

7. Biscop, Sven (ed.), «The Value of Power, the Power of Values: A Call for an EU Gran Strategy», Egmont Institute, Bruselas (2009), p. 12 y 20.

8. Wagner, Thomas, op. cit.

9. Cohn-Bendit, Daniel, «Es geht um Quantensprunge», Entrevista, *die tageszeitung,* 2 de octubre de 2012.

10. Durão Barroso, José Manuel, «Discurso en el Parlamento europeo de Estrasburgo», 7 de septiembre de 2010.

11. Luxemburg, Rosa, «Friedensutopien» (1911), Archivo Virtual de los Marxistas: <http://marxists.org/deutsch/archiv/luxemburg/1911/05/utopien.htm>. Este mismo texto sirve para explicar por qué los recientes manifiestos pro-europeístas optan por una estrategia discursiva basada en la urgencia y falta de alternativas para convencer a la población: «La idea de una comunidad cultural europea escribe Luxemburg es completamente ajena al proletariado con conciencia de clase. No la solidaridad europea, sino la solidaridad internacional, que comprende a todos los territorios, razas y pueblos del mundo es el fundamento del socialismo en un sentido marxiano. La solidaridad parcial no es un paso hacia la realización del verdadero internacionalismo, sino su contrario [...]. Igual que combatimos al pangermanismo, al paneslavismo y al panamericanismo como ideas reaccionarias, con la idea de paneuropeísmo no tenemos absolutamente nada en común.»

12. Consejo de la Unión Europea, «European Security Strategy: A Secure Europe In A Better World», European Communities, Bélgica (2009), p. 14.

13. La UE gestiona las fronteras exteriores de sus estados miembro a través de la Agencia Europea para la Gestión de la Cooperación Operativa en las Fronteras Exteriores de los Estados miembros de la Unión (FRONTEX). El personal de FRONTEX patrulla las fronteras armado. El artículo 19 de su código de conducta permite el uso de estas armas si el Estado miembro en el que FRONTEX patrulla lo permite y no excede el mínimo necesitado por las circunstancias. Según el especialista en derecho internacional Gregor Schirmer, «hay que decirlo claramente: la UE libra una guerra contra los hombres que, necesitados, emigran a Europa, donde quieren encontrar protección, trabajo y una vida digna. [...] FRONTEX coordina las acciones de los estados miembro para el control y vigilancia de las fronteras exteriores,

publica «análisis de riesgos» sobre corrientes migratorias, imparte cursos y seminarios sobre protección de fronteras, mantiene un inventario de equipos de defensa, apoya acciones conjuntas de «repatriación» y establece códigos de «buenas prácticas» para la deportación de ciudadanos extracomunitarios. [...] FRONTEX evoluciona hacia una organización de carácter semimilitar para la coordinación de los países miembros para la expulsión de refugiados». Schirmer, Gregor, *Der Aufstieg der EU zur Militärmacht*, Das Neue Berlin, Berlin (2012), pp. 30-33.

14. Altvater, Elmar, *El fin del capitalismo tal y como lo conocemos*, El Viejo Topo, Barcelona (2012), p. 230.

15. Altvater, Elmar; Mahnkopf, Birgit, «La Unión Europea en la era del regreso de la geopolítica», *Sin Permiso*, 28 de octubre de 2010. Aprobados en noviembre de 2004, los battlegroups son unidades militares profesionales supranacionales, operativas en 5-10 días y capaces de desplegarse hasta 120 días sin apoyo suplementario a 6.000 kilómetros de distancia de Bruselas. La UE cuenta con 19 batallones de intervención rápida (16 batallones con 1.500 soldados, 3 batallones con 2.500 soldados).

16. «MedRing: Building an interconnected system across three continents», *Global Transmission Report*, 2 de marzo de 2009.

17. «Power Struggles and the Mediterranean Ring», *Carbon-Nation*, 12 de noviembre de 2008.

18. Schirmer, Gregor, op. cit., pp. 16-17.

19. Rogers, James, «A new geography of European power?», Egmont Institute, Bruselas, enero de 2011.

20. Como denuncia Hauke Ritz, estos análisis geopolíticos son «una mezcla de ciencia e ideología», pues tienden «a subsumir países, culturas y poblaciones enteras junto con su historia bajo el dictado de una lógica de expansión de la influencia de poder a la vez que marginan otros ángulos. [La geopolítica] tiende a reducir las esferas geográficas, históricas y culturales a unas cuantas líneas sobre un mapa. [...] La irreversibilidad de la geografía, a la que los geoestrategas invocan con las flechas, círculos y líneas dibujados en sus mapas, presta a sus análisis la apariencia de objetividad.» Ritz, Hauke, «Die Rückkehr der Geopolitik. Eine Ideologie und ihre fatalen Folgen», *Blätter für deutsche und internationale Politik*, n. 3, pp. 71-80. Entre los fracasos más recientes de los análisis geopolíticos occidentales, que ignoraron la larga cultura de resistencia de los países afectados, se encuentran el golpe de Estado organizado por la CIA y alentado por el MI6 contra Mohammad Mossadegh en Irán en 1953, la Guerra de Vietnam (1955-1975) y la invasión de Afganistán en el 2001.

21. Ritz, Hauke, op. cit., pp. 71-80.

22. Rogers, James; Simón, Luis, «The Status and Location of the Military Installations of the Member States of the European Union and

their potential role for the European Security and Defence Policy (ESDP)», Parlamento Europeo, Bruselas (2009), p. 5

23. Kronauer, Jörg, «Rusia en la encrucijada: Unión Euroasiática vs. Unión Europea», *Sin Permiso*, n. 11, 2012, pp. 127-134.

24. «Ukraine becomes the world's third largest grain exporter», *Agro-News*, 16 de diciembre de 2011.

25. Sommer, Theo, *Diese Nato hat ausgedient. Das Bündnis muss europäischer werden* (Hamburgo, Körber Stiftung, 2012), p. 93.

26. Sommer, Theo, op. cit., pp. 115-124.

27. Khol, Radek, «Ongoing Cooperation Between Europe's Armed Forces», dentro de: Biscop, Sven (ed.), *E Pluribus Unum? Military Integration in the European Union,* Egmont Institute, Bruselas (2005), p. 6. Khol menciona además Bosnia-Herzegovina, Macedonia y Kosovo en los Balcanes, Irak y Palestina en Oriente Medio, Afganistán en Asia Central y el Congo, Costa de Marfil, Sudán, Etiopía y Eritrea en África.

28. «Russia may be drawn into resource wars in the future army chief», *Russia Today*, 14 de febrero de 2013.

29. «Use the force: Rogozin warns military remains main dispute resolution tool», *Russia Today*, 20 de marzo de 2013.

30. «Inside Putin's ambitious push to modernize the Russian military», *Les Echos*, 10 de julio de 2012.

31. Golts, Alexander, «A Paper Army», *The Moscow Times*, 15 de abril de 2013.

32. «Continúa la reforma del ejército ruso», *Rusia Hoy*, 22 de febrero de 2013.

33. «Russia stages massive surprise war games on Black Sea», *Russia Today*, 28 de marzo de 2013.

34. «Kremlin criticizes Georgia-U.S. Military Exercises», *Radio Free Europe*, 3 de abril de 2013.

35. «Manewry Zapad 2013: Rosja i Białoruś przećwiczy prewencyjny atak jądrowy na Warszawę. A NATO?», *Polska Times*, 4 de abril de 2013.

36. «NATO's real protection for the Baltic States», *The Lithuania Tribune*, 1 de febrero de 2013.

37. «Russia Starts Preparing for Zapad-2013», *RIA Novosti*, 11 de marzo de 2013.

38. «Russia to move missiles to Baltic», BBC, 5 de noviembre de 2008.

39. «Geopolitical giants: New China leader in Moscow boosting ties», *Russia Today*, 22 de marzo de 2013.

40. Karaganov, Serguéi, «Friendship With China for a Few More Centuries», *The Moscow Times*, 4 de abril de 2013.

41. «China to become Russia's biggest oil client», *Russia Today*, 22 de marzo de 2013.

42. «List of countries by oil production», Wikipedia. Consulta: octubre de 2012.

43. «Leon Panetta: US to deploy 60% of navy fleet to Pacific», BBC, 2 de junio de 2012.

44. «China hikes defense budget, to spend more on internal security», Reuters, 5 de marzo de 2013.

45. «Rudolf Seiters: It Was Practically a Miracle», *Der Spiegel*, 3 de noviembre de 2009.

46. Sommer, Theo, op. cit., p. 26.

47. Baithwaite, Rodric, «The Myths of Russia», *Financial Times*, 21 de diciembre de 2011.

48. «Condolezza Rice on German Reunification: 'I Preferred to See it as an Acquisition», *Der Spiegel*, 29 de septiembre de 2010.

49. «Poll Reveals Support for 'Greater Albania'», *Balkan Insight*, 17 de noviembre de 2010.

50. CIA The World Factbook, edición digital, 2013.

51. Ditfurth, Jutta, op. cit., pp. 170-172.

52. Altvater, Elmar, op. cit., p. 231, n10.

53. «Verstärkte Hilfe für syrische Rebellen: Saudi-Arabien liefert Waffen per Luftbrücke», *Der Spiegel*, 25 de marzo de 2013.

54. Ditfurth, Jutta, op. cit., p. 174.

55. Blome, Nikolaus, «Neue Nato für Europa», *Die Welt*, 14 de octubre de 2010.

56. Ditfurth, Jutta, op. cit., pp. 173-174.

57. Íbid., p. 142.

58. «Bombardement bei Kunduz: US-Piloten warnten schärfer vor Luftangriff als bisher bekannt», *Der Spiegel*, 5 de septiembre de 2009.

59. «Afghan politician calls German air strike payouts 'laughable'», *The Local*, 6 de agosto de 2010.

60. «Kunduz-Affäre: Bundeswehr-Oberst Klein soll General werden», *Der Spiegel*, 8 de agosto de 2012.

61. «Deutsche soldaten posieren mit Totenschädel», *Handelsblatt*, 25 de octubre de 2006.

62. Sommer, Theo, op. cit., p. 51.

63. Braun, Reiner, «No hay ninguna diferencia entre darle el dinero a Karzai y quemarlo», *Sin Permiso*, 20 de mayo de 2012.

64. «Afghanistan: high expectations of record opium crop», *The Guardian*, 15 de abril de 2013.

65. Consejo de la Unión Europea, «European Security Strategy: A Secure Europe In A Better World», European Communities, Bélgica (2009), p. 32.

66. Íbid., p. 49.

67. Íbid., p. 53.

68. Para una historia de los llamados piratas somalíes: Sempere, Joaquín, «Los verdaderos piratas», *Público*, 25 de octubre de 2009.

69. Schölzer, Arnold, «Entwaffnet Merkel!», *junge Welt*, 24 de octubre de 2010.

70. Heinelt, Peer, «Ein deutscher Christ», *konkret*, 1/2013, p. 23-25.

71. «Das ist jetzt aber unfair», *Der Spiegel*, 26 de noviembre de 2012.

72. Förster, Andreas, «Standhaft ignoriert», *Der Freitag*, 8 de noviembre de 2012.

73. «Prekarier in Uniform», Deutschlandradio, 13 de enero de 2011.

74. «Hohe Selbstmordrate bei Auslandseinsätzen der Bundeswehr», *Der Spiegel*, 4 de septiembre de 2011.

75. «Unselige Traditionspflege bei der Bundeswehr», ‚Kontraste', ARD, 29 de noviembre de 2012.

76. Wurm, Philipp, «Mit Sicherheit ein gutes Geschäft», *Der Freitag*, 15 de noviembre de 2012.

77. Rath, Christian, «Soldaten sind keine Ersatzpolizisten», *Der Freitag*, 23 de agosto de 2012.

78. Haydt, Claudia, «Schlachtfeld Innenstadt», *junge Welt*, 4 de septiembre de 2012; «Ausbau des Gefechtsübungszentrum dient auch Indlandseinsätzen», *Bundeswehr-Monitoring*, 6 de septiembre de 2012.

79. Trenkamp, Oliver, «Studenten gegen Militärforschung», *Der Spiegel*, 2 de agosto de 2012; Ann-Kathrin Nezik, «Unis und Moral: Pikante Projekte: Sollen Hochschulen Rüstungsforschung betreiben dürfen», *Der Tagesspiegel*, 14 de noviembre de 2012.

80. Kramer, Bernd, «Gegen Hilfslehrer in Uniform», *die tageszeitung*, 24 de septiembre de 2012.

81. «Bloß nicht anlehnen! Linda, Alexander, Eric und Paul waren für zwei Wochen Praktikanten bei der Armee», *Märkische Allgemeine*, 6 de noviembre de 2012.

82. Kramer, Bernd, «Bundeswehr an Schulen: Waffengleichheit im Klassenzimmer», *die tageszeitung*, 13 de octubre de 2012.

83. «The Top 20 Arms Exporters, 2007- 2011», Stockholm International Peace Research Institute.

84. Müller, Stephan, «Supermarkt für Killer», *junge Welt*, 22 de septiembre de 2012.

85. Consejo de la Unión Europea, «European Security Strategy: A Secure Europe In A Better World», European Communities, Bélgica (2009), p. 23.

86. Krätke, Michael R., «Alarma en la isla de los benditos», *Sin Permiso*, 5 de agosto de 2012.

87. Grass, Karen, «Waffenhandel muss begrenzt werden», *die tageszeitung*, 7 de julio de 2012.

88. Zumach, Andreas, «Der Bedarf hat sich verfünffacht», *die tageszeitung*, 29 de julio de 2012.

89. Leukefeld, Karin, «Wandel zum Kriegsherrn», *junge Welt*, 18 de abril de 2013.

90. Hansen, Sven, «Rüstungsexporte: Indonesien will deutsche Kampfpanzer», *die tageszeitung*, 5 de julio de 2012.

91. Gysi, Gregor, «¡Ningún tanque a Arabia Saudí! El parlamento alemán debe mostrar su rechazo al acuerdo», *Sin Permiso*, 10 de julio de 2011.

92. Göbel, Rüdiger, «FDP für Leopard-Deal», *junge Welt*, 1 de agosto de 2012.

93. Bratanovic, Daniel, «Leopard anleinen», *junge Welt*, 14 de julio de 2012.

94. Schulze von Glaßer, Michael, «El complejo militar-industrial bajo su árbol de Navidad», *Sin Permiso*, 8 de enero de 2012.

95. «Eine unselige Geschichte», *Der Spiegel*, 23 de noviembre de 2012.

96. Scheer, André, «Deutscher Drohnenkrieg», *junge Welt*, 7 de julio de 2012.

97. Kebir, Sabine, «Drohnen über Timbuktu», *Der Freitag*, 31 de octubre de 2012; para un ejemplo del apoyo de algunos sindicalistas a la industria bélica: Koch, Hannes, «Ein Manöver in eigener Sache», *Der Freitag*, 28 de junio de 2012.

98. Van Essen, Jörg, «FDP-Fraktion offen für mehr Transparenz Ziel sollte fraktionsübergreifende Lösung sein», 16 de octubre de 2012. Las declaraciones de van Essen no pueden interpretarse más que como una muestra de cinismo, pues en Bruselas, por ejemplo, frente a los 482 lobistas empresariales, que reprsentan casi el 60% de los expertos, solo hay 11 representantes sindicales (1,3%).

99. «Aufregung um mögliche Lockerung von Regeln für Rüstungsexporte», *Der Spiegel*, 15 de julio de 2012.

100. «Leopard-Panzer für Katar ‚nur um defensiven Gebrauch' FDP-Abgeordneter nennt Kritik an Rustüngsexport», deutschlandradio, 31 de julio de 2012.

101. Marut, Ret/Traven, Boris, *En el estado más libre del mundo,* Alikornio, Barcelona (2000), p. 92.

III. ¿QUÉ FUE DE LA IZQUIERDA?

Àngel Ferrero

1. Die Linke: un nuevo partido de izquierda para Alemania

Cuando el 9 de noviembre de 1989 cayó el Muro de Berlín, el Partido Socialista Unificado de Alemania (SED, por sus siglas en alemán), fundado en 1946 en la zona de ocupación soviética como fusión, bajo la égida soviética, del Partido Socialdemócrata (SPD) y el Partido Comunista (KPD), había perdido toda su legitimidad y apoyo popular. Ese era el resultado de cuarenta años de gobierno autoritario, inmovilismo político y estancamiento social. A comienzos de 1990, la mayoría de sus militantes —hasta un 95% de sus más de dos millones de afiliados— se habían dado de baja del partido. Gregor Gysi, un conocido abogado de la RDA que había defendido en los tribunales en los años setenta y ochenta a críticos del régimen como Robert Havemann, Rudolf Bahro, Ulrike Poppe, Bärbel Bohley o Frank Castorf y que militaba en el Neues Forum —el movimiento social que exigía reformas democráticas al régimen—, encabezó a los reformistas del SED y transformó gradualmente al viejo partido de gobierno en el nuevo Partido del Socialismo Democrático (PDS). Aunque la mayoría de politólogos pronosticaron para el PDS el ostracismo institucional e incluso su desaparición —los medios de comunicación lo presentaban como un partido a redropelo de la historia—, la formación consiguió hacerse fuerte en los estados orientales de la nueva República Federal Alemana, donde la Reunificación vino acompañada por la terapia de *shock* neoliberal y la unión monetaria, que disparó la tasa de paro en los estados federados de Alemania oriental hasta un 12 y un 24%. La promesa de «paisajes florecientes» del canciller Helmut Kohl en 1990 se convirtió en una broma de mal gusto a medida que en los nuevos estados federados se multiplicaban las fábricas abandonadas, se deterioraban las infraestructuras y aumentaban las colas de desempleados sin ninguna perspectiva de reinserción en el mercado laboral. El tejido social se descompuso y trajo consigo fenómenos hasta entonces marginales o incluso desconocidos en la RDA, como la mendicidad, la drogodependencia y la criminalidad. La extrema derecha encontró terreno abonado en los jóvenes carentes de perspectivas y en los trabajadores no cualificados marginados del nuevo mercado laboral.

En paralelo, el discurso de «el fin de la historia», una perversión hegeliana acuñada por Francis Fukuyama en 1992 según la cual la historia, entendida como una lucha entre ideologías, habría terminado con la derrota de la URSS en la guerra fría, se imponía. Un año después, Samuel P. Huntington reforzó lo que con el tiempo llegó a conocerse como «pensamiento único» con su teoría del «choque de civilizaciones», que los medios de comunicación rápidamente popularizaron presentando como pruebas el crecimiento del islam político y el aumento de las tensiones étnicas en Asia Central y los Balcanes. Los noventa fueron también un período de derrota intelectual para la izquierda, que aún no había logrado recuperarse del retroceso experimentado tras el 68.

En las primeras elecciones libres al parlamento de la RDA (*Volkskammer*), celebradas el 18 de marzo de 1990, el PDS consiguió el 16,4% de los votos, pero en las elecciones federales del 2 de diciembre de 1990 —las primeras tras la Reunificación— solo obtuvo el 2,4% debido a su ausencia en todos los estados federados occidentales, y así, mientras en Alemania Occidental consiguió un testimonial 0,3% de los votos, en Alemania Oriental el porcentaje llegó al 11,1%, una tendencia que persistiría durante los años siguientes. En las elecciones federales de 1994, el PDS subió dos puntos porcentuales (4,4%), y, cuatro años después, en 1998, solo lo hizo un punto (5,1%) —a pesar de lo cual se comenzó a hablar ya de la posibilidad de formar un tripartito federal (SPD-PDS-Verdes)—, que perdió en los siguientes comicios de 2004 (4%), debido a las dicultades para enraizar en los estados federados occidentales, las crisis internas, el trasvase de votos y militantes hacia el SPD y una agresiva campaña mediática de desprestigio, en la que se acusó a varios de sus dirigentes de pertenencia o colaboración con los servicios de inteligencia de la RDA. Las protestas contra la Agenda 2010, que Gysi calificaría más tarde de «consenso fundacional de Die Linke (La Izquierda)», ayudaron a galvanizar a la formación y, un año después, el PDS cambiaba su nombre por el de Linkspartei PDS y aprobaba la coalición con la Alternativa Electoral por el Trabajo y la Justicia Social (WASG), un pequeño partido político formado por sindicalistas y ex militantes del SPD descontentos con el giro antisocial del gobierno rojiverde. Y en este momento de su periplo político, el partido se cruzó con un hombre que ha protagonizado, en palabras de Xosé Manuel Beiras, «un proceso de radicalización según avanzaba en edad, inversamente al de los *jeunes loups* del mayo francés paulatinamente reconvertidos a una morigerada acomodación al sistema».[1]

Nacido en el seno de una humilde familia católica, Oskar Lafontaine comenzó a militar en 1966 en los *Jusos*, las juventudes socialdemócratas, a los 23 años. Orador brillante, pronto llamó la atención de Willy Brandt y se convirtió —junto con Björn Engholm, Rudolf Scharping y Gerhard Schröder— en uno de los llamados «nietos de Brandt», término con el cual el ex canciller socialdemócrata apadrinaba a una nueva generación de socialdemócratas pasando por alto a «la generación de los hijos» —Helmut Schmidt, Hans-Jochen Vogel— en lo que se quería no solo un cambio generacional, sino también social con un programa construido sobre tres ejes: la equiparación de la mujer en el trabajo y en la sociedad,[2] la modernización ecológica de la economía y una reforma laboral con reducción la jornada laboral sin reducción salarial, como la que en el 2000 llevaría a cabo el gobierno de Lionel Jospin en Francia. Tras su paso por la alcaldía de Saarbrücken, Lafontaine se convirtió en ministro-presidente del pequeño estado federado del Sarre en 1985, cargo desde el cual promovió una política de fomento del sector público que le granjeó una enorme popularidad, y abogó por continuar la política de distensión con la RDA comenzada por Brandt, chocando en no pocas ocasiones con la línea oficial de su propio partido, como cuando se opuso a la decisión del canciller Helmut Schmidt de desplegar de misiles de crucero equipados con ojivas nucleares como respuesta a los SS-21 soviéticos, llegando a participar en el bloqueo a la base militar de Mutlangen que duró tres días.[3]

En 1990, Oskar Lafontaine fue nombrado candidato del SPD en las elecciones federales, pero Helmut Kohl supo capitalizar el entusiasmo popular de la Reunificación, y Lafontaine, que criticó la unión monetaria por sus desastrosas consecuencias económicas para Alemania Oriental —como efectivamente terminó ocurriendo— acabó perdiendo frente al candidato conservador en una pugna que muchos compararon a la de David con Goliat. Los motivos que causaron su derrota electoral no fueron, empero, exclusivamente políticos: al terminar un acto de campaña en Colonia, Adelheid Streidel, una esquizofrénica con delirios paranoicos, se abalanzó sobre Lafontaine y le clavó un cuchillo en la garganta que le alcanzó la arteria carótida, provocándole una fuerte hemorragia que a punto estuvo de costarle la vida. Tras la derrota electoral y el atentado, Lafontaine volvió a saltar a la palestra en el Congreso de Mannheim de 1995, en el que fue elegido Presidente del SPD por una holgada mayoría —321 frente a 190 votos— en una votación que lo enfrentó a Rudolf Scharping, con un programa y una campaña electoral modernas que apostaban por la defensa del Estado social y la creación de empleo frente al *dumping* salarial. La campaña obtuvo su recompensa con una clara victoria de los socialdemócratas en las elecciones federales de 1998 (40,9%). El SPD pudo formar una coalición de gobierno con Los Verdes (6,7%), una fórmula electoral que el propio Lafontaine había contribuido a forjar desde mediados de los noventa en contra de la opinión de buena parte de sus propios compañeros de partido, de los medios de comunicación y de la patronal alemana. El hastío de dieciséis años de gobierno de Kohl era evidente, y, en palabras de Jutta Ditfurth, «la burguesía estaba fascinada con la idea de que Joseph «Joschka» Fischer, un antiguo «violento» y taxista se convirtiese en ministro de Asuntos Exteriores. [...] Apenas llamó la atención que, salvo en un par de debates vacíos, nadie se indignase por el hecho de que Otto Schily, un «abogado defensor de terroristas» y antiguo diputado verde, pasase a ser el responsable de la «seguridad interior», y que con Jürgen Tittin un miembro de la Liga Comunista (KB) se convirtiese en ministro de Medio ambiente.»[4]

Oskar Lafontaine fue nombrado ministro de Economía del primer gabinete de Gerhard Schröder, una decisión que no fue bien recibida por el *establishment*, pero tampoco por algunos de los ministros socialdemócratas —como Scharping, recién nombrado ministro de Defensa—, que se dedicaron a obstaculizar su trabajo. La propuesta de Lafontaine de embridar a los mercados financieros y de restringir la especulación monetaria fijando los límites cambiarios en acuerdos internacionales —dos medidas que hubieran servido para frenar los movimientos especulativos que, más de una década después, han conducido a la actual crisis— disparó una campaña internacional contra Lafontaine y el británico *The Sun* llegó a hablar de él como del «hombre más peligroso de Europa»,[5]sin que nadie saliera en su defensa. El gobierno rojiverde, en el que la población alemana tantas esperanzas había depositado, comenzó a defraudar al electorado cuando sus dos figuras más conocidas, Gerhard Schröder y Joschka Fischer, aprovechando las negociaciones para el llamado «apagón nuclear», comenzaron a obtener contactos con las grandes empresas del sector energético.[6] El 10 de marzo, después de una tensa reunión de gobierno, Lafontaine dimitió de todos sus cargos en el gobierno y en el partido en señal de protesta, alegando «falta de juego de equipo». Solo habían pasado seis meses de la entrada de la coalición rojiverde en el gobierno, pero el día de su dimisión los parqués europeos cerraron con ganancias. Unos días después Lafontaine explicó su decisión a la cadena de televisión ARD frente a su casa en el Sarre y terminó su declaración con unas palabras que más tarde se hicieron famosas: «el partido no debe olvidar una cosa: que el corazón aún no cotiza en bolsa, pero sí tiene un lugar. Late a la izquierda.» Pero el gobierno hizo oídos sordos y continuó su giro. Lafontaine recordaría más tarde la sorpresa que le causó la deriva de la coalición socialdemócrata:

> Tras mi dimisión, la política de la coalición rojiverde evolucionó de un modo que nunca hubiera imaginado y que me llenó de preocupación. Resulta difícil comprender que precisamente bajo un gobierno federal socialdemócrata, la República Federal de Alemania participara por vez primera en una guerra que violaba el derecho internacional y que era irreconciliable con la Constitución. La guerra de Kosovo toca el nervio de la concepción socialdemócrata de la política. El 8 de junio de 1999, poco antes de las elecciones europeas, se presentaba en Londres el manifiesto

> Schröder-Blair, y Hans Eichel daba a conocer su Programa de futuro 2000. Entonces ya me sentí desafiado. Nosotros habíamos ganado las elecciones con la promesa de hacer otra política, con la promesa de hacer realidad en nuestro país una mayor justicia social.[7]

El 24 de mayo, Lafontaine abandonó oficialmente el SPD. Debido a su trayectoria, hubo todo tipo de especulaciones sobre su futuro político, hasta que dos semanas después se presentó oficialmente como candidato de la coalición entre el Linkspartei PDS y la WASG, en *ticket* electoral con Gregor Gysi. A pesar de la sorpresa de muchos, Lafontaine ya había favorecido desde el SPD un acercamiento al PDS:

> Con Gregor Gysi —escribe Lafontaine— mantuve algunas conversaciones. Al principio suscitaron gran interés en los medios. Siempre le pregunté cuál era verdaderamente el objetivo a largo plazo de su política, pues una política socialdemócrata ya la había, así argumentaba yo, y él decía no querer una política comunista. También le plantee la cuestión de si acaso la historia de este siglo no nos había enseñado que la izquierda es tanto más débil cuanto más se divide en grandes partidos. Yo siempre había opinado que un fuerte partido mayoritario de izquierda era el requisito fundamental para lograr imponer los intereses de los trabajadores en una democracia.[8]

2005-2009: una fuerza en auge

Con la alianza con la WASG, Die Linke conseguía ganar presencia en los sindicatos de un modo que el PDS, anclado en la antigua Alemania Oriental, difícilmente podía conseguir por sí solo. Los vientos, además, le eran favorables: una encuesta del semanario *Der Spiegel* —en cuya portada, bajo el titular «El nuevo poder de la izquierda», aparecía Karl Marx haciendo el signo de la victoria— un 53% de los encuestados de la antigua Alemania Oriental y un 43% de la occidental respondía inequívocamente que el nuevo partido de Die Linke «es un partido completamente nuevo» cuya idea rectora es «la justicia social».[9] Die Linke logra invertir la tendencia y comienzan a producirse las primeras fugas de militantes del SPD; los socialdemócratas comienzan, sin éxito, a «intentar evitar lo inevitable, esto es, el establecimiento de una fuerza a su izquierda, mediante intentos torpes y dolorosos desde el ostracismo, retratando al oriental PDS como políticamente fiable pero invadido por una tropa de desnortados izquierdistas del Oeste irresponsables a la hora de gobernar».[10] En marzo de 2007, el Linkspartei PDS y la WASG deciden en un Congreso en Dortmund fusionarse con un 83,9 y un 96,9% de votos a favor del WASG y el Linkspartei PDS respectivamente. Die Linke, fue la nueva marca. Se presentó oficialmente como la alternativa de izquierdas para toda Alemania el 16 de junio en Berlín. «Durante las discusiones para establecer el nombre del nuevo partido», escribe Solty, «un sector importante de antiguos militantes del PDS insistieron [...] en mantener el término «socialismo democrático» [...] para reflejar el objetivo del partido de superar el capitalismo con medios democráticos».

> Sin embargo —continúa—, retrospectivamente, puede decirse que la elección consciente (¿o fue la «iluminación» del *Weltgeist* en el momento oportuno?) de llamarlo, simplemente, y no sin audacia, Die Linke, se ha demostrado como un sabio movimiento estratégico, ya que arrebata a los viejos partidos de izquierda el monopolio de definir lo que es la «izquierda» y confronta a la opinión pública, así como a su propia militancia, con esta cuestión crucial tras el fracaso de la izquierda post-sesentayochista y el

agotamiento de sus energías utópicas en el contexto de su subsunción en el neoliberalismo.[11]

En lugar de absorber a la WASG, el Linkspartei PDS decidió que los cargos del nuevo partido se repartieran equitativamente entre los miembros de ambas formaciones para garantizar la pluralidad. Entrevistado por el *Frankfurter Rundschau*, Gregor Gysi declaró entonces que:

> La WASG era más bien pugnaz, era apresurada y nerviosa, como son los partidos jóvenes. Y yo me dije: la mezcla no está nada mal; nosotros estamos un poco como adormecidos y estos aún bullen de vida. [...] La WASG trae consigo un ala sindical genuina, no gastada. Son biografías germano-occidentales de todo punto probadas. Y quienes se nos han unido no son gentes periféricas en el oeste.[12]

Die Linke, como figura en su programa de Dortmund de 2007, es ciertamente un partido como no ha existido en Alemania. Hay quien ha intentado buscar paralelismos históricos con el Partido Socialdemócrata Independiente de Alemania (USPD) o el Partido Socialista Obrero de Alemania (SAPD) —dos escisiones por la izquierda del SPD en la República de Weimar—, y la prensa extranjera no logra dar con el adjetivo que lo describa (¿socialista, socialdemócrata, post-comunista?); Solty ha intentado explicar la complejidad del fenómeno de un partido como Die Linke a la luz de la reciente historia alemana y europea:

> La prohibición del KPD durante la guerra fría en el Estado en primera línea de frente que fue Alemania Occidental, condujo a un desarrollo diferente del que se produjo en otras variantes continentales de sistemas de representación electoral proporcional, en los cuales de los movimientos de

resistencia antifascistas de la Segunda Guerra Mundial surgieron fuertes partidos comunistas (incluyendo la paradoja de que, en los países donde las tendencias revolucionarias eran más fuertes el capitalismo fue introducido más o menos a la fuerza, mientras que en los países de Europa oriental con movimientos de resistencia menos caracterizados por su socialismo se impuso una economía socialista planificada por el Estado en el contexto de una guerra fría). Desde este punto de vista, Die Linke no es un debilitado vestigio de épocas pasadas con una fuente de dirigentes procedentes de la década de los sesenta cada vez más envejecida, sino una nueva formación política que surge en el seno de una crisis hegemónica del neoliberalismo, cuyos perfiles se van dibujando gradualmente con una mayor concreción.[13]

El proceso de formación y consolidación del partido no estuvo exento de tensiones. Las discusiones entre las diferentes alas —poscomunistas, socialistas de izquierda, socialdemócratas descontentos, trotskistas y cristianos de base— son bien conocidas —y explotadas— por los medios. A pesar de los desacuerdos, más aparentes que reales, la campaña de desprestigio de la prensa e incluso el hostigamiento del Estado —con los diputados de la formación abiertamente espiados por los servicios secretos—, Die Linke no dejó de crecer desde el 2007. Este crecimiento fue resultado, como escribe Antoni Domènech:

> Del progresivo adelgazamiento de las fuerzas del espacio político de centro, visible en el sostenido retroceso electoral, en votos y en escaños parlamentarios, de la suma de CDU-CSU (democracia cristiana centroderechista) y SPD (socialdemocracia centroizquierdista) [que] apunta inequívocamente a una polarización política creciente de la población alemana.

En la jerga académica convencional —continúa—, el paisaje político de la distribución de preferencias políticas en un espectro que va de la derecha radical a la izquierda radical estaría pasando de una distribución unimodal (en forma de dromedario: el grueso de los votante se apiña en el centro del espectro político) a una bimodal (en forma de camello: el grueso de los votantes se distribuye en dos montañas, una a la izquierda y otra a la derecha del espectro político). Y ese cambio de paisaje en la distribución de las preferencias políticas de la población es lo que explicaría los cambios en la configuración de la representación política y, consiguientemente, en el sistema de partidos.[14]

Cabe añadir que, sin Die Linke «Alemania se hubiese convertido en el siguiente país (después de Francia, Italia, Dinamarca, Holanda, Noruega, Suiza, etc.) en perder un importante sector de la clase obrera, fragmentada o desclasada, en favor del populismo de derechas o la extrema derecha».[15]

Las elecciones federales de 2009 fueron un éxito para Die Linke, que obtuvo un 11,9% de votos, el mejor resultado de una fuerza a la izquierda de la socialdemocracia en toda la historia de la República Federal. El desplome del SPD, que dilapidó el escaso capital político que le quedaba en una coalición con los conservadores, permitió a Angela Merkel prescindir de los socialdemócratas y formar cómodamente coalición con los liberales (FDP). Un eufórico Oskar Lafontaine declaró en la rueda de prensa en la Berliner Kulturbrauerei:

Die Linke fue fundada hace tan solo dos años. Teníamos el objetivo de salir nuevamente reforzados con estas elecciones al Bundestag. Teníamos el objetivo de entrar, además de en los parlamentos de los estados federados de la antigua Alemania Oriental, en al menos tres parlamentos germano-occidentales con éxito. Hemos superado claramente nuestros objetivos. Ahora contamos con representación parlamentaria en seis parlamentos de los estados federados occidentales. En las elecciones al Parlamento federal hemos conseguido en poco tiempo un porcentaje de votos de dos dígitos. Puede decirse sin exageración alguna que Die Linke ha modificado definitivamente el sistema de partidos alemán.[16]

2009-2012: una oportunidad perdida

El 8 de octubre de 2011, en un acto de Die Linke en el Auditorio Central de la Humboldt-Universität de Berlín, Heinz Bierbaum, diputado de la formación en el Sarre, declaró lacónicamente que un partido «sin movimiento no es nada, pero un movimiento sin partido carece de orientación y de estrategia política», y Die Linke —añadió de inmediato— «es demasiado poco movimiento». Desde las páginas de *Der Tagesspiegel* Petra Pau, diputada en el Bundestag, se lamentaba de que «apenas llegamos a determinados sectores sociales, como por ejemplo los jóvenes que trabajan en las industrias de futuro y los que viven con relaciones de trabajo precarias. Las viejas recetas sindicales y la lucha de clases verbal no ayudan a solucionar este problema».[17] En el 2011 Die Linke fracasó en todos los objetivos que se marcó: no consiguió renovar la representación parlamentaria en Baden-Württemberg y Renania-Palatinado, en Bremen y en Hamburgo cosechó resultados por debajo de lo esperado, en Sajonia-Anhalt y Mecklenburgo-Pomerania Occidental perdió su posición de partido más votado, y, finalmente, la pérdida de votos en el Senado de Berlín, y el cambio en el equilibrio de fuerzas que supuso la irrupción del Partido Pirata —que se benefició del desgaste del resto de fuerzas, conectando con una nueva generación de votantes que ha crecido con las nuevas tecnologías de la información y la comunicación y las redes sociales—, impidieron la renovación de la coalición roji-roja (SPD-Die Linke). En el 2012 se repitió el mismo fracaso, con el mismo patrón.

¿Qué pasó entre el 2009 y el 2012 para que el ascenso de Die Linke frenase en seco? Los motivos que explican el retroceso de Die Linke —tanto más aparentemente inexplicable si se tiene en cuenta que tuvo lugar en el comienzo de la peor crisis económica del capitalismo mundial en ochenta años— son una mezcla de factores externos e internos. Entre los primeros se cuenta sin duda la hegemonía ideológica del gobierno de la CDU, ejercida a través de un oligopolio mediático afín, que ha conseguido hacer dominante su interpretación demagógica y moralizante de la crisis europea consistente en culpabilizar a los supuestos países «manirrotos» del sur de Europa, la momentánea estabilidad socioeconómica de Alemania —especialmente en comparación con sus vecinos— gracias a la canalización de sus exportaciones a los países emergentes y la habilidad política del SPD y Los Verdes para recuperar su espacio político, logrando que los votantes olviden poco a poco los costes sociales de sus reformas —presentadas como un éxito en términos económicos—, y adoptando algunos puntos del programa de Die Linke. Tom Strohschneider escribió que «los temas que le reportaron éxito [a Die Linke] han sido absorbidos por la competencia, con quien debe compartir las bancadas de la oposición. [Además] el «teñido de verde» de su discurso político no le ha reportado una mayor credibilidad [...] Die Linke ha reaccionado demasiado tarde a los cambios sociales y reivindicaciones políticas al margen de los partidos establecidos, de las cuales la aparición de la figura del «ciudadano enfadado» (*Wutbürger*) o el ascenso del Partido Pirata son una muestra».[18] El propio Gregor Gysi resumía la situación como sigue:

> A menudo me dicen que nuestras propuestas son buenas, pero que nos falta la experiencia de su aplicación, lo que

> las convierte [a ojos de estas personas] en irrealizables. En segundo lugar, e insisto una vez más en ello, nos ha dañado la propensión a ocuparnos demasiado de nosotros mismos. Es algo que tenemos que superar rápidamente. El grupo parlamentario se ha puesto ya en ello tras la clausura de su reunión en Rostock. En tercer lugar, nos encontramos en una situación de crisis que produce miedo hacia los experimentos. Y en cuarto lugar, muchos medios de comunicación nos reducen a nuestras disputas internas. Recién acabo de leer el cable de una agencia, según el cual un miembro de Los Verdes reclama la creación de una banca pública europea que pudiera asignar créditos directos a Grecia. Nosotros reivindicamos algo hace así desde hace meses, pero a los medios entonces no les interesó demasiado.[19]

Los medios de comunicación alemanes, mayoritariamente hostiles a Die Linke, a la que repetidamente ningunean, le dedicaron una atención poco usual tras su victoria. Ya la dimisión de Oskar Lafontaine de la presidencia por un cáncer de próstata se mezcló con su relación extramatrimonial con Sarah Wagenknecht y sus disputas con el jefe de campaña, Dietmar Bartsch. La nueva presidencia, compuesta por Gesine Lötzsch y Klaus Ernst, se dejó arrastrar a polémicas alimentadas por los medios de comunicación —desde el artículo de Lötzsch titulado *Una vía al comunismo* y la posición a adoptar respecto al conflicto palestino-israelí a la interpretación histórica del Muro de Berlín o la felicitación a Fidel Castro en su 85º aniversario— que un sector del partido trató de aprovechar para dirimir otras cuestiones y que llevaron a la formación a perder un tiempo precioso. Ingo Niebel describió bastante bien la situación al afirmar que Die Linke «se ha dejado llevar a los campos de batalla que le ha indicado el enemigo. Y nunca ha de librarse una batalla en el campo elegido por el enemigo porque, si lo ha elegido él, es porque sabe que ahí va a ganar».[20]

Die Linke, en efecto, se ocupó «con temas que no interesan a nuestros votantes», como señaló más tarde Lafontaine, quien añadió que en el partido había «una falta de disciplina entre algunos de nuestros cargos públicos y funcionarios. A pesar de llevar muchos años en política, algunos no han aprendido todavía que los partidos que están divididos no son votados».[21] La evidente debilidad de la presidencia del partido para frenar estas disputas intrapartidarias las agravó aún más e hizo más grande el vacío dejado por el carismático Lafontaine, cuyo discurso directo y sin ambages y experiencia en el gobierno eran un valor seguro para Die Linke.

El primer paso para salir del bache fue el Congreso extraordinario de Erfurt, celebrado entre el 21 y 23 de octubre de 2011, en el que se aprobó, con un 96,9% de votos a favor, el programa del que aún carecía la formación y que sustituyó al documento fundacional provisional por el que hasta entonces se regía. La demora en la redacción y aprobación del programa —que contempla la nacionalización de la banca, la prohibición de las agencias de trabajo temporal, el establecimiento de un salario mínimo interprofesional equivalente al 60% del salario medio y la renuncia a la participación del Ejército alemán en el extranjero bajo el manto de las llamadas «intervenciones humanitarias»—, cuyo primer borrador se presentó en marzo de 2010, contribuyó al retroceso de Die Linke y tampoco logró detener las peleas intestinas, que de hecho aumentaron cuando Dietmar Bartsch presentó su candidatura a la presidencia para el Congreso de Gotinga. En medio de un ambiente tenso, Gregor Gysi llegó a insinuar en aquel congreso la posibilidad de una escisión: «si la situación no cambia —dijo— acaso sea mejor que nos separemos».[22] Finalmente, la elección de dos candidatos de consenso, Bernd Riexinger y Katja Kipping, consiguió conjurar la partición, pero dejaba pendiente la difícil tarea de remontar las encuestas de intención de voto —de un 11% pasó a un 7%— y conectar al partido con los movimientos sociales.

El debate entre quienes defienden la formación de coaliciones roji-rojas y tripartitas (SPD-Die Linke-Verdes) y quienes prefieren continuar en la oposición y en contacto con los movimientos sociales para «cargarse de razones» sigue abierto. Aunque el Partido Pirata podría echar el ancla en el sistema de partidos alemán, la evidente debilidad de su programa político —cuya vaguedad permite la convivencia con corrientes neoliberales— y rápida integración en el aparato institucional no auguran una alteración del sistema de partidos como la que causó Die Linke y, una década antes que ella, Los Verdes. La edad avanzada de los militantes, las peleas internas y la existencia de unos medios de comunicación contrarios no son, al fin y al cabo, problemas exclusivos de Die Linke alemana. A pesar del «cordón sanitario» al que está sometida, difícilmente puede hablarse de fracaso: muchas de sus propuestas —como el establecimiento de un salario mínimo interprofesional (inexistente en Alemania), la supresión del copago sanitario y las tasas universitarias o el incremento de las prestaciones por desempleo— han sido ya adoptadas por el resto de formaciones, que no hace tanto las tenían por «irrealizables», la coalición roji-roja en Brandenburgo sigue contando con un amplio apoyo popular y a escala federal cabe suponer que, en el incierto futuro que aguarda a Europa, contará prácticamente con todo el margen izquierdo libre para su desarrollo —por deserción del SPD, Los Verdes e incluso de los sindicatos—, siempre y cuando, claro está, sepa encajar los golpes y contrarrestar la hegemonía ideológica del capital alemán y no se deje atrapar en una dinámica exclusivamente parlamentaria y plantee alternativas creíbles para superar el capitalismo. «Hay proyectos políticos que pueden entusiasmarnos», dijo Lafontaine en el Congreso de Mannheim del SPD en 1995, «y si nos entusiasman a nosotros, entonces podremos entusiasmar a los demás».

2. SPD: en la crisis de la socialdemocracia

Si el crecimiento electoral de Die Linke en el período de 2007-2009 no puede explicarse sin el desplome de la socialdemocracia, el ocaso del SPD se inscribe en el más general de la socialdemocracia europea. Por su historia —es el partido socialdemócrata más antiguo del mundo— y por su peso electoral, el SPD es ejemplo paradigmático de esa crisis. En las elecciones generales de 2009 en España, el PSOE obtuvo el peor resultado de la formación desde la Transición —un 28,76%— y sigue desangrándose en las encuestas. En Italia, el PSI se disolvió en 1994 después de que el escándalo de corrupción de Tangentópoli hiciera implosionar el sistema de partidos, y su sucesor, el Partito Democrático (PD), no ha conseguido recuperar el espacio tradicionalmente reservado a la socialdemocracia, viendo incluso como una formación nueva como el Movimiento 5 estrellas de Beppe Grillo recoge el descontento de los electores. En el Reino Unido, el Partido Laborista perdió el gobierno en las elecciones generales de 2010 con su peor resultado desde 1931 —29% de los votos— sin perspectivas de mejora. En Holanda, en Suecia y en Finlandia los partidos ultras —el Partido de la Libertad de Geert Wilders, los Demócratas Suecos de Jimmie Åkesson y los Verdaderos Finlandeses de Timo Soini— se aprovecharon de la debilidad de los socialdemócratas y entraron en el parlamento. La leve mejora en las encuestas de algunos partidos socialdemócratas ha inducido a algunos analistas a engaño. El caso de Dinamarca resulta significativo: pese a entrar en el gobierno, los socialdemócratas obtuvieron en las últimas elecciones uno de los peores resultados de su historia —un 25%,— y perdió votantes. En Francia, la victoria del candidato socialista François Hollande —que en las primarias se impuso a la candidata del ala izquierda del partido, Martine Aubry— en las elecciones presidenciales de 2012 solo fue posible en la segunda vuelta gracias al apoyo de los votantes de una nueva formación a su izquierda, el Frente de Izquierdas (FdG). La victoria de Hollande, que coincidió con el alza en las encuestas de intención de voto del SPD, precipitó el entusiasmo en los círculos próximos a los socialdemócratas. Soledad Gallego- Díaz llegó a describir en *El País* a la socialdemocracia como una fuerza «en ebullición en toda Europa» y en el momento de su renacimiento, interpretando el frenesí de seminarios y conferencias sobre el futuro de la socialdemocracia europea como un signo de su vitalidad, cuando en realidad se trataba de una muestra de su desorientación, pues este debate no estaba animado por ninguna base política (por lo demás estadísticamente es menguante), sino que fue propuesto y controlado desde arriba.[23] Por lo demás, Hollande no tardó en defraudar las esperanzas depositadas en él con la aprobación en septiembre de 2012 de un recorte de 33.000 millones de euros en los presupuestos generales de 2013 y la intervención de tropas francesas en Malí a comienzos de 2013. En marzo, Marine Le Pen superaba en una encuesta de LC1 sobre la popularidad de los políticos franceses a François Hollande.[24] La nave a la deriva de la socialdemocracia europea volvía a quedarse sin mascarón de proa.

A pesar de la mucha tinta vertida sobre la crisis de la socialdemocracia inmediatamente antes y después de la Primera Guerra Mundial debido al apoyo de los socialdemócratas franceses y alemanes a los créditos de guerra, lo cierto es que la bolchevización del movimiento obrero europeo fracasó —el insurreccionalismo y el «centralismo democrático» leninista, diseñado para combatir a la autocracia rusa, difícilmente podían ajustarse a la democracia interna de las organizaciones europeas— y los partidos socialdemócratas siguieron contando con el respaldo mayoritario de los trabajadores, no solo a pesar de la formación de partidos comunistas (crecientemente tutelados por Moscú), sino de los partidos socialdemócratas independientes y socialistas de izquierdas fruto de otras tantas escisiones. Tras la Segunda Guerra Mundial, la socialdemocracia europea comenzó a ganar apoyos, entró en varios gobiernos desde los que impulsó la construcción de los estados del Bienestar fruto del consenso fordista[25] e incluso de 1967 a 1973 vivió los llamados «seis años de oro» de su historia. Franz Walter ha fechado el comienzo de la crisis de la socialdemocracia europea de posguerra en el año 1973 con la crisis del petróleo y el arranque de la ofensiva neoliberal en tres frentes (el político, el económico y el ideológico).[26] Walter apunta tres causas que explican la crisis de la socialdemocracia europea: (1) haber considerado como incuestionable el modelo de crecimiento económico basado en los combustibles fósiles, perjudiciales para el medioambiente, que creó al proletariado industrial, su base electoral histórica; (2) las transformaciones de la clase obrera tras los procesos de terciarización de la economía, y; (3) su incapacidad para abandonar el marco nacional en sus análisis a medida que se deslocalizaban industrias. Precisamente la terciarización de la economía en Europa, primero, y la deslocalización de empresas después, dividieron a la clase obrera europea. Las grandes unidades de producción, en la que los obreros trabajan juntos bajo un mismo techo y con un mismo horario de trabajo y adquirían una conciencia de clase clara, se fragmentaron con la introducción de las nuevas tecnologías informáticas. El paro y el traslado de sectores de la producción a la periferia del continente hicieron el resto. Los obreros cualificados pudieron encontrar nuevos empleos en el creciente sector servicios o la administración pública, y, con ellos, posibilidades de promoción social. Para los obreros no cualificados quedaron los trabajos peor remunerados, la economía informal y el paro. Mientras los primeros se trasladaban a los nuevos suburbios y podían disfrutar de ciertas comodidades (vehículo propio, segunda residencia, vacaciones al extranjero), los segundos se quedaron «atrapados» en los viejos barrios obreros, en los que el porcentaje de parados aumentó drásticamente y los trabajadores inmigrantes —contemplados con resentimiento por quienes se veían a sí mismo como orillados por el cambio— pasaban a ocupar las viviendas abandonadas por el primer grupo. Esta situación generaría, con el paso del tiempo, el núcleo de votantes de la derecha populista racista, al concentrarse negativamente su agresividad contra toda suerte de enemigos ficticios, internos o externos, así como individuos que caen fuera del marco de la «normalidad» (izquierdistas, homosexuales, ciertas subculturas urbanas). La clase obrera, pues, no desapareció, pero dejó de tener conciencia de serlo: no desapareció como *clase en sí*, solo como *clase para sí*. La crítica de Lenin a una aristocracia obrera —un término procedente de la Inglaterra de la segunda mitad del XIX que Lenin se limitó a proyectar sobre Europa— cobró súbitamente vigencia.

Este cambio afectó lógicamente a las organizaciones socialdemócratas, que, compuestas por «los ganadores» de los cambios sociales de 1973, se volvieron cada vez más burocratizadas. El viejo proyecto socialdemócrata de conquistar el poder político con mayorías electorales y transformar la sociedad en un sentido socialista desde las estructuras del Estado primero quedó en la cuneta para más tarde ser olvidado del todo. En el Congreso de Bad Godesberg de 1959 el SPD abandonó oficialmente el marxismo y, con ello, dejó de ser un partido de trabajadores (*Arbeiterpartei*) para convertirse en un partido interclasista (*Volkspartei*) —el PSOE lo haría mucho más tarde, en el Congreso extraordinario de 1979—. Si en un primer momento esta medida aumentó su base electoral y bloqueó las posibilidades electorales del catolicismo social que entonces existía en la CDU, a largo plazo dejó desprovistas a las organizaciones socialdemócratas de su verdadera razón de ser —escuelas de socialismo, lugares de solidaridad y de creación de una sub y contracultura propias—, y muy pronto se convirtieron en el vehículo ideal para la promoción social de la nueva clase media de posguerra, con la mira puesta en no pocas ocasiones en una carrera estable como funcionario del Estado. En el seno de las viejas organizaciones socialdemócratas se formó una nueva clase dirigente sin experiencia, pero tampoco interés, en cuestiones sociales y con un conocimiento superficial de la historia del movimiento obrero y el análisis político y económico. Estos nuevos dirigentes creyeron erróneamente que la incapacidad de la socialdemocracia para resolver los problemas derivados de la crisis de 1973 se encontraba justamente en el viejo instrumental para superarla —un análisis racional de datos empíricos e intervención del Estado— y adoptaron el credo del neoliberalismo —desregulación y mercados libres contra un Estado social visto como un ineficaz Leviatán burocrático— con la creencia de que su futuro electorado sería una estable clase media (que como hoy sabemos, era en buena medida una ficción alimentada por el crédito), abandonando a la clase obrera al populismo racista y a una apatía existencial que en los obreros jóvenes quedaba mitigada por el consumo, la cultura de masas alienada y el uso embrutecedor de las drogas.

El cambio necesitaba de su propio aparato ideológico, que se conoció como Tercera Vía, un término que, como Walter se encarga de recordar, se presta a la confusión, pues una «tercera vía» entre bolchevismo y socialdemocracia la buscaban los socialistas de izquierda de los años treinta, y, más tarde, los socialistas yugoslavos y los comunistas reformistas checos, mientras que otra «tercera vía», muy diferente a la anterior, entre el comunismo soviético y el capitalismo occidental, la reclamaban para sí los nacionalbolcheviques, los fascistas italianos y aún el catolicismo político en la década de los treinta. La diferencia estriba, como señala Walter, en que los austromarxistas pensaban en una tercera vía «en el socialismo, entre la autocracia comunista y la pusilanimidad reformista [mientras que la] Tercera Vía de Anthony Giddens o Bodo Hombach de finales del siglo XX, por el contrario, había de seguir una senda concreta en el seno de las sociedades de mercado, no contra ellas, ni para ir más allá de ellas.» Fue justamente Hombach —descrito como el «chico prodigio del Ruhr» por *The Economist*—, junto con Peter Mandelson —el *spin doctor* favorito de Tony Blair y autor de la frase «*We are utterly relaxed about some people getting filthy rich*» (Estamos completamente relajados sobre que algunos se forren)—, el principal ideólogo de la Tercera Vía con la publicación en 1999 del manifiesto *The way ahead for Europe's Social Democrats*. En este texto se rechazaba la intervención estatal al mismo tiempo que se aceptaba la función rectora de los mercados financieros —por su «creatividad e innovación»—, las rebajas de impuestos y ventajas fiscales para las grandes empresas y, en definitiva, todo lo que nos ha conducido a la situación actual. La socialdemocracia, en palabras de Yanis Varoufakis, vio:

> Los ríos de dinero privadamente acuñado que estaba imprimiendo el sector financiero (mientras el trabajo era exprimido y se disparaban los precios de los bienes raíces), y pensó que podría hacerse con parte del botín ¡para poner por obra políticas socialdemócratas! En vez de seguir centrándose en los beneficios industriales como fuente para financiar programas sociales, los socialdemócratas creyeron que podían abrevar en los ríos de efectivo generado en el contexto de la financiarización.

Este juego, según Varoufakis:

> Resultó una idea mejor, más moderna y a la moda que tener que andar constantemente a estricote con los industriales, buscando cargarlos de impuestos para poder redistribuir. En cambio, los banqueros hacían las cosas fáciles. Tan pronto como el político «de izquierda» les dejaba hacer lo que les daba la gana, se sentían estos felices de darle

alguna s migas de la gargantuesca mesa en que celebraban sus banquetes.

En efecto —continúa Varoufakis—, algunos de esos socialdemócratas fueron, durante cierto tiempo, financiados por el sector financiero harto generosamente para que pudieran llevar a cabo sus programas de bienestar (lo que explica, por ejemplo, el considerable impulso del gobierno de Blair al gasto público, o programas similares en la España del gobierno del PSOE, etc.). Para poder acceder a ese pequeño hilillo del torrente de la financiarización y financiar programas sociales, los socialdemócratas tuvieron que tragarse, entera, la lógica de la financiarización, no solo el anzuelo y el señuelo, sino la línea entera, y aun el flotador. Tuvieron que rendir su inveterada desconfianza respecto de los desembridados mercados financieros, laborales e inmobiliarios. Tuvieron que suspender las facultades de su juicio crítico. Y así, cuando en 2008 los tsunamis del capital generados por Wall Street, la City y Fráncfort arrasaron con todo, la bancada socialdemócrata de la política europea carecía ya de las herramientas analíticas y de los valores morales necesarios para someter a escrutinio crítico el sistema colapsado. Estuvieron, pues, prontos a la aquiescencia, a la capitulación total, frente a los remedios tóxicos ofrecidos por la derecha (por ejemplo, los rescates bancarios), remedios cuyo inconfundible propósito no es otro que sacrificar al pueblo trabajador, a los desempleados y a los vulnerables en beneficio de los financieros. El resto es una triste e interminable historia.[27]

Hasta que punto penetró el neoliberalismo en las filas socialdemócratas lo demuestran las declaraciones del socialdemócrata rumano Christian Ghinea en una publicación reciente de la Fundación Friedrich Ebert:

> El *dumping* social es lo mejor que pudo pasarles a los trabajadores rumanos en los últimos años, dado que se trasladaron a Rumanía puestos de trabajo de empresas de Europa Occidental. Naturalmente, nos gustaría ganar tanto como la gente de Occidente, pero en realidad solo tenemos dos opciones, o bien nuestros actuales puestos de trabajo o ningún trabajo. (A pesar de que los ingresos pueden parecer ridículos para los europeos occidentales, el ingreso nominal aumento un 75% entre 2005 y 2008 en virtud de los sueldos y salarios de las empresas que trasladaron sus fábricas a Rumanía). ¿Qué se supone que tiene que hacer un rumano que quiera construir una buena sociedad? ¿Impedir el *dumping* social a fin de no poner en peligro puestos de trabajo en Occidente? No es el caso.[28]

Y con todo y con eso, no fue la clase obrera quien abandonó a la socialdemocracia, sino la socialdemocracia quien abandonó a la clase obrera. Mientras duró el *boom* económico, los socialdemócratas llegaron a tener el gobierno de 11 de los 15 países de la Unión Europea, incluidos los de las tres mayores economías (Alemania, Francia y el Reino Unido), pero la aplicación de unas políticas que erosionaban su propia base electoral tradicional y más tarde el apoyo parlamentario o, en el caso de España, Portugal y Grecia, la aprobación de duros programas de austeridad, hicieron que la clase obrera dejase de votar ya socialdemócrata: así, si en 1998 Gerhard Schröder obtenía en las encuestas un apoyo del 49% entre los trabajadores, en el 2009 su sucesor, Frank-Walter Steinmeier, solo conseguía el 24% (un porcentaje inferior al de la CDU). En el siglo XXI la socialdemocracia europea no ha cosechado más que derrotas históricas: el Partido del Trabajo holandés (PvdA) obtuvo el peor resultado de su historia moderna en el 2002; el Partido Socialdemócrata Sueco (SAP) en el 2006; el Partido Socialdemócrata Austríaco (SPÖ) en el 2008; el

Partido Socialdemócrata Alemán (SPD) en el 2009; el Partido Laborista en el de 2010; el PSOE en el 2011; el Movimiento Socialista Panhelénico (PASOK) en el 2012. En las elecciones municipales y regionales, los partidos socialdemócratas se han visto superados en sus feudos históricos por conservadores, liberales, verdes y, en el caso de Estocolmo, el joven Partido Pirata, quedando en ocasiones en tercer y cuarto lugar. La sangría de militantes entre la socialdemocracia europea se cuenta asimismo por miles: mientras que el Partido Laborista de Tony Blair tenía 400.000 militantes en 1997, el de Gordon Brown solo tenía 160.000; entre 1985 y 2003 los socialdemócratas noruegos perdieron 123.000 militantes; entre 1991 y 2008 los socialdemócratas suecos perdieron 160.000 militantes; entre 1960 y 2007 los socialdemócratas daneses perdieron a 150.000 militantes; entre 1990 y 2010 los socialdemócratas holandeses perdieron 44.000 militantes. El perfil del afiliado socialdemócrata ha quedado reducido al de hombre blanco, trabajador cualificado (preferentemente en el sector público) y rozando los 60 años, un perfil muy alejado del pluralismo integrador que se le supone a las formaciones socialistas.

Tras lanzar por la borda el ideario socialista, los partidos socialdemócratas dejaron de saber cómo enfrentarse a la nueva situación y, como escribe Franz Walter, la «improvisación se convirtió en el estilo político de los cancilleres socialdemócratas desde Helmut Schmidt hasta Gerhard Schröder. Ninguno de ellos tuvo nunca un plan ni un proyecto sólido.» Los socialdemócratas no pueden continuar como partido de masas enfocado a una menguante clase media, pero tampoco pueden regresar a sus postulados tradicionales, pues mientras tanto nuevos partidos socialistas a la izquierda de la socialdemocracia —allí donde la izquierda ha sabido superar su patológica tendencia al sectarismo, como en Holanda o en Alemania— han ocupado su lugar. La socialdemocracia «ha sido finalmente desposeída semántica e ideológicamente», escribe Walter. Efectivamente, nadie sabe a favor de qué están los socialdemócratas, a quiénes defienden y de quiénes son enemigos. Según Walter, la socialdemocracia carece, incluso, «de algo aproximado a un concepto contrario, de un paradigma alternativo a la profundamente desacreditada ideología del campo contrario.» Y no hay que indagar demasiado para descubrir el porqué: la ideología del campo contrario ha pasado a ser su propia ideología. En las elecciones de 1998 Gerhard Schröder se presentó, significativamente, con el siguiente eslogan de campaña: «Nosotros no hacemos nada diferente, pero lo hacemos mejor».

3. Los Verdes: devorados por el sistema

Los Verdes parecen gozar hoy de buena salud en Alemania: su intención de voto es elevada, cuentan con el mayor número de afiliados de su historia e incluso con el primer ministro-presidente de un estado federado. «Si yo fuese un político de Los Verdes, me alegraría por los elevados índices de intención de voto. El poder, según parece, pronto dejará de serlo sin nosotros y contra nosotros», escribe George Seeßlen. «Si yo fuese un verde 'en cuerpo y alma' —continúa— estaría más probablemente irritado por la situación. Pues concretamente me faltaría [...] la sensación de ser parte de un movimiento social en vez de síntoma de un estancamiento que genera cada vez mayor ansiedad.»[29] Efectivamente, como señala Vicente Romano, más de treinta años después de su fundación, «Los Verdes no han cambiado en nada las estructuras dominantes, sino que se han imbricado en ellas y las han modernizado, las han endurecido y militarizado.»[30]

El origen de Los Verdes se encuentra en los movimientos sociales —ecologistas, antinucleares, antibelicistas y feministas— y los pequeños partidos de la izquierda comunista extraparlamentaria (*K-Gruppen*) creados al calor del movimiento estudiantil del 68 alemán. A partir de 1976, estos movimientos, que hasta entonces funcionaban por separado, adquirieron conciencia de sus objetivos comunes y empezaron a coordinarse para presentar las primeras listas electorales a los comicios municipales y regionales. La mayoría de estas listas no consiguieron representación, pero sirvieron para establecer los cimientos del futuro partido, que finalmente se creó el 13 de enero de 1980 en Karlsruhe. En su primer programa, Los Verdes establecieron como principios de la formación la defensa y la promoción de los derechos sociales, la ecología, la democracia de base y la no-violencia. Aquel mismo año Los Verdes se presentaron a las elecciones federales, en las que solo obtuvieron un 1,5% de los votos. El esfuerzo, empero, no fue en vano, y, gracias a aquellas elecciones en las que se dieron a conocer en toda Alemania, en los siguientes comicios su peso electoral fue en aumento. Así, en 1981 Los Verdes consiguieron entrar en el Senado de Berlín occidental, en 1982 lo hicieron en los parlamentos de Hamburgo, Hesse y Baja Sajonia, un ascenso que culminó en 1983 con la irrupción en el Bundestag con 27 diputados, una sensación internacional que obligó a Los Verdes, bajo los focos de todos los medios de comunicación alemanes e internacionales, a debatir sobre su futuro papel en el sistema de partidos alemán. Los «fundamentalistas» (*Fundis*) —como los caracterizó caricaturescamente Joschka Fischer— apostaban por mantener el perfil izquierdista y contestatario del partido, mientras que los partidarios de la «política realista» (*Realos*) defendían realizar concesiones programáticas para favorecer la formación de coaliciones con los socialdemócratas. Esta última corriente, que con el tiempo terminaría imponiéndose, la encabezaba un antiguo miembro de la escena «espontaneísta» —un movimiento político de tintes anarquistas— de Fráncfort del Meno, Joseph «Joschka» Fischer, quien, en 1985, pasó a ser el primer ministro verde de

Alemania, en la primera coalición roji-verde de Hesse «y del mundo» como dijo él.

En las elecciones federales de 1987, Los Verdes volvían a subir (8,3%), esta vez aupados por la ola de concentraciones y la alerta social que causó el accidente nuclear de Chernóbil en 1986 (un fenómeno que se repetiría veinticinco años después, tras el accidente nuclear de Fukushima I en el 2011), pero el desplome de la RDA dos años después tomó a Los Verdes por sorpresa. Las diferentes iniciativas ciudadanas que surgieron en las postimetrías del régimen, agrupadas en la coalición Bündnis 90, y el propio partido de Los Verdes en Alemania Oriental se presentaron a las primeras elecciones de la Alemania reunificada por separado, contribuyendo a los pobres resultados de Los Verdes germano-occidentales (3,85%) y su salida del parlamento. Aunque Bündnis 90 consiguió solamente un 1,20%, se benefició, como el PDS, de la ley electoral que discriminaba positivamente a los partidos germano-orientales y entró en el Bundestag con ocho diputados, lo que motivó la aceleración de la fusión de ambas formaciones, que tuvo lugar el día inmediatamente posterior a las elecciones. La fusión, que ampliaba considerablemente la base del partido, reabrió el viejo debate entre *Fundis* y *Realos* —que lentamente habían ido apoderándose del aparato del partido—, que terminó con la victoria de los últimos. El ala ecosocialista, compuesta por unos 10.000 militantes, abandonó el partido y favoreció la progresiva conversión de Los Verdes en un partido atrapalotodo que, en las elecciones federales de 1994, subió hasta el 7,3%.

A pesar de su descenso en las elecciones de 1998 (6,7%), la subida del SPD permitió la formación de la primera coalición de gobierno rojiverde, en la que Joschka Fischer fue nombrado vicecanciller y ministro de Asuntos exteriores, Andrea Fischer, ministra de Sanidad, y Jürgen Trittin, ministro de Medio ambiente. Según la fórmula del canciller Gerhard Schröder, en el nuevo gobierno él haría de «cocinero» y Fischer sería el «camarero». Aunque Los Verdes sentaron (con numerosas condiciones por parte de las energéticas) las bases para «el apagón nuclear» en Alemania e impulsaron la reforma del derecho de ciudadanía, estas medidas se vieron relegadas a un segundo plano cuando la coalición rojiverde desbrozó el camino a la contrarreforma neoliberal con la aprobación de la Agenda 2010 y remilitarizó la política exterior alemana, medidas de las que Los Verdes fueron, en efecto, diligentes «camareros». En unas declaraciones recientes, el ex presidente de la patronal alemana, Hans-Peter Keitel, describió a la perfección el papel que cumplieron los socialdemócratas y verdes al afirmar que «si un país ha de llevar a cabo reformas en su política económica, es mejor que el gobierno no tenga ningún color político que lo haga sospechoso de favorecer a las empresas.»[31]

Esos siete años que van desde el abandono del ala ecosocialista en 1991 a la entrada del partido en el gobierno en 1998 son decisivos para entender la transformación de Los Verdes. En su artículo sobre Los Verdes de Hamburgo, Olivier Cyran ofrece un ejemplo de la transformación del perfil del militante del partido:

> El abandono del pacifismo y la pérdida de miembros ha allanado el terreno a una nueva generación de activistas adinerados y bien educados, los cuales se inclinan favorablemente hacia los círculos institucionales y de negocios. Su portavoz, Anja Hajduk, psicóloga, tipifica este cambio: nunca antes fue activista, «aparte de votar a Los Verdes», hasta que obtuvo su carné de miembro en 1995. Electa al parlamento en 2002, votó junto al resto de sus compañeros de partido para disminuir los impuestos de las familias más adineradas, las cuales vieron cómo sus impuestos se reducían del 53% al 42% durante los años de Schröder. «Nunca me ha convencido la división derecha-izquierda. Creo que es bueno que Los Verdes se interesen por la economía».[32]

Los cambios en su base comportaron cambios programáticos y estos, a su vez, atrajeron a nuevos militantes procedentes de esos mismos sectores sociales. «Si antes [Los Verdes] salían a la calle para manifestarse contra el estacionamiento de misiles de la OTAN y a favor de una sociedad sin clases, hoy protestan para conseguir zonas peatonales en los barrios altos de la ciudad y ventajas fiscales en la instalación de células solares en sus viviendas unifamiliares», escribe Jens Berger.[33] Jutta Ditfurth, que en 1991 abandonó el partido (en el que había militado desde su fundación) en señal de protesta, resume así el cambio:

> Del «cierre inmediato de todas las centrales nucleares» se pasó a diferenciar entre manifestantes «buenos» y «malos» en las protestas contra el transporte de residuos nucleares a Gorleben. Del «¡Nunca más Auschwitz! ¡Nunca más guerra!» a guerras neoimperialistas utilizando los derechos humanos como coartada. Del «abramos las fronteras» a la selección de inmigrantes según su utilidad económica, del feminismo de izquierdas al *Gender Mainstream* y los programas de promoción de las mujeres de clase media, y, finalmente, del reconocimiento de que el capitalismo destruye por igual a los hombres y a la naturaleza al *Green New Deal*, que no es más que un «Deal» para la desigualdad social y la tecnocracia medioambiental destructora de la naturaleza.[34]

Así, una de las primeras cosas a las que Los Verdes renunciaron fue a su democracia interna, y más concretamente a la descentralización del partido, a la limitación y a la rotación de cargos, a la limitación del salario de sus cargos públicos —hasta entonces los diputados entregaban su salario al partido y este les devolvía el equivalente al de un trabajador cualificado— y la renuncia a todas las dietas. Incluso su misma política ecologista se convirtió en socialmente injusta. Aún hoy, el programa de Los Verdes incluye la propuesta de incrementar los precios de la energía a los consumidores sin incluir ninguna medida que favorezca la redistribución social, lo que equivale a desplazar los costes de la transformación ecológica de la economía a los más desfavorecidos. Su misma idea de cambio social no se basa en la intervención pública, sino en la mera elección personal, ya se trate de la legalización de las drogas blandas, el matrimonio homosexual o el consumo de productos ecológicos —cuyo incentivo no obliga a las empresas a cambiar su modo de producción ni favorece la creación de cooperativas de consumo ni promueve, desde luego, un estilo de vida frugal, sino que crea un mercado paralelo de productos ecológicos que solo las clases medias y altas pueden permitirse comprar—, una ideología que sirve para pintar al neoliberalismo de verde, «como si todos pudiéramos seguir viviendo como hasta ahora y como si nada mientras vamos comprando productos orgánicos, éticos y de comercio justo», escribe Ed Gillespie.[35] Como advierte Ditfurth, cuando Los Verdes peroran «sobre «un cambio de valores de tipo postmaterialista» o «cambio de paradigma», se encienden todas las señales de alarma».[36]

Si en la década anterior Los Verdes habían reclamado, de acuerdo con sus principios antiimperialistas, la retirada y la disolución de la OTAN y del Pacto de Varsovia para las dos Alemanias, propuesto reducir el número de soldados del Ejército alemán y fomentar el concepto de «defensa social» e incluso participado en una campaña de recaudación de fondos para que el Frente Farabundo Martí de Liberación Nacional (FMLN) en El Salvador pudiese adquirir armas, en los noventa los *Realos* llevaron al partido a las antípodas ideológicas. Si en 1994 Joschka Fischer todavía declaraba estar en contra del despliegue de tropas alemanas en las zonas en las que durante la Segunda Guerra Mundial la *Wehrmacht* había estado presente,[37] en 1999 aprobó la participación de la aviación alemana en el bombardeo de Yugoslavia que marcó el comienzo de la guerra de Kosovo. El bombardeo de la Alianza se justificó como una respuesta al rechazo de Yugoslavia a los acuerdos de Rambouillet —que reclamaban una cesión de soberanía territorial a la que ningún país hubiera accedido—, un mes después de un confuso intercambio de disparos entre las fuerzas serbias y milicianos del Ejército de Liberación de Kosovo (UÇK) en el que fallecieron 46 personas y que llegó a conocerse como «la masacre de Račak»,[38] aunque Norma Walker, una diplomática estadounidens que participó en la misión de la OSCE para Kosovo, declaró más tarde en el documental la ARD «It began with a lie» que «hasta el comienzo del bombardeo de la OTAN no hubo ninguna crisis humanitaria en Kosovo». En sus discursos, Fischer declaró que un momento decisivo para autorizar los bombardeos fue «la masacre de Račak», y trufó sus discursos de argumentos de orden moral que relativizaban el nazismo, al comparar a Slobodan Milošević con Adolf Hitler, a las tropas serbias con las SS y a Kosovo con Auschwitz, algo que desde el lado yugoslavo no podía ser visto más que como una muestra de cinismo por parte de los alemanes, que volvían a apoyar a las mismas minorías étnicas que habían respaldado históricamente para desintegrar Yugoslavia —los croatas católicos y los bosnios musulmanes demandaron asistencia al III Reich para la constitución de sus propios estados y fueron los principales grupos étnicos de los que se compuso la 13ª División de Montaña SS Handschar, creada para combatir a los partisanos de Tito— y convertir a los Balcanes en el patio trasero de Alemania y Austria. El ministro de Defensa, Rudolf Scharping, contribuyó a la campaña hablando más tarde en televisión de la existencia de «un campo de concentración» en Priština operado por los serbios,[39] que, como hoy sabemos, jamás existió, como jamás existió el llamado «Plan herradura» para la expulsión sistemática de los albano-kosovares, otra de las pruebas fabricadas por el Ministerio de Defensa alemán para justificar la guerra. A mayor abundamiento, un año más tarde la OTAN reconocía haber arrojado sobre Kosovo 31.000 proyectiles con uranio empobrecido, un material radioactivo potencialmente cancerígeno cuyas consecuencias para la salud de la población a largo plazo aún se desconocen.[40] En un lenguaje orwelliano, Gerhard Schröder dijo en su mensaje televisivo: «no libramos una guerra, pero estamos llamados a establecer una solución pacífica en Kosovo con medios militares.» El tabú de la intervención militar de Alemania quedaba roto, y Los Verdes fueron, una vez más, el diligente «camarero». Como escribe Jean Bricmont:

> Después de la Segunda Guerra Mundial se hizo habitual en Alemania la consigna: «ninguna guerra saldrá de suelo alemán». Constatamos que es un principio que está totalmente liquidado. ¿Y quién liquidó este principio en Alemania? Los Verdes, en colaboración con la socialdemocracia. Eran ellos quienes gobernaban en ese momento, y Joschka Fischer, que era ministro de Asuntos Exteriores, estaba a fondo con la guerra, totalmente, como Cohn-Bendit, dicho sea de paso. Solo Los Verdes, que habían militado contra los misiles en los años ochenta y que eran «pacifistas» y «antifascistas», podían legitimar una guerra librada, en parte, por Alemania contra un país que había ocupado durante la Segunda Guerra Mundial. Si otras fuerzas políticas alemanas hubieran hecho esto, las habríamos considerado sospechosas de revanchismo o de militarismo.[31]

En realidad, Fischer hacía mucho más que romper este viejo tabú: abría las puertas a la nueva doctrina de la OTAN —cuya existencia estaba en entredicho tras el fin de la guerra fría— como instrumento de «intervención humanitaria». Bricmont, uno de los académicos que más ha estudiado el caso, señala cómo la «intervención humanitaria» permitió la justificación de futuras guerras neoimperialistas:

> Bertrand Russell decía que discutir sobre responsabilidades en la Primera Guerra Mundial era un poco como discutir

> sobre las responsabilidades en un accidente de carretera en un país que careciera de código de circulación. En ese tiempo, en efecto, no había principios rectores de las relaciones entre estados. Nada prohibía a los austro-húngaros imponer condiciones como las que quisieron imponer a los serbios. Después del atentado de Sarajevo en 1914, los austro-húngaros presentaron a los serbios diez imperativos. Uno de ellos era similar al que figuraba en los acuerdos de Rambouillet antes de la guerra de Kosovo, a saber: que la policía austro-húngara podría imponer su ley en misma Serbia. Y los serbios aceptaron los nueve primeros puntos, salvo el último. A partir de ese momento, los austro-húngaros entraron en guerra, y el resto de Europa se sumergió en la tormenta. En 1999, prácticamente pasó la misma cosa, ya que los acuerdos de Rambouillet preveían que los soldados de la OTAN podrían acampar, hacer tantas maniobras como desearan, etc. en Serbia. Los serbios se negaron y la OTAN bombardeó Serbia. Es verdad que esto no arrastró a la guerra mundial, pero reforzó mucho un militarismo occidental que encontró así, hasta a los ojos de la opinión «progresista», una justificación humanitaria.[42]

Efectivamente, la misma estrategia se repitió dos años más tarde para justificar la participación alemana en la invasión de Afganistán, una guerra librada contra el «terrorismo internacional» y en defensa de las mujeres oprimidas por el régimen talibán. En diciembre de 2001 el Bundestag aprobó la intervención militar con los únicos votos en contra de Die Linke y de algunos diputados del SPD e incluso la CDU/CSU y el FDP; el grupo parlamentario de Los Verdes votó en bloque a favor. Durante la guerra de Afganistán, un ciudadano alemán de origen turco, Murat Kurnaz, fue secuestrado por la CIA y trasladado a la prisión de Guantánamo, donde fue recluido durante cinco años sin juicio previo y sometido regularmente a torturas. En al menos una ocasión los servicios secretos exteriores alemanes (BND) participaron en los interrogatorios, contraviniendo la ley alemana, que prohíbe a autoridades alemanas colaborar en un proceso legal en un país extranjero si este puede acarrear la pena capital o el proceso carece de garantías legales. Aunque Alemania no participó en la guerra de Irak el año 2003 —en la Conferencia Internacional de Seguridad de Múnich de aquel año, Fischer le dijó famosamente al Secretario de Defensa estadounidense Donald Rumsfeld «*I am not convinced*»—, jugó un papel en su desencadenamiento, además de colaborar con la cesión de bases militares y su zona aérea, así como de puertos y aeropuertos para el transporte de tropas y municiones. Un mes antes del comienzo de la guerra, el entonces Secretario de Estado estadounidense, Colin Powell, compareció ante el Consejo de Seguridad de la ONU para presentar pruebas de que el régimen baasista poseía un programa de construcción de armas de destrucción masiva. El grueso de las pruebas, que en el 2004 se demostraron como falsas, procedía de la información que Rafid Ahmed Alwan (nombre clave: Curveball), un desertor iraquí, había entregado al BND. Alwan desertó en 1999 con una historia falsa, presentándose como un ingeniero químico que había participado en el establecimiento de laboratorios móviles para el desarrollo de armas químicas. Una historia, según un cargo de la CIA, ofrecida con el único fin de conseguir el permiso de residencia en Alemania.[43] A pesar de la escasa credibilidad de la información, cuestionada incluso por fuentes de los servicios secretos británicos y estadounidenses,[44] la historia de Alwan se remitió como válida a la CIA y el resto, como se dice, es historia. Se estima que la guerra y la ocupación militar de Afganistán ha costado la vida a al menos unos 12.500 civiles, mientras que la guerra y la ocupación militar de Irak se ha saldado con 130.000 víctimas civiles, además del saqueo de sus ingentes recursos naturales, que se ha traducido en corrupción y atraso para ambos países. El apoyo de Los Verdes a la «intervención humanitaria» ha conducido en los últimos años a escenas hasta hace años inimaginables: «es sorprendente —escribe

Oskar Lafontaine— que políticos del SPD y Los Verdes critiquen duramente a Merkel y Westerwelle porque el gobierno alemán no participó en la guerra de Libia».[45]

Los Verdes se fueron convirtiendo, en definitiva, en todo aquello que solo diez años atrás criticaban. Según Franz Walter, el partido puede describirse actualmente con los mismos términos con que Los Verdes describían a la CDU en 1983, a saber: «burgueses, elitistas y autocomplacientes».[46] En una carta abierta firmada por Tarek Al-Wazir, Matthias Berninger, Ekin Deligöz, Katrin Göring-Eckardt, Cem Özdemir, Adil Oyan, Manuela Rottmann y otros doce destacados miembros del partido, representantes de la nueva generación, Los Verdes renunciaban a cualquier forma de cambio social: «nosotros decimos 'sí' a este sistema, aunque reconocemos sus errores y queremos corregirlos.[47]

El giro de 180 grados pasó factura a Los Verdes, que perdieron militantes y votos en las siguientes elecciones, aunque, como socio de gobierno minoritario, se vieron beneficiados por el desgaste de los socialdemócratas, y, en las elecciones federales de 2002, obtuvieron un 8,6% de los votos, pudiendo reeditar así la coalición. Pero la sangría de votos del SPD, que con su política antisocial se había dedicado a segar la hierba bajo sus pies en las últimas dos legislaturas, impidió repetir por tercera vez la coalición tras las elecciones del 2005. Socialdemócratas y verdes podrían haber intentado negociar un gobierno tripartito con el PDS, pero el entonces presidente del SPD, Franz Müntefering, se impuso a la débil corriente interna de su partido que apostaba por esa opción —y exactamente lo mismo ocurrió en el caso de Los Verdes—. Como los liberales no tenían ninguna intención de formar una coalición «semáforo» (SPD-FDP-Verdes), antes que convocar nuevas elecciones, el SPD se avino a formar una «Gran coalición» con los conservadores y extendió, así, la alfombra roja a Angela Merkel. En el 2005, Los Verdes ya no formaban parte de ninguna coalición de gobierno y muchos politólogos incluso aventuraron su fin, pero en la oposición el apetito de poder de Los Verdes no solo no disminuyó, sino que aumentó considerablemente, y no tuvieron ningún reparo en coaligarse con la CDU en Hamburgo (2008-2010) y con la CDU y el FDP en el Sarre (2009-2012) para mantenerse en él. La teoría del Secretario general de la CDU Heiner Geißler de un sistema político dividido en dos campos —el campo burgués (CDU/CSU y FDP) y el campo izquierdista (SPD, Los Verdes)— perdió toda su validez. A partir de entonces, como escribe Heribert Prantl, «las diferencias fundamentales entre partidos (a excepción de Die Linke) desaparecieron».[48]

La coalición con los conservadores en Hamburgo se vino a pique dos años antes de agotar su legislatura después de haber recortado los presupuestos públicos —ensanchando la brecha entre ricos y pobres— y de haber incumplido sus promesas electorales de construir un tranvía y paralizar la construcción de una central eléctrica. En su artículo sobre el legado de la coalición en la ciudad hanseática, Cyran recogió el malestar en los barrios obreros de la ciudad:

> En febrero Los Verdes ganaron el 9,2% de los votos en el barrio acomodado de Blankenese, pero solo un 6% en los suburbios pobres de Rothenburgsort, donde más de la mitad del electorado se abstuvo de votar. Allí no hay carriles para bicicletas ni apartamentos con calefacción geotérmica, sino bloques sucios de cemento cuya calefacción funciona con aceite y comercios venidos a menos. «¿Votar a Los Verdes? ¿Yo? ¿Me tomas por tonto?» respondió Joachim Riepke, de 32 años, desempleado, a quien encontré mientras reparaba su *scooter* en la acera. Él es uno de los 6,7 millones de alemanes que forman parte del sistema Hartz IV, creado mediante una amalgama de subsidio de paro y otros sistemas de seguridad social. «Trescientos cincuenta y nueve euros al mes. Además se trabaja por muy poco. En estos momentos la oficina de empleo me deja en paz, pero hace dos meses me llamaron

para lavar platos en una residencia de ancianos durante dos semanas. No se puede decir que no; si lo haces puedes despedirte de la ayuda. ¿Y quieres que vote por eso?».[49]

En el Sarre, la llamada «coalición Jamaica» (CDU-FDP- Verdes) —de la que Los Verdes fueron, como partido-bisagra, artífices— se disolvió en el 2012, después de reiterados fracasos y escándalos. El más sonado de ellos fue la revelación, a comienzos de 2010, de que un grupo de empresarios del estado encabezado por Harmut Ostermann (un hombre próximo a los liberales y conocido en la región como «el Padrino»), había financiado durante diez años con hasta medio millón de euros a todos los partidos políticos —por orden decreciente: 368.8000 euros al FDP; 57.000 euros a Los Verdes, 44.500 euros a la CDU y 30.000 euros al SPD— menos a Die Linke. Hubert Ulrich, el candidato de Los Verdes, ya había sido calificado en el 2009 por el propio Cohn-Bendit de «mafioso», una buena muestra del estado de cosas en Los Verdes.[50]

En las elecciones de 2009, Los Verdes consiguieron su mejor resultado hasta entonces en unas elecciones federales (10,7%). El aumento fue, sobre todo, a costa de un SPD desnortado que perdió 870.000 votos a favor de Los Verdes, pero al mismo tiempo conviene reparar que Los Verdes perdieron 140.000 votantes a favor de Die Linke, una prueba más de la reconfiguración del sistema de partidos alemán tras la aparición del partido socialista. En el 2011, el accidente nuclear de Fukushima I obligó a Angela Merkel a dar marcha atrás en sus planes de prolongar la vida útil de las centrales nucleares y contribuyó a una serie de buenos resultados electorales de Los Verdes, que culminaron con el nombramiento en el estado de Baden-Württemberg (el más rico y el más poblado de Alemania, un feudo histórico de los cristianodemócratas) del primer ministro-presidente verde, Winfried Kretschmann, con el SPD por primera vez como socio minoritario. Los índices de intención de voto del partido se dispararon y los medios especularon incluso con la posibilidad de un *sorpasso* a los socialdemócratas y el nombramiento del primer canciller verde en Europa. El espejismo, sin embargo, no duró demasiado y los índices de intención de voto pronto tocaron techo y retrocedieron hasta sus porcentajes habituales, aunque el partido sigue beneficiándose de una sofisticada estrategia publicitaria basada en presentarse como la alternativa y la novedad que no es.

Los Verdes irrumpieron en los setenta con la intención de cambiar la política alemana, y a fe que lo hicieron, pero no en el sentido en que en un principio imaginaron. «Los Verdes —sentencia Ditfurth— son un motor muy especial del *rollback* neoconservador».[51]

Fuentes y Notas

1. Beiras, Xosé Manuel, «Glosa(s) respecto de la izquierda imaginaria», *Sin Permiso*, 19 de abril de 2009.

2. En un reciente estudio de la Organización para la Cooperación y el Desarrollo Económico (OECD), Alemania era aún el país de Europa con una mayor discriminación salarial (las mujeres cobran, de media, un 21,6% menos que sus colegas masculinos por el mismo trabajo). El informe criticaba además la falta de estructuras que posibiliten la conciliación entre trabajo y vida familiar. «Frauen in Europa: Deutschland ist bei Lohn-Diskriminierung Spitze», *Der Spiegel*, 5 de marzo de 2012.

3. Lafontaine, Oskar, «Mutlangen: un símbolo para la paz», *Rebelión*, 1 de septiembre de 2008.

4. Ditfurth, Jutta, *Krieg, Atom, Armut. Wsa sie reden, was sie tun: Die Grünen*, Rotbuch, Berlín (2011), pp. 38-29. Otto Schily, miembro fundador de Los Verdes, defendió en los tribunales a Horst Mahler y Gudrun Ensslin, miembros de la Fracción del Ejército Rojo (RAF).

5. «Harmonisation of taxes: Is this the most dangerous issue for Europe?», *The Independent*, 28 de noviembre de 1998.

6. Tras su paso por el gobierno, Gerhard Schröder fue nombrado, gracias a sus contactos con el sector energético ruso, presidente del Consejo ejecutivo de Nord Stream AG. Por su parte, Joschka Fischer dio conferencias en bancos de inversión como Barclays Capital y Goldman Sachs antes de ser contratado como asesor político de BMW (automóvil), RWE (energía) y ÖMV (petróleo y gas natural). Casi todos los

ministros del primer gabinete Schröder terminaron trabajando para grandes empresas: el ministro de Interior, Otto Schilly (SPD), trabajó como asesor de empresas de seguridad privada como SAFE ID Solutions y Byometric Systems; el ministro de Economía y Tecnología, Werner Müller (SPD), entró en el consejo directivo de la química Evonik; el ministro de Defensa, Rudolf Scharping (SPD) asesoró a Cerberus, un fondo de inversión privado; la ministra de Sanidad, Andrea Fischer (Los Verdes), se convirtió en asesora de la industria farmacéutica; y el ministro de Transporte, Kurt Bodewig (SPD), fichó por KPMG, una de las mayores empresas auditoras del mundo.

7. Lafontaine, Oskar, *El corazón late a la izquierda*, Paidós, Barcelona (2000), p. 16.

8. Íbid., pp. 67-68.

9. *Der Spiegel*, 22 de agosto de 2005, pp. 30-31.

10. Ingar Solty, *The Historic Significance of the New German Left Party*, Fundación Rosa Luxemburg, Berlín (2009)

11. Ingar Solty, op. cit.

12. Gysi, Gregor, «Aquí está la nueva Izquierda alemana. Entrevista», *Sin Permiso*, 24 de junio de 2007.

13. Ingar Solty, op. cit.

14. Domènech, Antoni, «Crisis económica y polarización política», *Sin Permiso*, 23 de noviembre de 2008.

15. Ingar Solty, op. cit.

16. Lafontaine, Oskar, «Die Linke ha alterado el sistema político de partidos», *Sin Permiso*, 4 de octubre de 2009.

17. Pau, Petra, «Verbale Klassenkämpfe helfen uns nicht», *Der Tagesspiegel*, 26 de septiembre de 2011.

18. Strohschneider, Tom, «Saure Milch und große Keule», *Der Freitag*, 8 de octubre de 2011.

19. Gysi, Gregor, «Na klar, wir gehören zusammen!», *Neues Deutschland*, 1 de octubre de 2011.

20. Niebel, Ingo, «No puedes luchar 1.000 días y el 1.001 descansar», Entrevista, *Sin Permiso*, 22 de julio de 2012.

21. Lafontaine, Oskar, «Wir wollen keine gekaufte Politik», *Neues Deutschland*, 21 de octubre de 2011.

22. «Gysi-und Lafontaine-Reden beim Parteitag», *die tageszeitung*, 2 de junio de 2012.

23. Gallego-Díaz, Soledad, «¿Hay futuro para la socialdemocracia?», *El País*, 25 de marzo de 2012.

24. »L'ultra Le Pen supera per primera vegada a Hollande en popularitat», *El Periódico de Catalunya*, 17 de marzo de 2013.

25. Antoni Domènech ha descrito el consenso fordista como la renuncia «a la idea tradicional del movimiento obrero socialista y anarquista de la democracia económica e industrial a cambio del reconocimiento oficial del papel de los sindicatos obreros en la negociación colectiva: «ustedes se olvidan de la democracia en el puesto de trabajo, y a cambio, les reconocemos derechos civiles básicos en ese puesto de trabajo —expresión, reunión, asociación— y capacidad jurídica para negociar aumentos del salario real en función de los aumentos de productividad». Ese fue el sentido del famoso Tratado de Detroit (1943) entre Henry Ford III y los

dos grandes sindicatos norteamericanos, la AFL y la CIO. Ese modelo fue impuesto en Europa Occidental por los norteamericanos luego de la II Guerra Mundial, y las Constituciones europeas de posguerra lo blindaron políticamente, como es harto notorio.» Domènech, Antoni, «Para los trabajadores, esta crisis se desarrolla como una tragedia griega, pero el espectáculo ofrecido por las elites es un esperpento valleinclanesco», Entrevista, *Sin Permiso*, 10 de febrero de 2013.

26. Walter, Franz, *Vorwärts oder abwärts? Zur Transformation der Sozialdemokratie,* Suhrkamp, Berlín (2010).

27. Varoufakis, Yanis, «Cuando y por qué se jodió la socialdemocracia europea» (Intervención en el Foro Kreisky, Viena, 5 de diciembre de 2012), *Sin Permiso*, 9 de diciembre de 2012.

28. Meyer, Henning; Spiegel, Karl-Heinz, «El debate sobre la 'buena sociedad'. ¿Hacia dónde va la socialdemocracia en Europa? Claves para el análisis», Fundación Friedrich Ebert, Bonn (2011), p. 11.

29. Seeßlen, George, «La intención de voto es alta, pero el perfil cada vez más chato: comentarios a la política y al discurso de Los Verdes», *Sin Permiso*, 21 de noviembre de 2010.

30. Romano, Vicente, «La asombrosa degeneración política e intelectual de Los Verdes alemanes. Jutta Ditfurth ajusta cuentas con el partido que ayudó a fundar», *Sin Permiso*, 18 de abril de 2011.

31. «L'Allemagne va à nouveau devoir se réformer, selon le patronat allemand», *Le Monde*, 3 de diciembre de 2012.

32. Cyran, Olivier, «La transformación de Los Verdes en Alemania. Neoliberales en bicicleta», *Sin Permiso*, 9 de octubre de 2011.

33. Berger, Jens, «Die neue Volkspartei, die keine ist», *NachDenkSeiten*, 28 de marzo de 2011.

34. Ditfurth, Jutta, op. cit., p. 244.

35. Gillespie, Ed, «La hipocresía y la superficialidad de los ecologistas caviar distrae de los verdaderos objetivos del ecologismo», *Sin Permiso*, 24 de abril de 2011.

36. Ditfurth, Jutta, op. cit., p. 222.

37. Fischer, Joschka, «Zu einem möglichen Einsatz deutscher Truppen in Bosnien», Entrevista, *die tageszeitung*, 30 de diciembre de 1994.

38. Un estudio forense conducido por investigadores bielorrusos y yugoslavos concluyó que «37 de los 46 fallecidos tenía restos de pólvora en las manos, es decir, que habían disparado armas de fuego. Todos los cadáveres habían recibido los disparos a distancia, esto es, en combate. Otras investigaciones encontraron además indicios de que la UÇK, protegida por la OSCE, había recogido los cadáveres del bosque por la noche, los había vestido con ropa civil y los había arrojado a la fosa común. [...] El entonces líder de la UÇK, Hashim Thaçi, admitió más tarde que: «nos quitamos un peso de encima, cuando [William] Walker [el diplomático estadounidense al frente de la misión de la OSCE en Kosovo] y sin vacilar dijo: «se trata de una masacre de civiles.» Ditfurth, Jutta, op. cit., p. 168. En los días previos al bombardeo, el ministro alemán de Defensa, Rudolf Scharping, en referencia a la población que abandonaba sus hogares por los enfrentamientos, habló de «250.000 refugiados en el interior de Kosovo, más de 400.000 refugiados en total y un incontable número de víctimas.»

39. «Scharping: Hinweise auf serbische Konzentrationslager», *Der Spiegel*, 31 de marzo de 1999.

40. »Nato reveals Kosovo depleted uranium use», BBC, 22 de marzo del 2000.

41. Bricmont, Jean, «La población es sensata, pero le falta información; los intelectuales tienen información, pero carecen a menudo de sensatez», Entrevista, *Sin Permiso*, 25 de octubre de 2010.

42. Bricmont, Jean, op. cit.

43. »Iraq war source's name revealed», BBC, 2 de noviembre de 2007.

44. »Curveball admissions vindicate suspicions of CIA's former Europe chief», *The Guardian*, 15 de febrero de 2011.

45. Lafontaine, Oskar, «Lagerwahlkampf», *junge Welt*, 21 de marzo de 2013.

46. Walter, Franz, «Franz Walter zu Schwarz— Grün», *die tageszeitung*, 30 de abril de 2009.

47. Citado en Ditfurth, Jutta, op. cit., p. 235.

48. Prantl, Heribert, «Warum Wähler und Parteien im Lagerdenken verharren», *Süddeutsche Zeitung*, 22 de enero de 2013.

49. Cyran, Olivier, op. cit.

50. Cohn-Bendit, Daniel, «Der Ulrich ist ein Mafioso», Entrevista, *die tageszeitung*, 12 de octubre de 2009.

51. Ditfurth, Jutta, op. cit., p. 255.

IV. POBRES CON TRABAJO
EXPERIENCIAS EN LA PRECARIEDAD*

Carmela Negrete

1. El primer síntoma: la negación

«Hola, ¿María? Sí, soy Carmela. Mira te llamaba porque quiero hacer un reportaje sobre españoles que se hayan venido a Berlín por la crisis y me preguntaba si podría contar tu historia como ejemplo».

«Bueno, sí, vale, pero, oye, que yo no me he venido por la crisis, sino porque me interesaba irme al extranjero...»

Un par de meses antes, esta misma chica me contaba que se había mudado a Berlín porque en su ciudad ahora no había manera de encontrar trabajo. Lo último que andaba haciendo era vender latas de cerveza con un carrito de la compra en la puerta de una discoteca. Pero, ojo, que aquí solo venía a la aventura. Así somos la juventud, nos mentimos con gusto. Quizás por eso, después de estar un par de años en Alemania, con carrera, máster y experiencia de prácticas, me decidí a quedarme a toda costa. Aunque para ello tuviese que trabajar

* Este reportaje se basa en mi propia vida laboral en empleos precarios en Alemania, así como en reportajes, entrevistas y análisis. Su objetivo no es presentar el panorama laboral alemán, sino mostrar realidades muy frecuentes, sobre todo en relación a los inmigrantes.

limpiando en un colegio o vendiendo zumos en un kiosco callejero...

¿Pero realmente me vine y me quedé por voluntad propia? Es una pregunta que me hago a menudo, y para la que tal vez dentro de un tiempo y con otra perspectiva tenga una respuesta.

En 2009 cuando llegué a Alemania la crisis acababa de empezar, pero nadie imaginaba que sería tan dramática como está siendo. Sin embargo, la otra crisis ya llevaba instalada más de una década: la crisis de la prensa. Si durante el tiempo de formación solo oyes a tu alrededor que las prácticas se prolongan durante años, que encima no las pagan, que si cierran este medio y en aquel otro hacen un ERE... es normal, lógico y hasta deseable que quien se formó como periodista abandone y se cambie de carrera. Yo me tiré a la piscina sin agua. Pensé que aprender otro idioma, viajar y ver un poco de mundo me ayudaría a crecer como periodista.

Después llega el momento en que la falta de espectativas en España casi te obliga a quedarte fuera: ¿Es una opción volver a casa de los padres hasta pasados los treinta, sin trabajo y sin poder formar una familia? ¿y qué ocurre cuando ellos también se quedan en paro? ¿Es mejor molestar a amigos o conocidos? Muchos nos sentimos una carga para el resto, aunque a nadie le gusta reconocerlo.

Los sociólogos (que pueden permitírselo) se exprimen el coco en este momento para saber quién se va a dónde con qué formación y qué encuentran. Es evidente que el movimiento migratorio ha girado 180 grados y ahora somos los españoles, ya sean de primera o segunda generación, quienes nos marchamos. Es muy complicado medir este movimiento de población. Informar sobre él, tres cuartos de lo mismo. En enero de 2013 se publicó que hasta 50.000 españoles encontraron trabajo en Alemania, pero como la socióloga Amparo González Ferrer explicaba en eldiario.es, estos datos cuentan a todos los españoles en Alemania, y no solo a los que se han venido ahora, en el último año, que serían poco más de 6.700. De todos modos sí que se ha registrado un aumento de inmigrantes del sur de Europa en Alemania, sobre todo de españoles y griegos.

En este tiempo he hablado con mucha gente que se ha venido a buscar suerte. La mayoría asegura que los cuatro calcetines que han empaquetado pueden volver a la maleta en cualquier momento. «No es lo mismo que cuando mi abuelo se vino aquí a Alemania a trabajar, entonces sí que pasaban hambre y penalidades en España. Hoy tal vez no tengamos trabajo, pero no nos va a faltar un potaje». Esto comentaba otra buscavidas en una asamblea del movimiento 15-M en Berlín.

¿Es cierto? ¿Nos vamos los jóvenes españoles en busca de aventura por el mundo, o nos vemos obligados a ello para poder vivir dignamente? Si el intento sale mal, casi todos tendrían la posibilidad de verse arropados por la familia. Hay que tener en cuenta que el perfil del emigrante es joven, de entre 25 y 35 años, sin cargas familiares y con un alto nivel de formación.

Pero, sin mentirse, a estas alturas de la crisis cada vez son más los que toman conciencia de su realidad. Como la gente que montó la plataforma «No nos vamos, nos echan» (www.nonosvamosnosechan.net). Su objetivo: hacer visible la situación de miles de jóvenes, la mayoría con formación superior, que se ven obligados a emigrar para encontrar un trabajo.

El manifiesto no podía ser más rotundo y enlazar mejor con lo que en estas líneas y en las siguientes vamos a contar:

> Una se va enterando de que el mito sobre el exilio de oro [...] se corresponde muy poco con la realidad. Que la precariedad de la que huimos existe también fuera de nuestras fronteras, que los «milagros económicos» de algunos países del continente se fundan, entre otras cosas, en millones de contratos a tiempo parcial sin cobertura, salarios de miseria e incertidumbre permanente.

En pocas semanas, miles de historias de titulados españoles por el mundo llenaron dicha web. Licenciados trabajando de camareros, de *au-pairs*, pringando sin remedio y sin igual. Los nuevos parias del siglo XXI. Trabajos sin contrato, largas estancias como becarios o bien trabajos temporales.

Y luego (o antes) están los ex trabajadores de la construcción. Recuerdo uno de los españoles que conocí en Colonia, Andrés, que se había venido a trabajar «en lo que sea». Hasta ahora había sido albañil, de los que dejaron los estudios después de la ESO, pero ahora en Cádiz no encontraba trabajo. Con su guitarra a todas partes y sus alrededor de 35 años, se había venido porque había escuchado que en Alemania había mucho trabajo. No hablaba ni papa de alemán. Estaba convencido de encontrar pronto un empleo, y así fue. Unos días después de llegar, ya estaba fregando platos en un restaurante.

Un mes más tarde pasó por el kiosco de prensa donde yo trabajaba y me dijo: «Esto del bar es un rollo, no me hacen un contrato en condiciones y con un *minijob* no voy a tener «*ni pa pipas*». Me voy a Austria que me han dicho que allí pagan mejor y te aseguran. Ya tengo un contacto allí». Poco después se marchó. Ni idea de cómo le fue. Resulta llamativo el poco tiempo que pasó en Alemania y lo claro y rápido que le resultó decidir que aquí no iba a encontrar lo que buscaba.

La picaresca y el rodaje de llevar trabajando desde antes de cumplir la mayoría de edad le sirvieron para evitar vivir la experiencia que me contaban otras tres pobres almas que se habían venido, como él, buscando trabajo a Berlín. Un español y dos italianos. Dos de ellos con estudios y el tercero con formación profesional. Los tres estuvieron trabajando varios meses en un restaurante y al final el jefe no quería pagarles. Todo el tiempo les aseguró que les haría un contrato, pero al final se vieron sin paga y sin saber qué hacer.

En estos casos no es fácil reclamar y los sindicatos tampoco te pueden ayudar, ya que has estado trabajando sin contrato.

La culpa, encima, es tuya. Sin apenas contactos sociales, ya que eran todos recién llegados, reclamar sus derechos les resultó más que difícil y tuvieron que emplear métodos poco ortodoxos como la intimidación y el acojonamiento del jefe para que les acabase pagando una parte de lo que les debía.

Uno de los tres, Marco, italiano, se había venido a aprender alemán y tratar de encontrar un empleo. Arquitecto de 34 años, los últimos trabajos que había hecho en Roma no se los pagaron nunca. Con el agua al cuello, se decidió a venirse a Berlín porque también él había oído en los medios italianos que en Alemania ataban a los perros con longanizas. De ello se encargaron los medios italianos, que al igual que la gran mayoría de diarios y cadenas españolas de televisión, mostraban una Alemania próspera en la que los trabajadores cualificados estaban muy reclamados y bien remunerados.

Marco aseguraba después de la experiencia con su primer trabajillo que «Berlín está igual que Roma». Lo cierto es que la capital alemana tiene un índice de paro mayor que el resto de capitales alemanas, por lo que le pregunté si estaba buscando empleo en otras ciudades más prósperas, como Múnich o Frankfurt. «No, he decidido volver a Italia y hacer algo por levantar el país». Una opción respetabilísima, buena suerte, Marco.

2. Estamos aquí porque Alemania va bien

La economía alemana, «el motor de Europa», un motor que necesita ser alimentado constantemente con mano de obra barata que sufre condiciones laborales cada vez peores. En 2012 hemos asistido al máximo histórico de empleo en Alemania desde la reunificación, mientras en el sur de Europa la crisis aumentaba el paro. Casi 42 millones de habitantes tenían un trabajo, según datos de la Oficina Federal de Estadística alemana (Destatis) relativos al último trimestre de 2012. Sin embargo, numerosas voces críticas alertan de que los datos pueden conducir a hacerse una idea equivocada de la situación del mercado laboral alemán.

Los datos de empleo alemanes tienen que leerse desde la precaución del conocimiento de la situación anterior. Tras el derribo del Muro, la industria de la Alemania comunista fue desguazada y vendida a precio de saldo, en parte para que no ejerciese competencia con las empresas del Oeste. En un par de años, se pasó del pleno empleo a generar un bolsón de millones de parados. El Este de Alemania comenzó a quedarse entonces no solamente empobrecido y sin recursos productivos, sino que los mejores cerebros se marcharon al Oeste. Mientras duró la RDA allá se formaron tres veces más ingenieros que en la RFA. Muchos de ellos son hoy en día parados que viven en el límite de subsistencia con las ayudas del Estado. En la otra mitad de la actual Alemania se han cerrado también muchas fábricas y minas, siguiendo con el proceso desindustrializador y de deslocalización multinacional, con el consiguiente aumento del paro en determinadas zonas, como por ejemplo la cuenca del río Ruhr. La Alemania Occidental ha dejado de ser, además, uno de los países con salarios más elevados del mundo para ser el campeón europeo del sector de salarios bajos.

No es lo mismo que te contraten por cuatro perras a que te paguen un sueldazo con complementos y con un contrato fijo, obvio. Este es otro de los puntos claves del supuesto éxito del modelo alemán, la bajada de salarios que se ha vivido en Alemania desde comienzos de siglo. Los salarios reales de los alemanes descendieron un 1,8%, según un estudio del Instituto de Ciencias Económicas y Sociales (Wirtschafts-und Sozialwissenschaftliche Institut, WSI, en alemán) publicado el 12 de febrero de 2013. En el mismo documento se muestra que el beneficio de empresas y fortunas aumentó en ese período en torno al 50%.

El experto de dicho instituto Reinhard Bispinck aseguraba en una nota de prensa que esta evolución es un indicador negativo para Alemania y para Europa, al dañar la estabilidad económica: «Una subida palpable del poder de compra a través del aumento de los salarios es una condición esencial» (para mantener la estabilidad). Ningún otro país europeo ha vivido un retroceso en los salarios como la República Federal Alemana. A pesar de que las 500 mayores empresas alemanas hicieron en total un 11,8% más de caja que en 2009, sus plantillas se incrementaron solo un 2,9%. Sobre todo ofrecieron contratos temporales, todo ello según un ranking del conservador Die Welt. Dicha tendencia se ha mantenido desde entonces.

La reivindicación de un salario mínimo se ha convertido en uno de los temas centrales de la campaña electoral de Die Linke para las elecciones generales de septiembre de 2013, así como uno de los campos de batalla de los sindicatos. Mientras estos últimos reclaman unos ocho euros la hora, los políticos de Die Linke piden hasta diez. Tal es el debate que, a pocos meses de los elecciones generales de 2013, el Gobierno del partido conservador CDU de la canciller Angela Merkel parece preocuparse de la cuestión y ha declarado querer introducirlo. Sin embargo, ellos proponen varios salarios mínimos diferentes, dependiendo de la región alemana donde se trabaje y del sector económico. Dicha propuesta ha sido criticada por todos los grupos de oposición y por los sindicatos.

Sin la protección de un salario mínimo y con el constante empeoramiento de las relaciones laborales, los grupos sociales de bajos ingresos se han multiplicado en los últimos tiempos. La frase «pobre a pesar de tener un trabajo», eslogan de una campaña de la Federación Alemana de Sindicatos (DGB), es una realidad cada vez más frecuente. No solamente los parados son pobres en Alemania. Wilhelm Adamy, experto en mercado laboral de la Federación Alemana de Sindicatos, y un hombre con una cara muy seria, contaba en el diario *junge Welt* que uno de cada cuatro alemanes gana menos de cinco euros/hora. Según la OCDE, uno de cada seis niños vive en Alemania en relativa pobreza. En Holanda es uno de cada 37. La mayoría son hijos e hijas de parados de larga duración que reciben ayudas estatales, el conocido como Hartz IV, que fue una fórmula introducida por el gobierno de socialdemócratas y verdes, y que cambiaba la antigua ayuda social.

La reforma consistía en un endurecimiento de las condiciones de acceso a dichas ayudas sociales. En Alemania existe una ayuda de desempleo similar a la española, que tiene en cuenta el número de meses trabajados, y que es un porcentaje del sueldo anterior. Una vez agotado, y si el trabajador no ha encontrado una nueva ocupación que le proporcione ingresos, puede recibir el subsidio de desempleo II o «Hartz IV» (por el nombre del político que lo ideó), que es una ayuda estatal que consiste en el pago del alquiler y las facturas energéticas, así como unos 350 euros al mes y unos 250 por cada hijo. También contempla alguna que otra ayuda extraordinaria, que ha de ser valorada por el funcionario de turno.

Este sistema, para el maltrecho parado de larga duración español puede sonar positivo, sin embargo, ha transformado el mercado laboral alemán, desregulándolo. El quid de la cuestión está en que los perceptores del Hartz IV son obligados a trabajar al mismo tiempo que reciben la ayuda. Con ello se fomentaría, según la versión oficial, su reincorporación a un puesto de trabajo que le permitiese sobrevivir por sí mismo sin ayuda del Estado. Sin embargo, tanto sindicatos como ONG y servicios sociales alertan desde hace años que las personas que reciben el subsidio y trabajan al mismo tiempo no acaban de salir del círculo vicioso de la pobreza. Ello se debe a que los empleadores pueden pagar salarios tan bajos como les venga a bien y la persona ha de aceptar los empleos a riesgo de quedarse sin las ayudas. Hasta un máximo de 450 euros pueden trabajar sin perder la prestación.

Para recibir dicho subsidio, el solicitante ha de demostrar que prácticamente no posee nada, así como tampoco su pareja y familiares cercanos. A raíz de las investigaciones del Estado a los perceptores se ha instalado un sistema de control a través del cual los servicios de empleo tienen acceso a la información de las cuentas corrientes de los solicitantes, que además se ven obligados a participar no solo en cursos de formación, sino a realizar trabajos. Cada año, cientos de miles de parados son sancionados porque, por ejemplo, no habían escrito el número suficiente de currículos o rechazaron uno de los llamados *Ein-Euro-Job*, trabajos por un euro la hora. Con la excusa de dar una actividad a los parados para que no se desligasen del mundo laboral y devolviesen a la sociedad lo que generosamente esta les ofrecía en forma de ayudas estatales, los perceptores de estas ayudas, oficialmente inscritos como parados, tienen la obligación de trabajar para el Estado por un euro la hora si así fuese necesario.

Tanto conservadores y liberales, como socialdemócratas y verdes (estos dos últimos responsables directos) aseguran que a raíz de la introducción del Hartz IV se ha flexibilizado el mercado laboral y se ha generado empleo. De lo que no hablan es de su calidad, ya que ha dado lugar a una mano de obra más barata y con menos derechos laborales.

Los extranjeros extracomunitarios no entran en el colectivo perceptor de estas ayudas, a no ser que vivan en una ciudad concreta al menos cinco años, o hayan trabajado un año con un contrato a tiempo completo. Esto último les resulta especialmente complicado a los trabajadores extranjeros menos cualificados, que se ven obligados a ir de un trabajo temporal a otro, sin derecho a desempleo ni ayudas de ningún tipo. Por no hablar del trabajo que tampoco está reconocido. Según el periódico *Die Tageszeitung*, dos tercios de todas las horas de trabajo en Alemania no son remuneradas, bien como trabajo doméstico, bien como cuidados o trabajo voluntario.

3. Palabrotas: *Fachkräftemangel*, o el mito de la carencia de trabajadores cualificados

Los alemanes tienen una palabra larguísima y muy fea para denominar la carencia de mano de obra con cualificación profesional: *Fachkräftemangel*. Desde hace años, los políticos conservadores y liberales, sobre todo, repiten esta palabra como un mantra. Las fundaciones cercanas a las patronales sacan un estudio tras otro en el que alertan de que la economía alemana perderá muchos millones de euros si no encuentra a los trabajadores que necesita para sus industrias. Unas previsiones alarmantes que piden a gritos medidas drásticas: importar los mejores cerebros de la Unión y allende del euro. Para ello se han llevado a cabo anuncios en el extranjero publicitando Alemania como el país donde los expertos tienen su oportunidad de crecer profesionalmente.

En los medios político-empresariales se ha puesto de moda catalogar a las personas inmigrantes en «cualificadas» o «no cualificadas». La ministra de Trabajo Ursula von der Leyen, del partido conservador, aseguraba en unas declaraciones lisérgicas que los nuevos inmigrantes del sur de Europa son «un golpe de suerte» para Alemania. El perfil es, desde luego, un chollo: joven, con estudios y sin cargas familiares. Muy barato para el Estado y para las empresas. Se ahorra en formación y se consiguen trabajadores muy flexibles en cuanto a horarios, condiciones o movilidad.

Quien no haya oído que en Alemania necesitan profesionales es que ha estado en coma los últimos dos años. Fue entonces cuando empezó a intensificarse la propaganda alemana en el sur de Europa para atraer sangre fresca a tierras germanas que renueve la envejecida población. Entonces, allá por enero de 2011, comenzó una colaboración especial entre las agencias de empleo españolas y alemanas coordinadas por la red europea Eures para contratar a españoles en paro.

La misma canciller Angela Merkel estuvo por aquel entonces en Madrid en una cumbre hispanoalemana y luego la vimos en todos los telediarios vacilando a Zapatero de que en su país necesitarán en los próximos diez años unos 100.000 profesionales, de preferencia españoles. Desde entonces, la cámara de comercio alemana organiza jornadas informativas sobre posibilidades laborales en el país y los cursos de alemán del instituto Goethe han visto multiplicados el número de inscripciones.

También en la visita de Rajoy a Berlín en febrero de 2012 volvieron a hacerse declaraciones sobre los desempleados que la economía alemana podría asumir. Mostrando un amplio conocimiento de las características del paro juvenil español, Merkel ofreció a Rajoy la posibilidad de que los jóvenes españoles parados realicen una formación profesional en Alemania que les permita integrarse en el mercado laboral alemán. Tenemos la generación mejor formada de la historia, pero la canciller nos ofrece formarnos de nuevo. De hecho, como contaré más adelante, no son pocos los casos de gente que en España tenían experiencia profesional y al llegar aquí han de aceptar contratos en prácticas o con condiciones para personal sin experiencia.

Día sí, día no, hemos visto en la prensa anuncios grandilocuentes como las declaraciones del presidente del partido liberal FDP en el Parlamento, Rainer Brüderle, que le comentaba a *El Mundo* que «Alemania precisa entre 500.000 y 800.000 nuevos empleados especializados». Cifras como estas, en las que bailan en ocasiones varios cientos de miles de posibles empleos, han sido bombardeadas en los medios españoles y alemanes.

Europa Press publicaba en marzo una nota titulada «Alemania necesitará 200.000 trabajadores cualificados del sur de Europa». La fuente era una entrevista con el director de la Agencia Federal de Empleo alemana y contenía una información muy diferente a la nota de Europa Press, que decía lo siguiente: «El director de la Agencia Federal de Empleo germana, Frank-Jürgen Weise, ha desvelado este sábado que Alemania necesitará 200.000 trabajadores cualificados cada año procedentes de países del sur de Europa como España, Italia, Grecia y Portugal. En mayor parte, requerirán ingenieros, médicos y enfermeros.»

En la entrevista, en realidad, este hombre dice que la economía alemana necesitará en total 200.000 trabajadores cualificados más. Lo que no quiere decir, y no aparece por ningún lado, es que ellos hayan de ser «de países del sur de Europa». De hecho, se centran más en los inmigrantes de Europa del Este en la entrevista. ¿Por qué el número sería descabellado? Pues porque de España o Grecia esperan sobre todo médicos o arquitectos, pero no 200.000 cada año... Eso sería una barbaridad.

En total, lo cual también se nombra en la entrevista, han llegado a Alemania durante todo el 2012 unos 33.000 europeos del sur más, y este número contempla a españoles, italianos, griegos y portugueses juntos. Además, la cifra de 200.000 trabajadores es un cálculo de lo que se necesitará «a largo plazo» (*auf dauer*), y dentro de ese cómputo están también los trabajadores cualificados de fuera de la Unión Europea.

Como guinda, le preguntan por las previsiones de empleo en Alemania para 2013 y asegura que «la situación en Alemania es difícil. En 2012 tuvimos de media 2,9 millones de parados. En 2013 superaremos los tres millones en algunos meses. De media el dato permanecerá estable a final de año».

Números e interpretaciones erróneos de este tipo despiertan la esperanza de personas que luego aparecen buscando trabajo por aquí, algunas muy desorientadas. «Me he venido porque aquí hay trabajo y en España no sabía qué hacer» es una respuesta cada vez más extendida entre los recién llegados.

Sin embargo, luego sales a la calle y te encuentras con gente como Sabine Smith, que es ingeniera y vive en Colonia. La conocí en un cursillo de formación profesional titulado «redactor online», que se puso a hacer para cambiar de ambiente, «*aburriíta*» ya de mandar un currículum detrás de otro. Cuando le pregunté por su opinión sobre los anuncios en España para que ingenieros, médicos y otros profesionales vengan a trabajar me contestó que «las empresas ya no quieren pagar los salarios que corresponden a un ingeriero por su formación y experiencia». Ella cree que por eso prefieren contratar a gente de fuera.

Su caso no es, de lejos, el único. No hay unidad en torno al concepto y de vez en cuando se reactiva el debate sobre si es necesario importar mano de obra cualificada o no. En los medios aparecen reportajes que muestran a profesionales alemanes en paro que tratan de encontrar ese puesto que tanto se publicita. En noviembre del año pasado la televisión pública MDR emitía un reportaje en el que varios ingenieros contaban cómo se sentían tras enviar cientos de currículums sin éxito y oír constantemente en los medios la cantinela de la carencia de mano de obra cualificada. Ellos buscan sin cesar y sin encontrar, mandan cientos de currículums, no les contestan a la mayoría de los emails, no los invitan a las entrevistas de selección y encima tienen que escuchar en la tele y en la radio que hay tantos puestos de trabajo que el gobierno está buscando especialistas fuera.

Hay que tener en cuenta que gran parte de los anuncios oficiales en este sentido se basan en estudios que hacen proyecciones futuras de cómo será el mercado de trabajo dentro de un tiempo. El científico social Karl Brenke, del Instituto para la Investigación Económica (Institut für Wirtschaftsforschung, DIW, en alemán) tiene una teoría muy diferente: «teniendo en cuenta el aumento espectacular del número de estudiantes en las facultades de ingeniería, no puede decirse que en los próximos años vayamos a tener una carencia de ingenieros, sino una oferta excesiva», declaraba en dicho reportaje.

También los sindicatos aseguran que no hay una falta generalizada de trabajadores con cualificación profesional, sino que el paro afecta a unos cinco millones de alemanes y la demanda se concentra en unas áreas muy determinadas. «En casi todas las profesiones hay más parados que ofertas», aseguraba al programa de entrevistas matinales «Morgenmagazin» de la televisión pública WDR el responsable de política y mercado laboral del sindicato DGB en la Baja Sajonia, Lars Niggemeyer.

El matemático español Ángel López, de Madrid, al que también conocí en Colonia, me contaba: «Si yo, que soy matemático y trabajo en el sector de la informática, solamente encuentro *minijobs* o empleos temporales, está claro que en otras áreas menos cualificadas es lo único que se puede encontrar ahora mismo».

De todos modos, la llamada de la selva de la patronal y del gobierno alemán para que vengan titulados a porrillo a vivir a Alemania no ha dado los frutos esperados hasta ahora, por lo que siguen realizando campañas y publicidad de reclutamiento en el extranjero.

El año pasado se aprobó incluso una reforma de la ley de extranjería para que puedan emigrar a Alemania con menos trabas extranjeros de fuera de la Unión Europea que tengan estudios universitarios. La norma reduce los ingresos que la persona ha de tener para poder recibir un permiso de residencia, y la cifra es aún menor si la carrera es de ciencias. El único partido que se pronunció en contra de la nueva norma fue Die Linke. El diputado de esa formación Jörn Wünderlich criticó que se facilitase una inmigración «exclusivamente en función de principios de utilidad de las personas». Dicha formación política critica que no se ofrezcan puestos de formación profesional mientras se habla de una carencia de mano de obra especializada a nivel de todo el país.

No a todos los españoles con estudios o formación profesional que encuentran un trabajo en Alemania acorde con su cualificación les va de perlas. Aurora Martín (nombre ficticio por deseo de la entrevistada), enfermera, vino a Berlín desde Ciudad Real después de rodar durante más de dos años por hospitales de toda Castilla La Mancha con contratos temporales. Allí, en el mismísimo tablón de anuncios del colegio de enfermería, encontró la oferta de empleo en Alemania. Una oferta suculenta en la que ofrecían un compromiso inicial de contrato de doce meses, un buen salario, un curso de alemán pagado por la empresa y la posibilidad de firmar un contrato indefinido tras dicho período de prueba. Envió su currículum y meses después viajó para una entrevista de trabajo hasta el pueblecito de Geldern, cerca de Düsseldorf. Al llegar a su destino, después de pagar el viaje de su bolsillo, se encontró unas condiciones muy diferentes a las ofrecidas originalmente. Los contratos en alemán y en español tenían un contenido diferente en cuestiones fundamentales como el salario y las horas de trabajo.

En Geldern conoció a Ángela Vázquez (nombre ficticio). También ella vino atraída por las condiciones que ofrecía la empresa desde Veda, en Murcia. A Ángela le debían dos meses de salario en su último trabajo y la situación se había vuelto tan insostenible para pagar el alquiler del piso que compartía con su novio, que decidió hacer las maletas. Su novio trabaja en una empresa que ha anunciado un ERE y su madre lleva tres años en paro. «Mi familia no me puede ayudar», dice apesadumbrada. También ella tuvo que gastarse unos pequeños ahorros en el infructuoso viaje hasta Geldern. Según el contrato que les presentaron al llegar a Alemania, deberían estar un año en prácticas cobrando nada más que 500 euros. Ambas decidieron rechazar la oferta; otros candidatos la aceptaron. «No sé de qué se supone que deberíamos haber vivido todo ese tiempo», señala Aurora indignada.

Antes de que se marchasen, el jefe de la empresa de trabajo temporal les ofreció buscarles otro puesto con mejores condiciones en un hospital, para lo que necesitaría un par de meses. Ni Aurora ni Ángela se podían permitir mantenerse dos meses en Alemania sin trabajar. «Tengo un amigo que tiene una empresa de productos cárnicos y podéis trabajar ahí esos dos meses hasta que os encuentre otra cosa en un hospital», les dijo el jefe. Como no tenían nada que perder, concertaron una cita en el matadero. El trabajo consistía en empaquetar carne y las condiciones, trabajar diez horas de lunes a viernes, así como dos fines de semana al mes, por 1.000 euros. La casa la ponía la empresa. Era un piso con dos habitaciones y en cada cuarto había cuatro y cinco camas. Todos los inquilinos compartían un solo lavabo. «Un piso patera de toda la vida», asegura Aurora. Ambas se volvieron asustadas a sus respectivas ciudades.

Meses más tarde, tras seguir buscando trabajo en España sin obtener respuesta, ambas han vuelto a Alemania. Esta vez han encontrado un trabajo en Berlín y esperan que no sea otro timo. «Con la crisis hay muchas empresas que estafan. Nosotras no firmamos el contrato, pero otros compañeros sí y ahora andan de juicios».

El hecho de que las condiciones que les ofrezcan sean las que se ofrece en Alemania a una enfermera que acaba de terminar su formación no las entristece. Sus turnos son de 12 días seguidos y dos de descanso. No hay más vacaciones ni pagas extra más allá de los días de descanso. Cobran nueve euros la hora, también cuando trabajan de noche o los domingos. El idioma es lo que más les cuesta. Y es fundamental en su profesión: «No poder comunicarte con tu paciente es una tortura horrible», asegura Ángela.

Los enfermeros españoles tienen muy buena imagen en Alemania, ya que hasta hace muy poco tiempo la enfermería era considerada una formación profesional, mientras que los españoles llegaban con una preparación de cuatro cursos de universidad. «Este no es el trabajo que hemos aprendido en la facultad. Nos preguntan si sabemos tomar la tensión o medir la insulina. Eso ya lo hacíamos en primero de carrera», dice Lorena un tanto impaciente. Añade que quiere quedarse el tiempo necesario para ahorrar y poder hacer un máster en España. «Tal vez así consiga un trabajo y pueda estar cerca de mi novio». Aurora, escéptica, asegura que ella ya hizo un máster y tampoco le ha servido para encontrar trabajo.

4. Palabrotas: *minijobs*

Los parados alemanes son, con certeza, los más activos de la Unión. Desde la introducción del Hartz IV, los parados son obligados a trabajar para recibir las ayudas sociales. Con los llamados *minijobs* los parados pueden ganar hasta 450 euros extra al mes y las empresas pueden emplear a una persona pagando muy pocos impuestos. El Gobierno pretende elevar ese límite hasta los 600 euros, pero hasta ahora no lo ha conseguido.

Una de mis experiencias en un *minijob* me mostró el truco que hay detrás de estos empleos. Llegué a Berlín de vuelta de Andalucía, convencida de que no volvería a hacer ningún trabajo mal pagado, en el que fomentase a mafia alguna y menos aún si era sin contrato. El primer día de regreso fui a un Kebap a comprarme unas papas fritas y ya me dejé convencer por lo que parecía ser una oferta que no podía rechazar: vender zumos y ganarme unos eurillos. Un trabajo sencillo y agradable. El sol brillaba a más no poder y parecía pedirme a gritos un sí como una torre. Lo cierto es que el sueldo era muy muy bajo: cinco euros la hora.

Al cuarto día, Berlín volvía a ser la ciudad que es: nublada y con un frío que pela. Nadie quería tomar zumo de naranja en un día así. Ocho horas de pie pasando frío por 40 euros. Me pillé un resfriado increíble y al día siguiente no pude volver al trabajo, con lo cual aquel día no gané nada. Le dije al jefe que si trabajaba ocho horas debía tener un trabajo a tiempo completo, y que si el negocio era realmente rentable tendría que pagarme algo más por hora. Me respondió que no siguiese, pues estaba infundiendo una «moral errónea» a los otros empleados.

Uno de ellos, el cocinero del Kebap, me contó que hablaba seis idiomas y sabía cocinar platos de muchos países diferentes. Formación profesional incluida, llevaba trabajando en el sector un lustro. «Son malos tiempos, yo también trabajo por cinco euros la hora, tengo un contrato a tiempo completo, pero esto es lo mejor que he podido encontrar».

Es prácticamente imposible para el Estado controlar cuántas horas trabaja una persona con un *minijob*. Por eso muchas empresas dan de alta a la persona con un *minijob*, pero luego esta trabaja más horas y se le paga en dinero negro. Los *minijob*s han pasado a ocupar el lugar en muchos casos de empleos antes regulados y bien protegidos.

«Muchos se aprovechan de que existe esta ayuda del Estado para ofrecer trabajos por sueldos de miseria», asegura Evelin Räder, experta en mercado laboral del sindicato Ver.di, uno de los mayores de Alemania. Según las cifras oficiales que maneja, hasta 1,35 millones de alemanes que tienen un trabajo de más de 30 horas a la semana se ven obligados a recurrir además a la ayuda del Estado para salir adelante.

El pasado verano, sin ir más lejos, estalló un escándalo porque los guardas de seguridad del Parlamento alemán ganaban tan solo tres euros la hora. La voz de nuestra interlocutora se nubla ante la idea de exportar el modelo: «Desde Ver.di solo podemos desaconsejar a España que introduzca este tipo de contratos laborales.»

Hasta siete millones de alemanes tienen un *minijob*, de los cuales 4,5 millones solamente disponen de ese trabajo, en el que se puede ganar hasta 450 euros nada más. «Estos trabajos son una espiral de la que es difícil salir». Solo un 7%

de los empleados en *minijobs* consiguen después encontrar un trabajo asegurado, según el Instituto Alemán para el Mercado Laboral y el Empleo. (IAB, Institut für Arbeitsmarkt und Berufsforschung)

«Este tipo de contratos dan lugar a una menor afiliación a sindicatos», asegura Adoración Guamán, profesora de Derecho del Trabajo de la Universidad de Valencia. De hecho, en el sindicato Ver.di tampoco disponen de cifras al respecto: «Por desgracia, nuestros afiliados pertenecen, por decirlo de algún modo, a los privilegiados dentro de los trabajadores. Empleados con *minijobs* o con trabajos de un día prácticamente no se afilian a un sindicato.»

Los *minijobs* son la forma más extendida de explotación radical y sumisión al trabajo en Alemania, pero hay otra fórmula que corrobora aquello de que la realidad siempre supera a la ficción. El servicio nacional de empleo alemán ofrece trabajos de unas horas que son pagados en efectivo y en la mano al final del día. «Sobre todo se trata de trabajos en la construcción, en almacenes o en mercados, cargando cajas, en mudanzas y otros empleos por el estilo», nos aclara Stephan Perleß, el encargado de recibir las ofertas y seleccionar a los candidatos en esta «oficina pública de gestión de trabajos de un día», que así se llama.

El perfil de los solicitantes es un alemán desempleado, o con trabajo que quiere mejorar sus ingresos o bien personas desesperadas que no reciben ninguna ayuda estatal, según Perleß. «Algunos vienen a diario con la esperanza de encontrar algo». Las empresas, por su parte, «lo hacen en caso de enfermedad o de aumento puntual de la producción». Sin embargo, a la pregunta de si existen controles sobre el número de empleados fijos y el número de empleados eventuales que cada empresa puede o no contratar, nos asegura que tales controles no existen. A diferencia de las empresas de trabajo temporal, el servicio aquí es gratuito para los empleadores.

Todavía no son las cuatro de la mañana cuando los posibles candidatos a ser recogidos para trabajar por ese día esperan a la puerta de la oficina de empleo. Unos leen, otros duermen en las sillas... hasta que llegue alguna oferta. El procedimiento es el siguiente: las empresas llaman por teléfono o escriben un email, incluso pueden dejar un mensaje en el contestador, hacen su pedido y la oficina les envía el trabajador. Sin contratos. «Pero el tiempo que trabajen están asegurados y la empresa paga sus impuestos», asegura Perleß. Cuando consiguen un trabajo, ganan de siete a nueve euros la hora. A veces se pasan la madrugada y la mañana en las frías sillas de metal y no hay ningún trabajo para ellos.

5. Generación *Praktikum*

El que piensa que en Alemania por la buena marcha de la economía no se da la explotación en forma de prácticas, se equivoca. En mi caso las prácticas fueron en una revista on-line sobre temas de maternidad y embarazo. Las conseguí a través del programa de intercambio europeo ARGO. Lo cierto es que este programa, al igual que el resto de programas de becas de trabajo financiados por la Unión Europea para promover la movilidad de los ciudadanos, sirve en última instancia para ahorrar muchísimo dinero a las empresas, que obtienen de ese modo trabajadores cualificados a precio de saldo y ante los que no ha de responder legalmente en la forma en que debería hacerlo si tuviesen un contrato de trabajo en condiciones.

De hecho, no se controla cuántos trabajadores tiene la empresa a la que los becarios son enviados y cuántos en cada departamento. En nuestro caso, el departamento español estaba compuesto solo por becarios. Además, la empresa recibía al mismo tiempo becarios de varios programas europeos, por lo que los becarios eran más numerosos que la plantilla de la redacción. La empresa no contrató a ninguno al final de mi período de nueve meses de prácticas. En su planning ya estaban planeados los próximos becarios que vendrían a trabajar por cuatro perras chicas. Además, al no haber un control suficiente, varios becarios engarzaron unas becas con otras, a pesar de estar prohibido.

Los becarios muchas veces están más que criados, es decir, hace años que acabaron la carrera y van dando bandazos de unas prácticas a otras. ¿De verdad que no son suficientes cuatro años de prácticas? Muchos se ven obligados a aceptar porque en España sería aún peor: sería el vacío, la nada, el paro.

Para rematar, el contrato de la beca concreta que yo hice, además de despojarme oficialmente de cualquier derecho frente al empleador, me excluía de poder tener días de vacaciones. Tal como están estructuradas en este momento las becas de los diferentes programas Leonardo, y ya que no se lleva a cabo fiscalización alguna, terminan convirtiéndose en un período laboral de seis a doce meses en el que el becado no tiene ningún derecho laboral, al tiempo que es un regalo a las empresas a través de los fondos que destina el Parlamento Europeo. En mi caso la empresa pagaba 400 euros, y la beca 650 más.

No todos los españoles que trabajan de becarios tienen una beca o reciben dinero de la empresa. Patricia López, arquitecta gallega de 30 años, se mudó a Berlín hace ya más de doce meses. Le avergüenza tanto la experiencia que ha vivido aquí que no quiere dar a conocer su identidad, por lo que su nombre es ficticio. Patricia vino a Berlín con su novio. Ambos trabajaban en España como arquitectos antes de quedarse desempleados. En febrero de 2011, la canciller alemana visitó España y en todos los telediarios dejó oír aquello de que la economía alemana marchaba tan bien que necesitaban especialistas, y que ella «estaría muy contenta de que fueran españoles».

Sin saber alemán pero controlando el inglés, Patricia y su novio hicieron las maletas. Al poco de llegar a Berlín encontraron unas prácticas en un estudio. El idioma no fue un problema, ya que asegura que hacían «todo como un arquitecto normal». Ambos se encargaban de dibujar los planos finales para la construcción de viviendas unifamiliares. Todo lo hacían igual que un arquitecto... todo menos cobrar: 300 euros les daba la empresa como remuneración por las «prácticas», para las que no tenían ni siquiera un contrato y que realizaron durante ocho meses.

En este tiempo, Patricia y su novio se han esforzado por aprender el idioma; de hecho, ella asiste ya a clases del nivel superior. Tampoco han parado de buscar trabajo, pero lo único que encuentran son «ofertas de prácticas en las que no pagan más de 400 euros». Patricia da clases particulares de español en su casa y asegura haberse gastado sus ahorros, así como haber recibido ayuda de sus padres. «Todo con tal de hacer currículum en Alemania».

Dos colegas de la pareja, también aquitectos españoles, trabajan en otro estudio berlinés desde hace varios meses totalmente gratis, incluso los fines de semana. «Son estudios que presentan proyectos a concurso y tienen mucho estrés, por eso les piden que hagan horas extra». Patricia tiene ojeras y parece como tristona. Aún le queda la esperanza de encontrar trabajo en otra ciudad alemana como Múnich o Hamburgo, pero por ahora no ha habido suerte. «He ido para atrás», asegura recordando sus primeras prácticas cuando acabó la carrera en Santiago, «esas prácticas estaban mejor pagadas que lo que nos ofrecen hoy aquí».

Los licenciados alemanes tienen que pasar también por el trance interminable de las prácticas mal pagadas o gratuitas si quieren tener exeriencia y encontrar un empleo después. También en la formación profesional encontramos, por lo general, miserables condiciones. Con la excusa de que se trata de jóvenes que aprenden un oficio, se les tiene empleados a tiempo completo cobrando unos 200 o 300 euros de la empresa y completando el resto de su ajustado presupuesto con la ayuda del Estado.

Una de estas formaciones la estaba haciendo Holger, un chico que conocí en la cocina de un hotel a donde me mandó un sábado por la mañana a poner desayunos la empresa de trabajo temporal para la que estaba trabajando. En una de las pausas, Holger me enseñó sus calcetines rotos por los que asomaba el dedo gordo mientras me explicaba que tenía una deuda por haber ido en el metro sin billete que, si originalmente eran 40 euros, ya iban por 120 al no poder pagarla. Era elegir entre comer o pagar la multa. Holger estaba haciendo una formación profesional de camarero que duraba un ano y medio, y lo que estaba aprendiendo esa semana era, y no es broma, a fregar platos a tiempo completo. Una lección que, seguro, no olvidará.

6. Autónomos con un solo cliente

En Alemania hay 2,6 millones de autónomos, de los cuales más de la mitad son del tipo denominado *ein-Mann-Unternehmen,* es decir, «empresa de uno solo», y más de una tercera parte tienen bajos ingresos. El número de autónomos aumentó un 40% entre el año 2000 y 2010, según el Instituto Alemán para la Investigación Económica (Deutsches Institut für Wirtschaftsforschung). Ello significa que más de un millón de personas ofrecen sus servicios y pagan sus impuestos sin tener un empleador, sino una serie de clientes.

Sin embargo, el laxo control y varios trucos hacen posible que muchos de ellos trabajen para un solo empleador... lo cual está prohibido. Aquí, como en todo lo ilegal, lo inmoral o lo que engorda, no hay cifras oficiales que digan cuántos trabajan para un empleador sin contrato, sino como autónomos. Por ejemplo, los profesores de idiomas de las llamadas «universidades populares» (Volkshochschulen) de Berlín trabajan como autónomos. A pesar de tratarse de escuelas públicas de idiomas y de que los profesores trabajan en ocasiones únicamente para dichas instituciones educativas, no tienen contratos directos, sino que cobran por curso impartido.

Ello supone un ahorro para el empleador (en este caso la Administración) en los pagos a la Seguridad Social y al seguro sanitario, que se vuelven más elevados para el propio trabajador. Además colocan al pringado, perdón, empleado, en una situación de mayor desprotección, ya que tiene las conocidas desventajas de los autónomos, como por ejemplo no cobrar por días de vacaciones o por enfermedad. Tampoco hay un contrato vinculante aunque la profesora lleve casi treinta años en la casa, como Agi, que da clases en la escuela situada en el centro de Berlín, en Mitte. No solo no está fija, sino que cada trimestre depende del número de cursos ofrecido por la escuela y de que la dirección le otorgue el contrato concreto de estos cursos. Por tanto, esta forma legal de trabajo supone una mayor sumisión al cliente, que es el empleador.

A mí misma se me presentó la oportunidad de trabajar como autónoma para una empresa. Leo en el periódico: «Nuevo hostal necesita empleados para la recepción. Interesados enviar el currículum a la siguiente dirección de email.» El lugar donde se encuentra el hostal es una de las calles más turísticas de Berlín, la Warschauerstrasse, siempre llena de turistas, comercios y *souvenirs*. Suena bien. Mando mi currículum. Como hablo varios idiomas y soy joven, me llaman para hacer una entrevista.

Me recibe una mujer de mediana edad de buen ver, rubia, muy delgada y estresada. Me muestra el hostal, que está compuesto por tres edificios diferentes conectados entre sí, con unas doscientas camas. En la recepción se sienta una chica italiana de unos 22 un tanto autista que me dirige un «mmm» por saludo. Para todo el hostal solamente hay una persona en la recepción. Es mi día de prueba, es decir, probamos cómo trabajo pero no recibo nada a cambio.

Esto de la «prueba» se puede prolongar durante varios días, y en trabajos más pesados, sin que el candidato huela si quiera unos eurillos. Una vez estuve haciendo la «prueba» de descargar un pedido de botellas de agua y zumo en una conocida cadena de herboristerías. Mis compañeros de piso dicen que es «normal», porque así el posible empleador puede verte en acción.

La señorita Pepis me muestra los cuartos, los manojos de llaves, los pasillos. Tengo que hacer una ronda por las habitaciones que aún no han chequeado la salida y descubrir por qué. Mientras toco con el nudillo y abro acto seguido, pienso en el desayuno y en lo bien que lo vomitaría si me encuentro a alguien en alguno de los cuartos agonizando. Por qué pienso algo así no es explicable, tal vez es el ambiente asfixiante de unos pasillos largos con puertas y más puertas a derecha e izquierda.

«Tenemos turnos de doce horas. Si trabajas seis días a la semana al final del mes son unos 1.400 euros. Eso sí, tienes que darte de alta como autónomo.» Pepis gesticula con sus manos y sonríe como buena vendedora. Estas condiciones son ilegales. Uno no puede darse de alta de autónomo y trabajar para una sola empresa a tiempo completo, ya que la legislación alemana lo prohíbe. Por eso, esta empresa, y otras muchas, está registrada como dos o más empresas diferentes, y los trabajadores emiten facturas a nombre de las diferentes compañías.

Si eres autónomo, además, has de pagar tú mismo la sanidad, los impuestos, el seguro del paro y el de jubilación. Total, que con una jornada de 12 horas seis días a la semana una al final es mileurista. Y todavía hay que pagar alquiler y comida. Por supuesto nada de vacaciones o bonus de nocturnidad, eso es basura burguesa.

7. No te vas a jubilar en la p*** vida

Jubilarse en Alemania y poder vivir dignamente de ello será cada vez más complicado. En 2004 se concibió una reforma de las pensiones, el «factor de sostenibilidad», que supone un cálculo de las pensiones en función de la población activa. A raíz de la introducción de dicha variable en el cálculo de las pensiones, los trabajadores «han de cotizar un mínimo de 30 años con un ingreso medio de forma ininterrumpida. Quien cotice menos de la media o se vea obligado a recibir complementos del Estado, tendrá que contar en el futuro con una jubilación no contributiva», según explica la Federación Alemana de Sindicatos (DGB, del alemán Deutscher Gewerkschaftsbund) en su página web.

A raíz de la introducción de los *minijobs* y del aumento del trabajo temporal, son cada vez más las personas que, a pesar de tener un empleo, han de recibir ayudas estatales para completar su salario. Ellos y ellas son los candidatos a recibir en el futuro una pensión no contributiva por haber cobrado menos del salario medio. Al no existir un salario mínimo en Alemania, y completarse los ingresos con dichas ayudas estatales, existe en la actualidad un *dumping* en los sueldos que los reduce hasta tres euros la hora o incluso a un euro.

A pesar de que en 2004 hubo manifestaciones masivas contra el gobierno de socialdemócratas y verdes a raíz de la introducción de los recortes de la Agenda 2010, en el caso de las jubilaciones, el factor de sostenibilidad es algo contra lo que no hubo tanta resistencia. Sus consecuencias se van viendo lentamente a medida que avanzan los años, ya que en dicho factor se contabilizan la población activa y la población jubilada, ajustándose ambas. La tendencia es que la población jubilada va creciendo, por lo que cada año son más los jubilados que han de sobrevivir con una pensión no contributiva.

Es por eso que el término «pobreza en la tercera edad» (*Altersarmut*) cobra un nuevo sentido en la sociedad alemana en este momento, pues las previsiones son espeluznantes. Según un estudio de Walter Hanesch, profesor de la Universidad de Darmstadt, en comparación con 2008 se espera que en el Estado de Hesse en 2020 se haya duplicado el número de personas que reciben una jubilación no contributiva, y en zonas del Este como Turingia el número sería hasta seis veces superior. Ello se explica porque en la antigua RDA había pleno empleo y tras la reunificación y el desmantelamiento industrial llevado a cabo, los estados del Este son los más afectados por el paro.

Lo más cínico de todo es que incluso aunque haya crecimiento económico en general en el país, las jubilaciones pierden cada año poder adquisitivo real. La reforma de las pensiones en Alemania ha obligado al pago de impuestos que no solamente afectan a los ciudadanos alemanes. Ahora reclama el Estado alemán a unos 150.000 austríacos que trabajaron hace años en Alemania y reciben una pensión alemana que paguen los impuestos que les corresponden desde 2005 hasta ahora. Las sumas que reclama el Estado alemán ascienden hasta varios miles de euros por pensionista.

Por último, el número de pensionistas que se ven obligados a trabajar crece cada año. Solamente en la región de Baviera son casi 140.000 los jubilados que trabajan para completar su pensión «limpiando, ordenando estanterías en los supermercados o repartiendo periódicos», publica el periódico *Süddeutsche Zeitung*. El aumento del precio de los alquileres y de la vida, que no se ha correspondido con un aumento paralelo de sus jubilaciones, les obliga. Ellos también cuentan como empleados en la flamante estadística del récord de empleo alemán.

8. Notas de supervivencia en Alemania

Quien se lea este epígrafe será porque le interesa, o a alguien cercano, mudarse a Alemania. Así que imagino que ya le habrán contado que lo mejor es que aprenda alemán antes de venir, o que planifique un tiempo de aprendizaje que necesitará antes de encontrar cualquier trabajo. Meter un abrigo en la maleta y otras obviedades vamos, por tanto, a ignorarlas.

No es lo mismo emigrar con la visa en el bolsillo que con la cuenta «*pelá*». Para las almas en pena que no tienen muchos recursos había y hay hasta ahora ayudas del gobierno alemán para la subsistencia, un reducto del recortado Estado del bienestar del siglo pasado. En una de las asambleas del movimiento 15-M en Berlín se discutía acaloradamente en diciembre sobre si los españoles podían recibir ayudas del Estado alemán sin haber cotizado, o si por el contrario no tenían derecho, a no ser que hubieran trabajado antes allí.

Unos contaban los casos de conocidos a quienes la oficina de desempleo les estaba pagando el alquiler y un curso de alemán, así como un pequeño sustento de supervivencia hasta que encontrasen un trabajo. Otros, por el contrario, aseguraban que en las oficinas del paro les habían negado esos subsidios. ¿Quién tenía razón? ¿Tienen derecho españoles, italianos, griegos y otros ciudadanos de la Unión Europea, en cuyos países no reciben ayudas públicas, a recibirlas en Alemania sin haber cotizado? La respuesta es tajante: tienen derecho, pero pueden no tenerlo.

Giulia Tosti tiene 36 años y nació en Roma. Hace tres años que vino a Berlín a buscar trabajo. En Italia había estudiado Historia del Arte y ya conocía Alemania. Se desenvolvía en alemán porque había disfrutado de una beca Erasmus en el año 2000 en una universidad de Hamburgo. Poco después de llegar, ya encontró su primer empleo en una galería de arte, al que siguieron muchos otros. Durante ese tiempo, Giulia trabajó como autónoma. «Me vine de Italia por la situación política y económica. Fue muy difícil tomar la decisión», asegura.

En un momento determinado, Giulia se quedó sin nuevos contratos y decidió solicitar las ayudas para desempleados que existen en Alemania, el llamado «Hartz IV». Fue a la oficina de empleo, y la trabajadora que le atendió le explicó que las ayudas no contributivas, que serían a las que ella tendría acceso por haber sido autónoma, ya no las concedían a personas de la Unión Europea.

«Tal vez deberías casarte con un alemán rico», le soltó entre risitas. Giulia hoy se lo toma con humor, y como entretanto se ha quedado embarazada de un alemán, asegura que «he seguido su consejo». Lo cierto es que la pareja de Giulia recibe dichas ayudas del Estado y es así como ella ha podido entrar dentro del sistema de la Seguridad Social alemana. A pesar de estar embarazada, hasta no oficializar su relación con su novio se quedó sin ayudas económicas y sin seguro sanitario.

En 2011 el Gobierno alemán decidió, de la noche a la mañana, que los nacionales de otros países de la Unión deberían quedar excluidos del llamado Convenio de Asistencia Social y Médica de la Unión Europea. La idea era evitar que se produjese una inmigración hacia el sistema de bienestar alemán desde los países afectados por la crisis, en especial del sur de Europa. Los países del Este estaban en todo caso excluidos de dicho convenio.

La limitación que el Gobierno alemán formuló está en vigor desde febrero de 2012 y fue entonces cuando comenzaron a llegar cartas con las negativas a los ciudadanos comunitarios que solicitaban los subsidios. Otros, como el español Toni Chirrispe, ya los estaban recibiendo.

Toni nació en Cazorla y estudió en Granada. Tiene 32 años y llegó a Berlín en enero de 2011. También él había residido antes en Alemania con una beca Erasmus. Toni es el inmigrante perfecto, según la ministra de Trabajo, Ursula von der Leyen, que aseguraba que «la nueva calidad de la inmigración es un golpe de suerte» para la economía alemana. Con ello no se refería a los miles de rumanos y búlgaros que en los últimos meses se han mudado a Alemania huyendo de la miseria, sino a los jóvenes con estudios que llegan del sur de Europa.

Sin embargo, el Estado alemán comunicó a Toni por carta que no le seguirían pagando el subsidio no contributivo que recibía, fundamental para su integración laboral en el país, debido a la limitación que había establecido el Gobierno. Toni es físico y ha realizado varias prácticas en empresas alemanas. Pero en las prácticas no se cotiza. Hasta el momento no ha encontrado un trabajo adecuado a su cualificación. Ahora trabaja como cocinero en una escuela infantil. Reside en Berlín, «porque es más barato», pero busca por toda Alemania y ya ha vivido en otras ciudades.

Cuando Toni recibió la carta, en la oficina de empleo le dijeron que lo mejor sería que, sin trabajo ni ingresos, se «volviese a España». Toni le explicó a la señora lo alto que está el paro en España y las pocas perspectivas que veía y esta le aseguró que «era demasiado negativo». Que fuese «optimista». En lugar de ello, Toni se topó con un grupo de activistas denominado «Red Berlinesa contra la Limitación del Gobierno alemán al Convenio de Asistencia Social y Médica». Allí le explicaron que las personas en su situación tienen la posibilidad de llevar a juicio la negativa de la oficina de empleo ante el Tribunal de la Seguridad Social (Sozialgericht). En la mitad de los casos les dan la razón. Además, los costes judiciales en el caso de personas sin recursos corren a cargo del Estado. Así que nada perdía al intentarlo. Ganó el juicio y le concedieron de nuevo las ayudas.

Pero solo por seis meses. Al cabo de ese tiempo, se han de solicitar de nuevo y es posible que vuelvan a negarlas y haya que denunciarlo de nuevo. Sebastian Müller, portavoz de la iniciativa y trabajador social en el barrio berlinés de Pankow, explica que la red se formó en mayo de 2012 porque «se oían cada vez más casos de europeos del sur a quienes les estaban negando las ayudas».

Según cálculos de dicha red, son unas 10.000 personas las afectadas solamente en Berlín. Además, la limitación del Gobierno podría ser ilegal por dos razones que son esgrimidas por los jueces en sus sentencias. La primera es que «una limitación solamente se puede hacer con nuevas medidas, pero el paro para no contribuyentes es algo que ya existía antes». La segunda razón es que «para dejar de acatar un convenio a nivel europeo el Gobierno debería haberlo planteado al Parlamento, donde habría de votarse».

Lutz Achenbach, abogado experto en derecho social y colaborador de la red berlinesa contra las medidas tomadas por el Gobierno, explica que los ciudadanos de la Unión que se encuentren en Alemania «únicamente con el fin de encontrar trabajo» se ven por lo general en este momento excluidos de los subsidios del desempleo no contributivos. De esta forma el gobierno alemán está entorpeciendo su integración en el mercado laboral y en algunos casos provoca que los afectados acaben sin techo o sin atención sanitaria.

Quien recibe una negativa del Jobcenter, que es la oficina de empleo donde se puede solicitar el paro no contributivo, puede reclamar sus derechos ante el Tribunal de la Seguridad Social por la vía urgente. En Berlín hay muchas posibilidades de ganar el proceso, aunque según el abogado Achenbach la jurisprudencia de este tribunal no es única y hay dos consejos judiciales que no reconocen a los afectados el derecho a acceder a las ayudas.

Como es el azar quien decide en qué consejo judicial es tratado cada caso, recibir los subsidios por la vía rápida se convierte en una cuestión de suerte. Y como solamente se conceden por un período de seis meses, puede ocurrir que después de medio año todo el proceso comience de nuevo.

Muchos no saben que tienen una gran probabilidad de que el juez les dé la razón, así que no lo denuncian. Otros ni siquiera van a las oficinas de desempleo a pedir las ayudas porque han oído que ya no las dan. «La limitación que estableció el Gobierno alemán ante el convenio es una medida intimidatoria y hasta el momento por desgracia ha cumplido a la perfección esa función, pues los afectados no están en general informados de sus posibilidades jurídicas», explica Achenbach.

Otro asunto importante es la vivienda. Si usted es uno de los numerosos españoles millonarios que en los últimos meses están comprando inmuebles en Berlín y en otras ciudades alemanas por miedo a que su dinero pierda valor si lo invierte en cualquier cosa dentro de la Península ibérica, y que está agravando con ello el proceso de la denominada *gentrificación* (convertir un área urbana popular en zona de prestigio para ricos), encareciendo los alquileres del alemán de a pie, tampoco creo que le interese mi siguiente consejo.

En Alemania es muy complicado encontrar piso. A no ser que uno venga con su contrato de trabajo en la mano. Y a ser posible, sea médico o arquitecto. El resto de los mortales lo primero que hace es buscarse una habitación en un piso compartido hasta (si quiere y puede algún día) mudarse a su propia vivienda individual. Lo típico es que hagan un *casting* un día a una hora determinada en la que veinte candidatos vienen a ver el piso. En Madrid y Barcelona también se está extendiendo esta aterradora costumbre. En Múnich es complicado encontrar piso incluso con un contrato, y siendo arquitecto o médico. Los alquileres son por lo general caros, menos en Berlín, ciudad en la que no hay tantas posibilidades laborales.

Las buenas maneras alemanas son asimismo harto conocidas. Hablar de usted es una obligación si uno quiere integrarse en esta sociedad. Las frases en condicional forman parte de la vida diaria: «¿Podría regalarle un poco de agua en su vaso señora?», pregunta una camarera a una clienta. «¿Sería tan amable de decirme la hora?», pregunta una pasajera a otra en la estación. Eso sí, si se viene a trabajar, y se trata de un trabajo poco cualificado y peor remunerado, aterrizará en el submundo en el que no se habla de usted y se tutea desde el primer minuto. La primera vez que me espetaron: «Cuando acabes ahí, ven aquí y haz esto y esto», pensé que no estaban hablando conmigo. «Oye, que te estoy hablando a tí, ¿no escuchas o qué?»

Fue como si se cayese el telón de repente. La farsa de la educación al descubierto. Reinas y princesas, adelante majestades. Lumpen y otros despojos sociales moved el culo, la primera puerta a la derecha. No me extraña que haya gente con derecho a recibir ayudas públicas que las desprecien, al contrario de lo que ocurriría en España. Lejos de tratarse de un acto de honestidad social, como observadora he podido comprobar que se trata más bien de esquivar la discriminación social a que están sometidos los de abajo. Un ejemplo de ello es el llamado «Berliner Pass», que es un carnet de pobre con el que te hacen descuentos en muchos sitios y te ponen cara de «otro que vive del cuento de papá Estado».

9. Ciudadanos de tercera

Los inmigrantes no cualificados, en especial los de Europa del Este, no solo han de soportar peores condiciones de trabajo —una constante en el resto del mundo capitalista— sino que además tienen que aguantar ser objeto de una campaña de difamación encabezada por el propio ministro de Interior, Hans-Peter Friedrich, de la Unión Social Cristiana de Baviera (CSU), que ha alertado varias veces en los medios de «la avalancha» de ciudadanos del Este de Europa. «No se puede permitir una inmigración hacia nuestro sistema del bienestar», ha dicho, refiriéndose a las personas que se mudan a Alemania desde Rumanía y Bulgaria únicamente para recibir ayudas del Estado sin tener la verdadera intención de encontrar un trabajo. Sin embargo, el número total de parados nacionales de ambos países es menor que el de otras procedencias.

Rumanía y Bulgaria fueron los países de la UE que más emigrantes aportaron a Alemania en 2012. Los ciudadanos de ambos países tienen derecho a entrar y salir libremente, pero no a trabajar. Al menos hasta enero de 2014. Un limbo vital. Según la Oficina Federal para la Inmigración y los Refugiados, en Alemania viven 209.000 rumanos y 121.000 búlgaros.

El limbo legal en el que se encuentran les deja indefensos frente a los patrones. En todas las ciudades alemanas hay un mercado de trabajadores ilegales, informa *DeutschlandRadio* en un reportaje. El típico manijero que recoge con el coche a los jornaleros que esperan para echar una peonada, sobre todo en la construcción o trabajos por el estilo. La radio pública analizaba en su emisión el mercado ilegal en Hochfeld, en Duisburg. Otro sitio donde se reúnen a la espera es el mercadillo de Wihelmsburg en Hamburgo, según el semanario *Der Spiegel*. En su texto, asegura que allí se pueden encontrar trabajadores «libres de impuestos y sin seguro» por 25 euros al día. Muchos duermen en sótanos que les alquilan por unos 150 euros al mes. En Múnich este punto de encuentro es en la calle Landwehr, entre las calles Goethe y Stiller. Los jornaleros son explotados, no tienen derechos y cobran unos tres euros la hora.

Estos trabajadores son empleados en obras tan destacadas como el nuevo aeropuerto de Berlín. La empresa que lo construye se quedó con el trasero al aire en abril de 2012, cuando el primer canal de la televisión pública, *DasErste*, emitió un programa de investigación en el que mostraba cómo en la estación de metro de Berlín-Grünau se reunían a las 5:30 de la mañana inmigrantes rumanos y búlgaros a la espera de poder trabajar ese día. Sin contratos ni mamandurrias. Poco después llegaba un autobús, y el que se conseguía montar en él era el que conseguía trabajo ese día. Las barreras se levantaban y el autobús llenito cruzaba el área de seguridad sin mayores problemas. El área de seguridad, repito. Ni registro de mochilas, ni identificación de los trabajadores.

Doritt Monitowski del sindicato DGB contaba además en el vídeo que poco antes de Navidad se dio el caso de varias familias búlgaras que no podían volver a sus países porque los porcinos de sus jefes no les habían pagado. De nuevo eran ellos mismos los culpables, por trabajar en negro.

Otro colectivo cuyos derechos laborales se ven una y otra vez pisoteados son los refugiados. Todo el mundo debería poder tener un trabajo, algo que recoge la carta de los derechos humanos. Sin embargo, los refugiados pueden pasar décadas en Alemania a la espera del papel que les permita trabajar. En dicho colectivo se encuentran muchos profesionales que, a falta de un permiso de trabajo en Alemania, no pueden ejercer su profesión. Los trámites burocráticos hasta que consiguen una respuesta de las autoridades alemanas se prolongan durante años y años.

Uno de los trabajos más duros que estuve haciendo fue limpiar en una escuela. Allí prácticamente todos eran ciudadanos extranjeros, en especial del Este de Europa. Una tarde vino un nuevo trabajador a limpiar la escuela. Se llamaba Raila y era keniata. Le acababan de conceder el asilo en Alemania y, con sus papeles en la mano, se echó a la calle a buscar trabajo. La residencia que el Estado le había dispuesto estaba a más de una hora y media del centro de Berlín. Después de unas seis horas de duro fregoteo, cerca de las once de la noche, llegó el jefe y le dijo a Raila que no le había seleccionado para el trabajo. Con la cabeza gacha, se dirigía ya camino de la estación de metro... para dormir allí, porque a esa hora no pasan más trenes ni autobuses en dirección a su destino. Nosotros no sabíamos nada. Por suerte una colega se lo imaginó y le preguntó dónde iba a dormir esa noche. A mí no se me habría pasado por la cabeza. Así que se quedó en casa de otro de los limpiadores.

Ese día comprendí que si nosotros, los del Sur de Europa, éramos ciudadanos de segunda, hay otras categorías que son de tercera.

Raila vivía su tercera vida, y eso que era bastante joven. Su primera vida fue en su país, donde estudió administración de empresas. Su hermano es periodista. Tras alguna desgracia, tuvo que marcharse y el destino le llevó a Grecia, donde pasó cuatro inviernos. Trabajó limpiando en una escuela y, cuando ya se defendía más con el griego, en una panadería.

> En Atenas me iba bien, tenía un trabajo, una vida normal, amigos, dinero. Después llegó la crisis y me enviaron aquí. He estado en tres asilos para refugiados en Alemania, en los que permanecí retenido hasta que llegaron mis papeles. Ahora soy libre para buscar trabajo.

Hace cuatro inviernos que no veía a su familia más que por Skype. Su tercera vida recién comenzaba en Alemania.

Los refugiados no se resignan y desde octubre de 2012 están manteniendo una serie de protestas para que las injustas leyes alemanas que les afectan sean reformadas o abolidas. Una de las acciones más emotivas e impresionantes fue una marcha a pie que llevaron a cabo a lo largo de todo el país y a la que se fueron sumando cada vez más refugiados a su paso por las diferentes ciudades hasta llegar a Berlín. La llamada «caravana de la dignidad» había comenzado en enero tras el suicidio de un joven iraní en un albergue bávaro.

Los refugiados esperan durante años que las autoridades alemanas decidan su suerte, que puede traducirse en un permiso de residencia o en una deportación. Mientras llegan las cartas, se ven obligados a habitar edificios militares abandonados a las afueras de las ciudades, muchos de ellos destartalados, con las ventanas rotas, llenos de moho y humedad. Mientras tanto, no tienen derecho a trabajar en el país hasta que llegan sus documentos.

Tras el suicidio del refugiado iraní, se acabó la paciencia de miles de estos inmigrantes que comenzaron varias huelgas de hambre en diferentes puntos de la geografía alemana. Como su voz pasó desapercibida, decidieron comenzar acciones más llamativas y varios de ellos se cosieron los labios con agujas e hilo en el centro de Wurzburgo, el pueblo donde tuvo lugar el suicidio.

EPÍLOGO: UN MODELO HACIA EL FRACASO

La Alemania que se vende como modelo para Europa es un fracaso. Contiene una involución socio-laboral sin precedentes desde la posguerra, con generalización de la precariedad, una caída de la esperanza de vida de dos años para los más pobres registrada en la última década, una de las tasas de natalidad más bajas de Europa, un ancho horizonte de pensiones de pobreza y una tasa de paro considerable.

Ese modelo regresivo se impuso en Alemania a lo largo de veinte años. Ahora se impone bruscamente por los métodos más autoritarios y opacos al conjunto de Europa, aprovechando el *shock* de la crisis financiera.

Los resultados son manifiestamente negativos: más paro y más deuda a causa de una austeridad diseñada para que el sector financiero cobre íntegramente sus desfalcos a costa de las clases medias y bajas europeas.

En Europa el horizonte de esa política es desintegrador. Nadie quiere formar parte de una Europa organizada sobre esas premisas que eliminan los últimos vestigios de soberanía nacional en Europa, en aras de fantasías reaccionarias supranacionales. El «más Europa» alemán es un nuevo capítulo de esa desposesión soberanista. Las naciones y los pueblos de Europa no van a comulgar con una imposición tan grosera y manifiesta. El liderazgo de la quinta Alemania en Europa está llamado a fracasar. Su peso y poder están muy lejos de ser suficientes para imponer su hegemonía al resto.

Ese sistema inviable solo consigue pasar como «modelo» a causa de la corrupción estructural de los medios de comunicación, que en su gran mayoría están en manos de los mismos intereses oligárquicos que promueven la *Gran Desigualdad* como proyecto.

De puertas afuera se promueve un intervencionismo militar en el mundo orientado a la apropiación y control de recursos, es decir, lo que la historia conoce como imperialismo. Una apuesta por las soluciones de fuerza en las relaciones internacionales y para los problemas globales, siguiendo el desastroso ejemplo de Estados Unidos y de la propia tradición colonial europea, conduce a una catástrofe.

La oposición a las veleidades dominantes de Alemania en Europa no es un asunto de lucha entre naciones, sino un aspecto del largo combate social europeo entre reacción y progreso. Por eso, en cada nación europea los impulsos de la quinta Alemania encuentran eco en los sectores más retrógrados. Desmontar el modelo autoritario-oligárquico europeo pasa por enfrentarse a los impulsos de la quinta Alemania. Así se escribe la historia europea.